Resgate de almas afins

Assis Azevedo
Espírito João Maria

Resgate de almas afins

2ª edição
Romance Mediúnico

Casa Editora O Clarim

Matão-SP
2009

2ª edição
10.001 a 20.000 exemplares

Fevereiro/2009

Capa: Rogério Mota
Planejamento gráfico: Equipe "O Clarim"

Composto e Impresso:
Casa Editora O Clarim
(Propriedade do Centro Espírita O Clarim).
Fone: (0xx16) 3382-1066 – Fax: (0xx16) 3382-1647
C.G.C. 52313780/0001-23 – Inscr. Est. 441002767116
Rua Rui Barbosa, 1070 – Cx. Postal, 09
CEP 15990-903 – Matão, SP
http://www.oclarim.com.br
oclarim@oclarim.com.br

Resgate de almas afins

Dados para catalogação na editora

133.91

Assis Azevedo (médium psicógrafo)
João Maria (espírito)
RESGATE DE ALMAS AFINS
1ª edição: outubro/2008 – 10.000 exemplares
Matão/SP: Casa Editora "O Clarim"
360 páginas – 14 x 21 cm

ISBN – 978-85-7357-090-8 CDD – 133.9

Índice para catálogo sistemático:

133.9 Espiritismo
133.901 Filosofia e Teoria
133.91 Mediunidade
133.92 Fenômenos Físicos
133.93 Fenômenos Psíquicos

Impresso no Brasil
Presita en Brazilo

Agradecimentos

Agradecemos pela valiosa colaboração que nos permitiu a edição desta obra:

Revisão: Hiêda Rodrigues da Silva
Ivan Costa

E aos nossos funcionários.

Casa Editora O Clarim
– Outubro de 2008 –

Índice

Capítulo I

Conflito de uma família

A bela avenida servia de passarela ao trânsito composto pelo desfile de automóveis últimos modelos. Quem olhasse para o alto conseguia observar o brilho dos vidros dos monumentais edifícios variando de cores, conforme os raios da grande estrela do dia, que sumia da face da Terra deixando-a entregue ao véu escuro da noite que se aproximava. Um relógio digital afixado num dos lados de um prédio marcava dezoito horas.

A moça loura, cabelos compridos e lisos, altura mediana, corpo bem feito metido num vestido que lhe moldavam as formas, guiava um carro importado. Ela saiu da avenida e dirigiu o automóvel para um túnel à direita, garagem de um majestoso edifício localizado na avenida da bela cidade. Estacionou, jogou os óculos escuros na cadeira do carona, entrou no elevador e subiu. Enquanto o elevador fazia a sua trajetória silenciosa em direção ao alto, ela mantinha-se quieta, porém qualquer pessoa que a observasse com cuidado descobriria imediatamente que aquela moça bonita e de traços finos estava nervosa, pois tentava respirar como se estivesse fazendo algum tipo de exercício para acalmar-se. Não tirava os olhos do indicador luminoso que mostrava o número dos andares do prédio. No vigésimo quinto andar o elevador parou, a porta abriu-se automaticamente e ela saiu. Caminhou a passos rápidos, quase correndo, em direção à sala que procurava. Encontrou-a, entrou e imediatamente uma senhora distinta, beirando os quarenta anos, muito simpática, ergueu-se de uma cadeira que estava atrás de uma mesa, veio ao seu encontro, cumprimentou-a e disse em seguida, com um sorriso estampado no rosto:

– Boa tarde, dona Angélica!

– Boa tarde – respondeu a moça, jogando a bolsa sobre um luxuoso sofá da sala de espera. – Quero falar com o meu marido, imediatamente.

– O Dr. Fernando está em reunião.

– Quero falar com ele agora mesmo – disse Angélica, esposa do Dr. Fernando.

– Aguarde um momento, por favor.

– Isabel, eu não posso esperar, entendeu? – disse a mulher, acompanhando a secretária do marido.

Ao abrir a porta do recinto onde se encontrava o marido de Angélica, a secretária particular do Dr. Fernando deixou à mostra um riquíssimo ambiente, sem dúvida, o belíssimo escritório de alguém bastante rico e influente.

A sala era ampla, praticamente ocupando metade do andar do edifício, mobiliada com uma mesa com tampo de vidro, posicionada perto de uma parede ornamentada com uma única obra de arte – um quadro pintado a óleo. Ao lado da mesa, a uma distância o suficiente para formar dois ambientes, encontrava-se outra mesa confeccionada de um material que brilhava, como se estivesse envernizada, rodeada por seis cadeiras, todas ocupadas por homens e mulheres. Na cabeceira, além das mulheres e homens, observava-se também que estava sentado um homem aparentando quarenta e cinco anos de idade, de tez branca, com cabelos pretos e lisos, bem aparados, de olhos castanhos, vestido rigorosamente num terno visivelmente confeccionado para ele, que demonstrava todo o seu bom gosto. Esse homem era o Dr. Fernando, um dos sócios de um grupo empresarial muito influente e conhecido no país. Ergueu-se, pedindo desculpas aos participantes da reunião, e encaminhou-se em direção a Angélica com os braços abertos.

– Você está ficando maluca? – perguntou em voz baixa, enquanto a abraçava, disfarçando o seu aborrecimento.

– Tenho de falar com você, agora.

– Aguarde um momento, que vou encerrar a reunião.

– Agora – insistiu a esposa, num gesto ríspido e enérgico.

Fernando olhou para o belíssimo teto do escritório, talvez clamando por paciência, e voltou para a reunião. Sem se sentar, ele determinou:

– Senhores, a reunião está suspensa. Amanhã, neste mesmo horário, continuaremos a procurar uma solução para esse problema.

O pessoal da reunião ergueu-se e aos poucos deixou o escritório, passando pela mulher do chefe e reverenciando-a respeitosamente; afinal de contas, Fernando era o presidente do grupo empresarial.

Angélica sentou-se na cadeira do marido, atrás da riquíssima mesa, que possuía um pequeno aparelho que servia para o presidente comunicar-se com a secretária e o mundo. A mesa era enfeitada somente com um objeto parecido com uma estátua de aspecto frio e abstrato. A bela loura aparentava uma idade de trinta anos, porém notava-se que o seu semblante era cansado e apresentava um desgaste prematuro, até mesmo certo desleixo para consigo.

Após certificar-se de que estavam a sós, Fernando aproximou-se da esposa e perguntou, cruzando os braços, demonstrando ou pelo menos buscando uma paciência que estava longe de sentir:

– Querida, o que você quer desta vez?

A mulher, que estava com o olhar fixo naquele objeto que enfeitava a mesa, ergueu os olhos e respondeu com um gesto de enfado, fitando-o:

– O Eduardo está novamente internado e desta vez o problema é sério.

O marido pôs a mão na cabeça num gesto instintivo, depois tirou um lenço do bolso do paletó e enxugou o suor que apareceu de repente na testa. Respirou profundamente, tirou do bolso um frasco com alguns comprimidos, ingeriu um sem água e depois encarou a esposa.

– Qual o quadro clínico dele? – perguntou o homem com ar cansado e demonstrando no aspecto uma dor que somente ele poderia descrevê-la.

– Está na UTI, e conforme informações médicas, o estado dele é grave – respondeu a esposa. – Mas não vim aqui somente para dar notícias sobre o inútil do seu filho.

– O que você quer?

– Dinheiro. Muito dinheiro.

O homem caminhou em direção à outra mesa e pôs as mãos sobre ela. Depois de pensar, voltou, encarou a mulher e disse:

– O nosso divórcio está a caminho.

– Eu sei disso.

– Então, aguarde mais um pouco. Conforme o nosso contrato, você receberá uma fortuna e fará o que quiser.

– Também sei disso.

– Então, aguarde mais um pouco.

– Fernando, eu preciso de dinheiro agora – novamente repetiu a mulher, com ar aborrecido.

– O que está havendo desta vez?

A mulher coçou o nariz com as costas da mão direita, passou um lenço oferecido pelo marido e depois respondeu:

– Preciso pagar o que devo.

O homem deu a volta na mesa e, com educação e carinho, pôs um dos braços ao redor dos ombros da mulher, perguntando em voz baixa:

– Droga, novamente?

– Sim.

– Não faz nem uma semana que você saiu de uma clínica para tratamento de...

– Drogados – completou a mulher. – A verdade é que não consigo mais deixar esse maldito vício.

Fernando pensou, caminhou em direção a uma das paredes de vidro colorido do edifício, fitou algo distante, acima de outros prédios mais baixos que o dele, passou a mão no braço esquerdo e voltou novamente, ficando defronte à mulher.

– Quanto?

– Você já sabe o valor.

O homem tirou o seu telefone móvel do bolso e ligou para alguém. Depois desligou, guardou o telefone, encarou a mulher e disse:

– O dinheiro está em sua conta.

Angélica ergueu-se de um salto, correu e agarrou o pescoço do homem, abraçando-o, beijando-o como uma menina e fazendo-lhe um carinho, enquanto segurava as lapelas do seu paletó, demonstrando alegria por haver conseguido recursos para pagar suas dívidas contraídas com a compra de drogas. Com um gesto gracioso, realizado com o movimento dos dedos da mão direita, ela despediu-se e foi embora.

Após a saída de sua bela esposa, o mega empresário sentou-se atrás de sua mesa, apoiou os cotovelos sobre ela, segurou o rosto com as mãos e perguntou-se: "Meu filho, por que você e a Angélica estão acabando com a vida que Deus lhes deu?. Há pouco tempo minha querida filha deixou este mundo em um acidente de carro, pois dirigia alcoolizada", pensou.

Angélica era filha única de uma família tradicional, porém sem dinheiro e prestígio, pois falira com a morte do pai. Na época ela tinha vinte e cinco anos e terminava o curso de direito. Certo dia, numa festa de faculdade, conheceu Fernando, seu marido, através de uma amiga, a filha dele. Talvez por ele ser viúvo, rico e conhecido no mundo dos negócios, apaixonou-se ou pensava que estava apaixonada pelo empresário.

Foram felizes nos primeiros anos de casamento, pois Angélica era uma moça recatada, estudiosa e demonstrava carinho e respeito pelo marido, embora não o amasse. Após uns três anos de casamento o casal cansou de esperar por um filho. Fernando tinha remorso por deixar a linda esposa sozinha e perdida na solidão daquela mansão, por isso pediu que ela se divertisse, pois ele não tinha tempo para diversão, porque era um homem muito ocupado com seus negócios. Sendo assim, Angélica passou a sair com os amigos e a divertir-se como ele sugeriu.

Dois anos se passaram até o dia em que o empresário foi encontrar a esposa no hospital, onde fora internada às pressas, em virtude de uma overdose de cocaína. Fernando não ficou muito preocupado porque achava que a mulher havia se drogado apenas por divertimento e atribuiu o incidente à sua pouca experiência. Ele não a considerava uma viciada. Ilusão, porque mais tarde ele veio comprovar que Angélica já estava dominada pela bebida alcoólica e pelos entorpecentes pesados há algum tempo.

Angélica começou a decair, armando verdadeiros escândalos, sempre acompanhada por pessoas de más índoles nas boates e clubes, principalmente desfilando em verdadeiros antros, freqüentados por viciados e traficantes de todos os tipos de entorpecentes, que viviam dia e noite se drogando. Os traficantes se aproveitavam dela, pois sabiam que a mesma era esposa de um dos homens mais ricos do país.

Eduardo e Ana Lúcia eram filhos do casamento anterior de Fernando, no qual foi muito feliz com uma bela espanhola, morta ainda muito jovem por uma doença terrível, o câncer.

Ana Lúcia, que conhecia a madrasta desde a faculdade, terminou se envolvendo com más companhias, principalmente o namorado, que vivia diariamente bêbado. Um dia a filha do empresário dirigia o seu luxuoso automóvel completamente bêbada, quando de repente o carro desgovernou-se e foi de encontro aos outros que circulavam numa rodovia. Ela e o namorado morreram no acidente, causando na época muitas especulações a respeito do sinistro. O pai passou vários dias sob efeito de medicamentos, porque não conseguia se conformar com a morte da filha, que era a caçula e seu bem-querer. Recuperou-se e continuou a trabalhar, tentando esquecer a tragédia que se abateu sobre a família.

Eduardo, o filho mais novo, era um rapaz com idade de vinte e cinco anos, boa aparência, branco e com cabelos castanhos, formado em economia, que após a morte da mãe começou a beber. Pediu ao pai para investir no ramo de negócio que gostava, ou seja, numa boate de luxo, dizendo ele que o objetivo era tentar esquecer a morte da mãe e a da irmã. Mas o resultado foi péssimo, porque ele perdeu completamente a direção da vida, entregando-se ao vício de drogas como as anfetaminas, cocaína e, mais recentemente, a terrível heroína. Havia perdido tudo que o pai havia investido em seus negócios, tornando-se uma pessoa que passava dias e noites nos lugares onde os viciados se encontravam para usarem entorpecentes. Já havia tido duas paradas cardíacas provocadas por overdoses, até que teve esta última informada pela madrasta, que o deixara entre a vida e a morte. Angélica também era parceira do filho no consumo de substâncias químicas.

Após a saída da esposa, Fernando apertou um botão do pequeno aparelho de comunicação e falou para a sua secretária:

– Isabel, você está dispensada. Vou ficar mais um pouco.

– Sim, Dr. Fernando – anuiu a secretária. – O senhor não vai precisar mais de mim?

– Não, pode ir embora. Boa noite – respondeu o patrão. – Por favor, dispense meus seguranças, hoje irei dirigindo o meu próprio carro.

– Sim, senhor.

Após ficar sozinho, Fernando apagou todas as luzes do imenso escritório e ficou apenas com uma pequena lâmpada acesa, iluminando parte da mesa onde continuava sentado, pensando. O homem começou a falar baixinho, como se estivesse conversando com alguém invisível:

– Meu Deus, por que está acontecendo tudo isso comigo? Será que estou pagando alguma dívida? Acho que não, pois nunca fiz mal a ninguém, sempre cuidei de meus filhos, trato bem e com respeito meus funcionários desde o mais humilde até o mais importante. Não sou religioso, mas sempre que tenho tempo assisto as reuniões espíritas, pois acredito em Deus e na Doutrina Espírita, porém não consigo entender porque tudo de ruim acontece comigo. Mantenho instituições filantrópicas, ajudando ao meu próximo, principalmente as crianças desamparadas e as mães solteiras, mas, aos poucos, estou perdendo a fé que ouço falar nas reuniões públicas que assisto no centro espírita.

Ergueu-se, caminhou até a parede de vidro blindado do edifício, cruzou os braços e ficou observando a cidade que já estava iluminada por vários pontos de luzes, transformando-a num sonho, pois quem observasse aquela metrópole do alto do vigésimo quinto andar perguntaria se estaria num mundo cruel e frio, que o povo da periferia está acostumado a ver, a não ser aqueles que trabalhavam à noite na limpeza desses fabulosos prédios de classe média alta e rica. Voltou à mesa e novamente sentou-se em sua confortável cadeira.

"O que adianta possuir tudo isso, se não sou feliz e até a minha própria família aos poucos está me abandonando, pois me está sendo tirada tragicamente e deixando-me sozinho?", questionava o todo poderoso presidente do grupo empresarial que, além de outros negócios, mantinha sob seu domínio uma rede de supermercados com lojas na cidade e filiais espalhadas em todo país. Ergueu-se, encaminhou-se apressado para a saída do escritório, enquanto pensava: "Deus queira que o meu filho já esteja fora de perigo. Não gosto de vê-lo nesse estado, pois me lembro quando ainda era criança e brincávamos na nossa sala privativa, junto a Adriana, a mãe dele, que apesar de já estar bastante doente mantinha sempre um sorriso estampado no rosto". Entrou no carro, saiu do edifício e se dirigiu ao hospital, onde o Eduardo estava internado na UTI.

Capítulo II

Dor de mãe

Num bairro paupérrimo localizado na periferia da grande cidade – que poderia servir de tese a qualquer um que estivesse estudando sobre a injusta e má distribuição de renda, ignorada pelo governo –, o esgoto corria a céu aberto, misturando-se à água empossada das chuvas nas ruas sem calçamento. Repleto de lama e buracos, sem saneamento básico, tornava-se difícil a vivência decente de alguém naquele lugar, que mais servia ao propósito de curral eleitoral para políticos corruptos e ambiciosos do que como bairro. Apesar da parca iluminação de algumas ruas daquela miserável comunidade, a noite tornava-se um verdadeiro antro de marginais e desocupados.

Um cão latia. Um galo cantava ao longe, anunciando a chegada de um novo dia. Numa casa de quarto e sala, com piso de cimento queimado, sem reboco nas paredes e com os lugares onde deveria haver janelas, tapados com tábuas para evitar a entrada da friagem da madrugada, chuva, sol e poeira. Encostada na parede do minúsculo quarto encontrava-se uma cama de solteiro, forrada com um colchão novo, porém de péssima qualidade, talvez comprado por motivo urgente e extremamente necessário.

Na pequena e miserável residência existia um fogão velho e um armário usado, encostados num canto da sala e cozinha, além de uma pequena mesa que servia para tudo, inclusive para guardar os poucos utensílios de cozinha que havia na casa. Observavam-se também dois colchões velhos, postos sobre o solo do cômodo que servia como sala, servindo para o repouso de mais duas pessoas que, além da que dormia na cama, também habitavam a modesta residência.

Sobre a única cama que havia repousava uma criança aparentando oito anos. A mesma estava com os olhos fechados e se mexia de vez em quando, coberta com uma manta já usada, porém muito bonita, talvez presente de alguém.

A criança respirou profundamente, soltou um gemido, como se estivesse sentindo uma dor terrível, e ensaiou um choro, porém se conteve. Era um garoto de cor branca, sem cabelos. Ao ouvir o gemido, uma mulher ainda jovem ergueu-se de um salto do velho colchão e sentou-se ao lado do menino, enquanto passava docilmente a mão na carequinha dele e as lágrimas saltavam-lhe dos olhos.

– Meu filho, você vai ficar curado, se Deus quiser – disse ela, sem muita convicção, tentando demonstrar calma, talvez para a saúde já tão debilitada do menino não piorar.

Ela olhou de lado e para o alto e perguntou para a mulher que estava em pé, enrolada num miserável cobertor:

– Mamãe, o que eu faço? – perguntou a moça, mãe do garoto doente, buscando desesperadamente uma palavra de conforto, pois sentia que suas forças aos poucos estavam lhe faltando.

Uma mulher aparentando meia idade ajoelhou-se ao lado dela, enlaçou-a com um dos braços, ficou em silêncio por alguns instantes, fitou de soslaio a janelinha tapada com uma tábua e respondeu-lhe com outra pergunta:

– Você conhece a história de Jesus?

A filha, que continuava a acariciar o filho com doçura, depois se voltou para a mãe e respondeu-lhe num gesto cansado:

– Conheço. Mas Jesus era um anjo que trouxe uma missão sagrada, segundo a história, minha mãe.

Num gesto sincronizado, as duas mulheres se abraçaram.

A mãe do menino era uma morena clara de vinte e oito anos, com cabelos lisos, olhos castanhos claros e rosto bonito, sem marca de nenhum produto de maquiagem. Quando falava podia-se observar que era dona de uma dentadura perfeita. Um vestido velho que lhe servia de camisola cobria-lhe o corpo, que embora maltratado pelo tempo e pela falta de alimentação adequada, era elegante e formoso.

A mãe dela, a avó do garoto doente, era uma senhora ainda jovem, que trazia estampado no rosto uma velhice prematura. Seus olhos vivos e otimistas demonstravam ser uma pessoa batalhadora, que trabalhava muito para manter a si, a filha e o neto doente.

– Mamãe, eu acho que as forças estão me faltando – lamentou-se a filha, passando a ponta de um pano velho nos olhos e enxugando as lágrimas que desciam por aquele rosto sofrido, protótipo das criaturas que servem de instrumento para os mais fortes.

– Sabrina, minha filha, muito cuidado para não desanimar e depois cair nos braços da ilusão do mundo – balbuciou Maria da Conceição, sentando-se no mesmo colchão da filha. – Você é uma moça muito inteligente e sabe perfeitamente do que estou falando.

Sabrina ergueu-se, foi até a janela e olhou através de uma fresta que havia entre a tábua que mal tapava a janela e a parede.

– Está amanhecendo – disse ela, em voz baixa para si. – Vou fazer uma limpeza na casa da dona Salete e depois volto correndo para comprar alguma coisa para nós.

– Minha filha, não precisa se preocupar com isso. Hoje irei receber o dinheiro da empresa de limpeza e aproveito para comprar aquilo que está faltando, principalmente o necessário para a alimentação do Alex.

– Mamãe, não se preocupe. Faço a limpeza e volto logo.

– Quem vai ficar com o Alexandre?

– Já falei com a Maria do Carmo para cuidar dele enquanto faço a faxina – respondeu a moça. – Não se preocupe, voltarei o mais rápido possível. Além de ganhar algum dinheiro, a dona Salete me prometeu também umas roupas usadas.

– Tudo bem, filha, mas não esqueça que o Alexandre precisa, dia e noite, de uma de nós ao seu lado.

– Sei disso, minha mãe.

Sabrina olhou para o filho e notou que ele estava com os olhos fechados, porém sabia que o mesmo não estava dormindo.

Mãe e filha foram para a sala.

Conceição, como era conhecida a mãe de Sabrina, ligou o fogão e botou água para ferver, enquanto a filha a observava sentada numa cadeira velha, talvez encontrada no lixo e trazida para casa.

– Filha, não adianta tentar encontrar uma solução. Você sabe muito bem que o Alex não tem mais jeito, como o doutor falou – disse a mãe, enquanto enxugava as mãos no vestido. – Vamos esperar a hora chegar e Deus o levará para o céu, como disse o padre Eusébio.

Cabisbaixa, Sabrina perguntava-se: "Será que o meu filho querido vai morrer mesmo?"

– Mamãe, a senhora sabe muito bem que ainda tenho esperança de que o meu filho se cure – disse a filha, fitando a mãe com um brilho estranho nos olhos.

Dona Conceição trouxe duas pequenas canecas com café, colocou -as sobre a mesa e disse:

– Por enquanto vamos tomar apenas este café, mas quando eu chegar trarei algumas coisas, se Deus quiser – desconversou a mãe.

– Mãe, eu vi um brilho diferente nos olhos do doutor quando ele disse que poderíamos levar o Alexandre, pois nada mais havia a fazer por ele.

Maria da Conceição, que soprava o café quente, fitou a filha com uma indagação no olhar e permaneceu em silêncio.

– Mãe, aquele hospital é público.

– O que você quer dizer, filha?

Sabrina baixou a cabeça, respirou profundamente e respondeu em voz baixa, como se estivesse com medo de algo:

– Não acredito naquela gente.

– Você quer dizer, naquele médico?

– Sim.

A mãe de Sabrina, após fazer sua higiene matinal, trocou de roupa, sentou-se num caixote que servia de banco, calçou uns sapatos gastos pelo tempo, ergueu-se, penteou-se e depois fitou a filha, segurando seus ombros. Resoluta, disse em voz baixa, porém firme:

– Não se martirize com o que está pensando, filha.

– Por quê?

– Nós, os pobres, não podemos pensar.

A moça ergueu-se, foi até a porta do quarto do filho, voltou, encarou a mãe e disse, também em voz firme:

– O pobre só é pobre porque não tem coragem de pensar, ou melhor, de pensar e fazer.

Maria da Conceição encaminhou-se para a saída da casa, abriu a porta, sorriu e disse, quando se despediu da filha com um beijo:

– O mundo sempre foi assim, minha querida.

A moça ainda ficou alguns minutos na porta, observando a mãe caminhar desviando-se das poças de lama, em direção a um ponto de ônibus, distante do bairro uns dois quilômetros.

Sabrina foi ao quarto do filho e novamente sentou-se na ponta da cama, enquanto acariciava o garoto doente e falava baixinho:

– Filho, você está acordado?

Alexandre mexeu as pernas e os braços, depois se virou na cama, ficando de lado e voltado para a mãe. O menino abriu os olhos e respondeu com dificuldade:

– Estou acordado, mãe.

– Filho, eu vou à casa da dona Salete, que fica aqui próximo, e aproveito para fazer umas compras – disse a mãe. – Você quer comer alguma coisa diferente?

O menino fitou a mãe, que o abraçava e o beijava, e respondeu:

– Mamãe, eu não sinto fome.

– Você precisa se alimentar.

– Tudo que eu como boto pra fora no mesmo instante.

– Tenha paciência, filho. Isso é o efeito do tratamento dessa maldita doença.

Sabrina ergueu-se e, como se estivesse com falta de ar, foi até a sala, sentou-se no caixote e deu vazão à dor de uma mãe que estava vendo o seu filho ir embora desta vida sem nada poder fazer. "Meu Deus, eu não sei o que fazer para evitar que o meu único e querido filho morra", pensava. "Por que tudo isso só acontece conosco, os pobres, que não temos recursos suficientes para fazer um tratamento decente e evitarmos morrer feito um cão sem dono? Sei que o câncer é difícil de ser tratado e para muitos casos realmente não há cura, mas o câncer em algumas pessoas pode ser debelado, graças à ciência ter feito descobertas inéditas a respeito dessa doença infeliz". Ergueu-se, foi até a porta, abriu-a e ficou fitando algumas casas miseráveis que faziam parte daquela comunidade. O sol começava a esquentar. Ela observou que várias pessoas movimentavam-se: umas corriam em busca do transporte que as levariam aos locais de trabalho, outras se preparavam para buscarem o lugar preferido onde pediriam esmolas e alguns rapazes simplesmente conversavam, pois nada tinham a fazer. Ela fechou a porta, enquanto dizia em voz baixa:

– Tenho que me apressar senão vou me atrasar para fazer a faxina na casa da dona Salete.

Sabrina ouviu alguém bater na porta e foi atender. Era uma menina aparentando uns dez anos, que disse com um sorriso:

– Pronto, Sabrina. Estou pronta para ficar cuidando do Alex.

– Entre, pois já estou atrasada. Vou num pé e volto no outro.

– O que faço se ele piorar?

– Vire essa boca pra lá, menina – rebateu Sabrina. – Mas se você observar que ele está piorando ou precisando de socorro urgente, corra até a sua casa e peça para a sua mãe telefonar para o hospital.

– Está certo.

Sabrina corria de um lado para outro, preparando-se para sair. Por fim pegou uma bolsa já bastante usada, despediu-se e tomou a direção do ponto de ônibus.

Após a saída de Sabrina, a menina Maria do Carmo sentou-se no piso do minúsculo quarto com as costas apoiadas na parede oposta à cama do doente e ficou observando o menino, que estava com olhos fechados.

"Como o Alex está magro e pálido", pensava a menina. "Essa cabeça pelada lhe dá um aspecto esquisito", concluiu.

– Carminha?

– Sim, Alex, eu estou aqui com você – respondeu a menina. – Sua mãe saiu, mas volta logo.

– Eu sei – disse o menino, falando com dificuldade.

Um silêncio se estabeleceu entre eles. Eram apenas duas crianças que se olhavam, pensavam e nada falavam, por falta de palavras adequadas que exprimissem o que lhes iam à mente naquele momento.

Maria do Carmo aproximou-se da cama e timidamente pegou a mão do amiguinho de infância, apertando-a.

– Mamãe disse para nunca se perder a fé em Deus, pois Ele tudo resolve, porque Ele é o pai de todos nós.

O garoto olhou de viés para a amiga e sorriu, estampando em seu rosto um momento único de uma alegria rara.

– Eu acredito no papai do céu – disse ele.

– Então, saiba que você vai ficar bom, se Deus quiser.

Alex pegou a mão da menina, apertou e sorriu novamente.

Maria do Carmo notou que a mão dele estava quente, também pálida e esquelética. Sem sentir, passou a mão nos olhos e enxugou as lágrimas inocentes de uma criança que, aos poucos, começava a conhecer o sofrimento deste mundo, escola das criaturas que começam a caminhar em direção ao Pai.

– Carminha? – chamou o menino com dificuldade na voz, muito cansado.

– Sim, Alex.

– Você acredita no que os padres falam?

– Acredita em que, Alex?

– Que quando morremos nós vamos para um mundo muito bonito, principalmente as crianças?

A menina pensou, fitou aquele menino que parecia estar se despedindo deste mundo e respondeu como se quisesse infundir-lhe coragem e otimismo:

– Você vai ficar curado e não vai para esse mundo que os padres prometem.

O menino sorriu, mas uma dor estampou-se no rosto, fazendo com que ele emitisse um gemido contido.

– Parece que você não gosta dos padres? – perguntou Alex, deixando transparecer no semblante um rito de dor.

A menina pensou novamente e seu rosto ficou sério. Ela passou as mãos nos cabelos cacheados e pretos, ergueu-se, fitou o doente e respondeu:

– Não gosto de padres.

– Por quê?

– Agora você precisa tomar o seu medicamento – desconversou a amiguinha.

– Você não me respondeu, Carminha.

A menina, que estava em pé, colocou as mãos na cintura, sorriu e disparou:

– Não acredito no que eles falam na missa.

Silêncio.

Capítulo III
A dor de um pai

Fernando estava em pé ao lado do leito onde se encontrava o filho ligado a vários equipamentos, num rico hospital particular, que pelo seu aspecto luxuoso podia-se deduzir que o custo de um tratamento médico naquele nosocômio seria caríssimo. "É difícil entender porque um rapaz jovem, simpático, rico e que tem tudo ao alcance das mãos se entrega a esse tipo de situação, como se quisesse acabar com a própria vida", pensava o homem, fitando o filho e demonstrando no rosto sua dor indescritível. "Acho que eu seria capaz de entregar tudo o que tenho para recuperar meu único filho", continuou pensando o homem, metendo as mãos nos bolsos do paletó e observando o rapaz que respirava através de aparelhos.

– Dr. Fernando – chamou em voz baixa uma simpática moça vestida de branco, segurando o braço do empresário num gesto carinhoso, pois ela já conhecia o sofrimento dessas pessoas que, diariamente, visitavam pacientes no hospital onde a mesma trabalhava, principalmente esses que tinham motivos em comum: parentes internados pelo abuso de drogas pesadas.

– Sim, Dra. Janine, estou ouvindo – respondeu o pai de Eduardo, olhando nos olhos da médica.

– Aos poucos o quadro clínico do Eduardo está melhorando e eu diria que o perigo já passou – disse a médica, com um sorriso de satisfação. – Fique tranqüilo. Ainda hoje ele será transferido para um apartamento e, se tudo correr bem, amanhã terá alta.

– Deus queira, doutora.

Em silêncio, ambos se encaminharam para fora da UTI e seguiram para uma confortável sala de espera. A médica fez menção com a mão, pedindo que o empresário se sentasse, e também se acomodou numa cadeira próxima. Depois que estavam à vontade, informou ao pai preocupado tudo que estava acontecendo com o filho, do ponto de vista médico, dizendo em seguida:

– Dr. Fernando, se o senhor quiser, peço para preparar um quarto onde o senhor poderá repousar até o dia amanhecer.

– Obrigado, mas prefiro ficar aqui.

– Se o senhor precisar de algo aperte aquela campainha e será atendido imediatamente – disse a médica, apontando um botão na parede e despedindo-se do pai do Eduardo, pois voltava aos seus afazeres da noite. Ela estava de plantão.

– Obrigado.

A médica deixou o homem sozinho na sala. Após a saída dela, o empresário entregou-se ao seu mundo, o mundo invisível habitado por seus próprios pensamentos. Fernando leu alguns jornais e revistas que estavam sobre uma mesa, assistiu rapidamente alguns jornais televisivos que passavam na televisão de plasma que adornava a sala, tomou várias xícaras de café, talvez para espantar o sono, até que em um determinado momento foi à janela do hospital e notou que o dia havia chegado. Olhou o relógio e falou baixo:

– Quase sete horas. Tenho que saber o estado do Eduardo e correr para casa. Preciso trocar de roupa e dormir um pouco para tentar chegar às dez horas no escritório.

Fernando procurou a Dra. Janine e recebeu a notícia de que Eduardo estava sendo transferido para um apartamento, porém o rapaz ainda estava sob o efeito de medicamentos. Ele despediu-se, fazendo mil recomendações a respeito do estado de saúde do filho.

– Doutora, eu fico grato por tudo que vocês fizeram pelo meu filho – disse ele. – Façam tudo para o meu filho se recuperar, pois saberei recompensá-los muito bem.

– Não se preocupe, doutor. Faremos tudo que estiver ao nosso alcance para ver se amanhã mesmo o Eduardo volta para casa – disse a moça. – Quanto à recompensa não será preciso, pois apenas cumprimos com a nossa obrigação.

– Obrigado. Eu vou me lembrar de suas palavras.

Fernando encaminhou-se para a saída do hospital, entrou em seu carro, passou a mão no rosto, tentando espantar o sono, e se dirigiu para sua casa. "Acho que vai dar tempo de dormir pelo menos uma hora antes de ir para o escritório".

Ao chegar em casa foi direto para os seus aposentos, pois já estava dormindo em quarto separado, enquanto esperava o resultado do divórcio que resolveria a situação delicada entre ele e Angélica, sua esposa. Tomou banho e pediu para lhe ser servido algo leve para comer em seu próprio quarto. Depois de tomar uma xícara de chá com torradas e iogurte desnatado, sentou-se na cama, todavia, antes de deitar-se, pensou e lembrou-se de Angélica. Ele ergueu-se imediatamente e encaminhou-se para o quarto dela. Bateu de leve na porta e ninguém respondeu. Discretamente, e com cuidado para não invadir a privacidade da mulher, entrou no amplo e belo quarto, ornamentado com tudo que há de mais fino e caro para a decoração de um dormitório. Entre outros móveis, uma bonita cama, em estilo moderno, estava posta no meio do ambiente. Ficou parado por um tempo, apenas observando aquele quadro digno de pena para qualquer ser que tivesse um pouco de sensibilidade.

Estava deitada na cama uma mulher vestida, provavelmente, com a mesma roupa que saíra no dia anterior. Havia sapatos jogados pelo meio do quarto, a porta do guarda-roupa aberta e algumas peças de vestuário feminino espalhadas pelo chão. Uma garrafa de bebida vazia estava jogada no chão e numa pequena mesa de cabeceira com tampo de vidro se observava restos de um pó branco. Um pedacinho de vidro cortado em forma de retângulo de pouca espessura encontrava-se jogado no imenso tapete, perto da mesa. O rosto da mulher, voltado para cima, deixava à vista o nariz sujo pelo mesmo pó branco, misturado com sangue. Ela mexia-se inquieta e sua respiração era difícil, parecendo que estava tendo um pesadelo.

Fernando sentou-se na cama e, num gesto de ternura, começou a passar a mão nos cabelos louros daquela mulher que tanto amara um dia. Agora enxergava nela uma pessoa qualquer e muito doente, precisando de tratamento e muito carinho. Passou as mãos nos olhos, enxugando uma lágrima que descia pelo seu rosto e entrava na sua boca, deixando um gosto de sal. "Eu não sei por que a humanidade endeusa as drogas, pois me parece que aos poucos os entorpecentes estão ganhando terreno sobre tudo: lei, religião, família, moral, educação, segurança e estado", pensava o mega empresário. Ele chamou uma de suas empregadas e pediu que a mesma ajudasse a patroa a recompor-se, auxiliando-a a tomar banho e fazendo com que ingerisse algum tipo de medicamento, para deixar que a mesma continuasse a dormir.

Pontualmente, às dez horas, o empresário já se encontrava em seu escritório, atendendo a vários telefonemas, marcando e desmarcando reuniões e tratando de assuntos do interesse do grupo financeiro que dirigia.

Uma luz vermelha acendeu no pequeno aparelho de comunicação que servia de elo entre ele e a secretária. Ele apertou um botão e perguntou:

– O que houve, Isabel?

– Telefone do hospital.

– Passe.

– Dr. Fernando?

– Sim, sou eu – respondeu ele, visivelmente com o semblante apreensivo.

– Sou eu, a Dra. Janine.

– O que houve, doutora?

– Calma. Liguei para avisá-lo que o Eduardo passa bem e já pode receber visitas no apartamento onde está acomodado. Talvez, possa até receber alta.

– Obrigado, doutora. Obrigado mesmo – disse o homem com um sorriso de satisfação no olhar. – Vou imediatamente para o hospital. Por favor, diga ao meu filho que logo estarei aí.

A médica desligou.

Fernando apressou-se, pegou o paletó que estava no espaldar da cadeira e avisou a secretária, na saída do escritório:

– Vou sair e não sei quando retornarei.

– E a reunião, doutor?

– Cancele.

– Mas...

– Cancele todos os meus compromissos.

– Mas...

– Faça o que estou mandando Isabel, por favor.

– Mas eu pensei...

– Isabel, apenas cumpra minhas ordens – concluiu o homem, entrando no elevador privativo.

A mulher que havia acompanhado o chefe até o elevador levantou a mão como se quisesse lembrá-lo de algum compromisso especial, todavia a abaixou num gesto impotente, falando entre dentes:

– Não posso entender essa gente. Deixam de cumprir seus compromissos importantes para atender aos caprichos dos filhos problemáticos.

A vida é assim. Quando alguém procura agir corretamente, seja rico ou pobre, sempre aparece outra pessoa que não aceita ver o certo, pois foi o mundo que convencionou o errado e o certo.

Após meia hora, num apartamento do hospital, Fernando estava sentado numa confortável cadeira, segurando a mão do filho que se encontrava deitado. Ambos conversavam, embora evitassem falar no verdadeiro motivo que levara Eduardo a ser internado às pressas.

Houve um silêncio incômodo, somente cortado pelo paciente, que passou a mão direita nos olhos, como se quisesse enxugar uma lágrima.

– Papai, eu não sirvo para nada – disse ele, com a voz trêmula, talvez em pleno processo da tal síndrome da abstinência. – Quando sair daqui eu vou embora e nunca mais darei trabalho ao senhor.

Fernando não conseguia falar. Ele abaixou a cabeça e tentou com todas suas forças se manter natural, evitando, assim, passar ao filho o sentimento de pena que sentia naquele momento.

– Acalme-se, meu filho – pediu o pai. – Depois conversaremos sobre esse problema.

– Pai, eu estou bem – tranqüilizou o filho. – Apesar da minha overdose eu já voltei ao meu normal.

– Você ainda não está bem – redargüiu o pai, entendendo o que o filho queria dizer. – Portanto, aconselho-o a ficar alguns dias no hospital.

– Está ficando louco, pai? – rebateu ele, com medo de alguma coisa. – Já estou muito bem e quero a minha alta, agora!

"Ele quer sair o mais rápido possível para voltar a se drogar", pensou o pai. "O problema é que eu não posso fazer nada".

Alguém bateu na porta e em seguida adentrou o apartamento. Era a Dra. Janine. Após cumprimentar pai e filho, a médica fitou o doente e disse, com um sorriso estampado no rosto:

– Bem, meu rapaz, você está fora de perigo. Sendo assim, não há mais motivo para continuar internado.

Fernando ergueu-se e levantou a mão como se quisesse pedir algo, mas arrependeu-se e tornou a sentar-se, baixando a cabeça como se aceitasse o inevitável.

Enquanto a médica fazia os últimos exames de rotina, antes da alta do paciente, o empresário a encarava disfarçadamente, notando que a Dra. Janine era muito bonita, branca, loura e de altura mediana. Notou também que ela tinha os olhos verdes e aparentava uma idade de trinta anos. Ergueu-se, aproximou-se da médica e perguntou com voz baixa:

– A senhora tem certeza de que o meu filho está realmente curado?

A moça olhou de viés para o empresário, sorriu e fez um gesto imperceptível, convidando-o a entrar no pequeno consultório ao lado do apartamento.

Ao entrar na pequena sala a médica não se sentou e nem convidou Fernando a se acomodar.

– Dr. Fernando, o senhor entende que o seu filho é viciado em vários tipos de entorpecentes?

– Sim.

– Então o senhor também entende que é muito difícil, embora não seja impossível, a recuperação de usuários de substâncias químicas.

– Tenho conhecimento disso – anuiu o homem com um gesto de cabeça. – Por isso estou tão preocupado com a saída dele do hospital, pois sei que o mesmo vai imediatamente atrás de drogas.

A moça ficou em silêncio, depois fitou o pai de Eduardo e disse-lhe, com um gesto gracioso:

– Tenha fé em Deus!

– Eu tenho, doutora, e faço o possível para demonstrá-la através de obras destinadas ao meu próximo.

– Bem, o seu filho não precisa mais deste hospital, pois o motivo que o trouxe aqui já não existe.

– Entendo, doutora.

Ambos se olharam, apertaram as mãos e se despediram, com um sorriso.

Após um tempo, pai e filho estavam no carro em direção à residência deles. Durante o percurso, para o espanto de Fernando, Eduardo botou a mão no ombro dele e pediu, até com certa ternura:

– Pai, se você não se incomoda, eu desejo ficar por aqui.

O empresário estacionou o carro, analisou o bairro e não gostou do que viu, balançando a cabeça num gesto negativo, pois viu alguns homens e mulheres nos bares àquela hora da manhã.

– Por que você não vai primeiro em casa? Você pode tomar um banho, descansar um pouco e depois vai resolver seus negócios –

aconselhou o pai, num último esforço, tentando demover o filho da idéia de ir se drogar.

Eduardo, que adorava o pai, fitou-o e num átimo de segundo entendeu o sofrimento dele. Contudo, sua vontade era mais forte e ele logo pensou: "Tenho que conseguir algo agora mesmo, senão vou morrer".

– Fico por aqui mesmo, pai – decidiu o rapaz, despedindo-se e caminhando apressado em direção a uma das ruas do bairro, talvez com destino a algum lugar conhecido.

Fernando permaneceu com as mãos no volante e o olhar perdido no tempo, sem fitar nada, totalmente impotente para resolver aquela situação. Sua dor de pai era intensa e ele já começava a perder a noção do que poderia fazer para ajudar o filho e Angélica. Saiu do carro e começou a caminhar sem destino pelas ruas daquele bairro pobre, envolvido com o tráfico de entorpecentes, que se limitava com vários outros bairros de classe média alta e rica. Sentou-se no banco de uma pequena praça, adornada com algumas árvores que faziam uma sombra agradável, e notou que o carro dos seus seguranças também estava estacionado na lateral da praça. Um deles saiu do carro e sentou-se num banco, abrindo um jornal e fingindo que estava interessado no que lia, mas na verdade ele estava era preocupado com o patrão, pois aquele bairro era conhecido como um lugar "barra pesada".

Fernando meteu a mão no bolso, tirou um pequeno frasco com compridos e ingeriu um sem água. "Há momentos em que a pessoa não sabe o que faz e nem o que diz", pensava. "Estou passando por esse momento, pois não sei se volto para a empresa e continuo o meu trabalho ou se vou para casa e passo o dia trancado em meu quarto, pois não tenho disposição e nem cabeça para pensar em mais nada, a não ser nessas criaturas que fazem parte de minha vida e estão morrendo de uma maneira estúpida", continuou a pensar o homem. Após um tempo, ergueu-se e dirigiu-se ao seu carro, rumando em direção à sua residência.

Ao entrar em sua mansão, foi direto ao quarto da Angélica e a encontrou ainda dormindo. Sentou-se na cama e ficou observando a mulher que agora estava coberta com um bonito lençol. Notou que o quarto estava limpo e arrumado. Passou os olhos pelo aposento, depois se ergueu e encaminhou-se para a saída, quando de repente fitou um armário e pensou em abri-lo, mas disse para si mesmo: "Não está certo invadir a privacidade de alguém". Contudo, sua curiosidade foi mais forte e ele acabou se encaminhando para o armário, abrindo-o em seguida. Analisou todo o conteúdo do mesmo e, quando já se preparava para fechá-lo, notou um pequeno pacote, enrolado em um velho jornal. Abriu o pacote e ficou espantado e pálido ao se deparar com uma pequena quantidade de cocaína na mão. Quis jogar aquele pó no vaso sanitário, mas resolveu deixá-lo no mesmo lugar, para ter condições de conversar com Angélica quando ela acordasse. Saiu do dormitório e seguiu em direção ao seu quarto, sentindo um peso enorme sobre os ombros. Avisou ao seu empregado de confiança que não deveria ser incomodado antes das quinze horas. Tirou o paletó, deitou-se de costas e pensou: "Acho que preciso dormir mais um pouco. Estou muito cansado e com uma dor de cabeça insistente e esquisita". Fernando dormiu.

Capítulo IV
Luta em favor da vida

O tempo estava nublado, abafado e quente. As nuvens passeavam pelo céu, tapando os raios de sol e ameaçando despejar água sobre a cidade a qualquer momento. Estava no período de chuvas, por isso a população saía correndo em direção aos seus destinos, uns pegando seus carros, outros os transportes coletivos e alguns procurando um lugar seguro, pois pingos já começavam a cair, como se o Senhor do Universo avisasse que dentro de alguns minutos abriria as torneiras do céu sobre aquela metrópole, que fazia às vezes de mãe para aquela gente inquieta, alegre, triste, doente e com esperança no futuro, mesmo quando passava pelas vitrines das grandes lojas, parava e ouvia os noticiários relâmpagos de algum canal de televisão, sintonizado mais para divulgar o produto do que para informar a tragédia, violência, corrupção dos governantes, rixas e mortes entre traficantes e outras notícias sem muita importância.

– Não sei aonde vamos parar – dizia uma senhora, ao se deparar com as notícias anunciadas pela televisão, ao tentar atravessar o corredor dos ônibus, em busca do seu.

– Não podemos mais acreditar nos políticos deste país – falava baixinho um senhor já vestido com uma capa de chuva. – Se um senador da República é capaz de fazer tudo isso, como iremos votar agora?

– Meu Deus, eu tenho de correr, já são quase onze horas – Sabrina disse para si, assim que saiu da residência da dona Salete, após ter recebido seu pagamento, e aproveitou para comprar alguns alimentos para levar para casa. – Senhor, por favor, proteja o meu filho.

A moça correu, desviando-se dos transeuntes, em direção à parada do transporte que a levaria de volta para a casa. Após muito esforço, conseguiu encontrar seu ônibus. Quase uma hora depois, gritava na porta de sua casa.

– Maria do Carmo!

A menina abriu a porta e Sabrina entrou toda molhada, pois a chuva estava torrencial, aumentando exatamente no momento em que ela desceu do ônibus.

– Sabrina, você está toda molhada – disse a menina, demonstrando preocupação. – Tire essa roupa, senão vai pegar uma gripe ou até mesmo uma pneumonia.

Antes de tirar a roupa, a moça correu até o pequeno quarto do filho, fitou-o e constatou que ele não estava bem, por causa de sua respiração ofegante. Começou a tirar a roupa molhada, depois se enxugou com uma toalha velha e vestiu uma roupa remendada, porém enxuta. Enxugou os cabelos e se aproximou do filho novamente, pondo as costas da mão na testa de Alex e pensando: "Está febril. O que faço eu, meu Deus?"

– Alexandre, meu querido filho, a mamãe chegou – disse Sabrina, ajoelhada aos pés da cama do doente, como se quisesse dar satisfação para si mesma.

– Eu sei, mamãe.

– Você está bem, filho?

– Mãe, não se preocupe comigo, não – respondeu o menino. – A senhora sabe muito bem que essa doença não tem cura.

– Por que você está dizendo isso, filho?

O menino encarou a mãe com os olhos sem brilho e respondeu com dificuldade:

– Eu ouvi o que aquele médico falou antes de me dar alta do hospital.

"Maldito médico! Além de não ligar para nós, os pobres, ainda deixa plantado na mente de uma criança sem esperança de viver o medo e o desânimo", pensou a moça, erguendo-se com um gesto resoluto, como se naquele momento houvesse recebido uma ordem de alguém invisível. "Você não vai morrer, Alex", disse em pensamento, enquanto tirava da sacola as compras que fizera e as colocava sobre a mesa.

– Maria do Carmo, o que você acha que o Alex quer comer e beber: iogurte ou refrigerante com biscoitos?

– Ele gosta muito de refrigerante.

– Menina, refrigerante não alimenta ninguém – disse Sabrina. – Comprei umas frutas, portanto acho que vou fazer suco de laranja.

– Você me perguntou o que ele preferia comer ou beber.

Sabrina sorriu, passou a mão nos cabelos da menina, fez-lhe um carinho e pediu com voz meiga:

– Querida, me desculpe.

– Não tenho nada para desculpar, Sabrina.

Numa bandeja colorida a moça pôs um copo plástico com refrigerante, biscoitos água e sal e um copo de iogurte. Em seguida encaminhou-se para o quarto do garoto.

– Filho, adivinhe o que a mamãe trouxe para você?

O garoto sorriu, fazendo um esforço muito grande para dominar o mal-estar e as dores que sentia. Ele fitou a mãe e nada respondeu.

– Aqui tem o guaraná que você tanto gosta e também consegui comprar iogurte – mostrou a mãe. – Também comprei uns biscoitos água e sal, que são uma delícia.

O menino fechou os olhos, pôs a mão na boca e fez um gesto de quem ia vomitar, rapidamente virando-se para o lado da parede, como se quisesse esconder o mal que aquele pequeno lanche estava lhe causando, somente em vê-lo.

– O que houve, meu filho?

– Leve isso pra lá, por favor, mãe – pediu Alex, sentindo náuseas, possivelmente reflexo do tratamento que passara no hospital.

Sabrina entendeu e se retirou do quarto, pondo a bandeja sobre a mesa e sentando-se no caixote. Cabisbaixa, começou a chorar, enquanto pensava: "Se esse menino não se alimentar não vai demorar a morrer. Seu organismo não vai agüentar tanto tempo sem se alimentar. A não ser que ele seja internado para tomar soro", a moça continuou a pensar, percebendo que não conseguia encontrar uma solução para debelar a doença do filho ou pelo menos minorar um pouco o sofrimento dele, fazendo-o alimentar-se. "Mas, qual o hospital público que vai querer interná-lo?", questionava-se aflita.

Maria do Carmo aproximou-se da mãe de seu amiguinho doente, pôs as mãos sobre a sua cabeça e, num movimento esquisito, começou a fazer uma prece, agradecendo a Deus quando terminou. Depois foi até um garrafão de água mineral, luxo naquela casa, porém necessário, já que foi uma recomendação médica, para o bem do menino doente, pegou água num copo plástico e pediu que Sabrina tomasse um gole.

A mãe do Alex ergueu a vista, fitou a menina com várias indagações no olhar, mas antes que perguntasse algo, Maria do Carmo, como se estivesse sabendo qual seria a pergunta, apressou-se em responder:

– É água fluidificada.

Sabrina tomou um pouco do líqüido, passou a mão nos olhos, enxugando-os, fitou novamente a menina e perguntou:

– Vocês chamam esse movimento estranho que terminou de fazer de "passe"?

– No centro espírita que freqüento, principalmente na Evangelização Infanto-Juvenil, antes da sopa, nos é aplicado esse gesto com as mãos – respondeu a menina. – Os espíritas chamam de "passe".

– Como aprendeu?

– Eu não aprendi, pois ainda não tenho idade para isso – disse a menina, torcendo as mãos com vergonha. – Eu vejo o pessoal do centro fazer esse gesto com as mãos e resolvi imitar, com o objetivo de poder ajudá-la em alguma coisa.

– E como você aplicou esse passe em mim, sem saber?

– Não sei. Resolvi fazer esses gestos e pedi ao Papai do Céu por você, pois sei que está sofrendo muito com a doença do Alex.

Sabrina pensou, passou as mãos no rosto, depois se ergueu e comentou, olhando para a menina com um sorriso estampado no rosto:

– Se não fizer bem, mal não vai me fazer. Até me sinto mais leve depois do tal "passe".

A menina, que estava cabisbaixa, falou em voz baixa, como se estivesse com vergonha:

– Não vá dizer para a mamãe o que andei fazendo, pois sou apenas uma criança.

– Não se preocupe, minha filha. Sua mãe não vai saber disso – falou a moça, com a voz trêmula de emoção. – Acho muito bonita essa religião de vocês e obrigada pelo passe.

– Por que você não leva o Alex para se consultar no Centro Espírita?

Sabrina não respondeu. Encaminhou-se ao quarto do filho e ficou um tempo observando-o, enquanto fazia-lhe um carinho.

O menino Alexandre estava com um tipo de câncer ainda com possibilidade de cura, mas a família não tinha recursos para cuidar dele como deveria e, assim, poder debelar a doença. Levaram-no para um dos hospitais públicos especializados no tratamento da doença, todavia, depois de algum tempo, os médicos avisaram a mãe que não havia mais cura para o tipo de moléstia que ele tinha, pois esta já se encontrava num estágio bastante avançado. Talvez, se fosse uma família com recursos suficientes o garoto já tivesse sido curado.

Sabrina quase enlouqueceu quando soube o resultado dos últimos exames do filho e não se conformou, pois andou se informando e concluiu que aquela doença poderia ser curada.

A mãe de Sabrina, Maria da Conceição, fez de tudo para manter o neto hospitalizado, entretanto sempre recebera da equipe médica sinais de que o garoto não poderia ser curado. Ela também quis se desesperar, mas como era uma mulher de fé manteve-se firme em seus pensamentos positivos, embora, às vezes, sentisse as forças lhe faltarem.

O pai de Alex, ainda jovem, morrera num tiroteio entre marginais parceiros de delinqüência. Era desocupado, viciado em drogas e também um pequeno traficante que, com sua bonita conversa, prometeu a Sabrina se recuperar após sua passagem pela penitenciária. Ao contrário do prometido, ele continuou no mundo do crime, até que um dia, numa disputa de ponto de venda de drogas, o mesmo morreu, deixando a moça grávida de oito meses.

Era assim a vida daquela gente que lutava pela sobrevivência daquela bonita criança que contraíra essa doença maligna.

Conceição chegou do trabalho e trazia consigo uma sacola com alguns tipos de alimentos, na esperança do neto se alimentar bem e tentar se recuperar, mas assim que entrou em casa viu sobre a mesa as compras que a filha também trouxera. Olhou para o quarto e observou que o neto não estava bem. Sentiu uma dor não se sabe onde, se no coração, no estômago ou em outro órgão que talvez nem existisse. Não sabia responder. Permaneceu algum tempo parada, sem ânimo, tentando fazer uma prece, todavia não conseguia, talvez porque já não tinha tanta fé assim.

Alexandre estava emagrecendo a olhos vistos, pois não se alimentava e a doença progredia rapidamente. Ele estava febril, com os lábios secos e ferimentos na boca. Inquieto, demonstrava sentir muita dor, causando um enorme mal-estar nas duas mulheres, que estavam impotentes diante daquele quadro angustiante.

Uma olhava para a outra, sem nada dizer. Talvez elas estivessem com medo de falar para não piorar a situação de penúria pela qual passavam.

"Eu acho que o meu neto não viverá até amanhã", pensava a avó da criança doente, enquanto prestava atenção numa panela que fervia no fogão.

– Mamãe, o que nós faremos? – perguntou Sabrina, aproximando-se por trás da mãe, abraçando-a e apertando-a, transmitindo a sua dor indescritível num silêncio triste.

A mãe parou o que estava fazendo e ficou tensa, enquanto as lágrimas desceram dos olhos, passaram pela sua face e, antes que chegassem à boca, foram disfarçadamente enxugadas com as costas das mãos e com a barra do vestido.

– Fé em Deus, minha filha.

– Será que somente a fé em Deus vai resolver o problema? Vai recuperar a saúde do Alex? – perguntou a filha, afastando-se e sentando no caixote. – Desculpe, mamãe, a fraqueza em relação à minha fé.

Maria da Conceição deixou a panela fervendo e sentou-se numa cadeira velha ao lado da filha. Como se quisesse desviar aquele assunto olhou para o telhado e comentou:

– Minha filha, eu acho que essas telhas não vão agüentar esse período de chuvas.

Sabrina permaneceu com o olhar no nada, parecendo hipnotizada, como se quisesse sair da vida, pois já não tinha vontade de viver. "Eu acho que não agüentarei a perda do meu filho, único bem que tenho neste mundo", pensava a moça, suspirando.

– Sabrina, você ouviu o que falei?

– Não. Repita, por favor, mamãe.

– Esse telhado não vai agüentar essas chuvas, pois elas estão fortes demais.

– Mãe, tem jeito para um telhado.

Maria da Conceição entendeu o que a moça quis dizer. Calou-se, depois se ergueu, fez um café e trouxe uma caneca para a filha.

– Mamãe, a senhora acha que o Alex ainda tem cura? – perguntou a moça, segurando a caneca de café.

– Claro que tem, minha filha – respondeu a mãe, procurando dar à voz um som otimista. – Aquele médico que deu alta ao Alex, nos deixando nesta aflição, não é o único neste mundo.

Silêncio.

Maria da Conceição foi até uma janela, olhou o tempo que estava escuro, prenunciando mais chuva, e comentou:

– Será que hoje vai chover o dia todo?

A filha permaneceu em silêncio, pois não tinha nada a dizer, com seus pensamentos totalmente voltados para o filho.

– Acho que já são quatros horas da tarde – disse a avó do Alex, sentando-se na cadeira velha, pondo um prato sobre as pernas e começando a comer o alimento que terminara de ficar pronto. – Menina, coma um pouco, nem que seja a força.

– Não estou com fome.

– Paulo, Paulo... por que você nos abandonou? – perguntava a moça em voz baixa, referindo-se ao namorado e pai do Alex. – Mesmo com todos os seus erros eu me sentia protegida. Mesmo não o amando eu gostava de você como era.

– Filha, esqueça aquele traste!

– Ah! minha mãe, como é triste a solidão – retrucou a moça. – A senhora não sabe o que é viver sem alguém para dividir suas tristeza, alegrias e esperanças.

– Quando terminar de comer eu vou imediatamente ao edifício onde faço limpeza, tentar falar com um cidadão que dizem por aí ser muito bom – disse a mãe, fingindo que não ouvira as últimas palavras da filha.

– Quem é, mamãe? – perguntou a filha, interessada.

– Por enquanto é segredo.

A moça ergueu-se de repente e ajoelhou-se aos pés da mãe.

– Mãe?

– Estou ouvindo, filha.

– O que a senhora está me escondendo?

– Vá comer algo, Sabrina, e deixe comigo.

Num gesto de carinho, a moça abraçou aquela mulher humilde que demonstrava no olhar uma força incomum.

Capítulo V
Angélica e Fernando

Chovia torrencialmente. A mansão do empresário Fernando, dono de uma das maiores redes de supermercados do país, estava envolvida por um nevoeiro denso, em virtude das fortes chuvas que caíram nas últimas horas. O pomar que rodeava a bela mansão dava-lhe uma aparência interiorana, tornando o dia quase noite, por causa do tempo chuvoso. Fernando ouviu bater na porta de seu quarto, acordou meio assustado e sentou-se na cama esfregando os olhos, enquanto pensava: "Que é que está acontecendo? Parece que já anoiteceu". Novamente ouviu batida na porta, ergueu-se e tentou recompor-se, pois notou que havia adormecido sem trocar de roupa.

– Entre!

Um homem ainda jovem, vestido de terno e demonstrando uma aparência de quem trabalhava com a segurança da mansão ou do próprio dono, apareceu na porta do dormitório.

– Dr. Fernando, são quase quatro horas da tarde – disse ele. – Já não sei o que fazer com os vários telefonemas que atendi, todos perguntando pelo senhor.

– O que você disse?

– Que o senhor voltaria ainda hoje para o escritório.

– Vou tomar um banho e tentar melhorar a minha aparência. Depois iremos imediatamente para o escritório. – Por favor, peça a Matilde para preparar um café bem forte. Sairemos de casa dentro de trinta minutos.

Pedro, o chefe da segurança do empresário e assessor de confiança, pediu licença, saiu do quarto e caminhou a passos rápidos em direção à cozinha.

Vinte minutos depois Fernando havia tomado uma ducha, já estava vestido e conversava com três empregados na ante-sala de sua imensa suíte, distribuindo ordens enquanto terminava de se preparar para sair.

– Pedro.

– Sim, patrão.

– Ligue para Isabel, minha secretária, e a coloque no telefone viva voz, por favor.

– Sim, senhor.

Após alguns minutos, o chefe da segurança levava um aparelho portátil em direção ao sofá onde Fernando estava sentado, de pernas cruzadas e tomando café, com o olhar perdido no nada.

– Isabel está na linha – disse Pedro.

Sem fazer nenhum gesto e sem se levantar, o empresário continuou a tomar seu café e perguntou:

– Olá, Isabel.

– Tudo bem com o senhor, Dr. Fernando?

– Como vão as coisas por aí? – respondeu o empresário com outra pergunta.

– Doutor, eu já não sei o que digo para tanta gente que o procura – respondeu a moça, com a voz de quem estava muita cansada. – O senhor deixou o escritório e fez com que eu desmarcasse três reuniões importantíssimas. Não sei mais o que dizer para o pessoal que agendou compromissos, inclusive para um senador que apareceu aqui, pois segundo ele a audiência já estava marcada.

– Isabel, chega de tanta lamentação – disse Fernando sem se alterar. – Daqui a vinte minutos eu estarei aí.

– Dr. Fernando, e...

– Isabel, daqui a vinte minutos eu estarei por aí, entendeu?

– Sim, senhor – anuiu Isabel, entendendo que o empresário havia encerrado a conversa.

– Dr. Fernando, o senhor ainda quer falar com alguém? – perguntou o chefe da segurança.

– Não. Não atendo mais telefonemas aqui em casa.

– Sim, senhor.

– Minha mulher está em casa?

– Eu vi a dona Angélica na cozinha, tomando um suco.

– Vá até lá e peça para Angélica vir falar comigo, enquanto me dirijo ao carro – ordenou o empresário. – Avise ao meu motorista para preparar o automóvel, por favor.

– Sim, senhor.

Fernando ergueu-se e pôs a xícara sobre a bandeja sustentada pela empregada, que se mantinha de pé, em silêncio, pensando: "Esse homem não tem paz, prefiro minha pobreza".

O empresário encaminhou-se com passos rápidos rumo ao seu automóvel. O motorista abriu a porta de trás e o empresário entrou, porém, antes de fechar a porta, ouviu alguém dizer:

– Um momento, Dr. Fernando.

O empresário ao ouvir a voz de um de seus seguranças olhou para trás e viu que sua esposa caminhava em sua direção. Esperou-a.

– Você quer falar comigo, Fernando?

– Sim – respondeu o homem, encarando a bela mulher. – Convido-a para jantar em casa após as vinte e uma horas.

– Tenho um compromisso nesse horário.

– Será que você pode desfazer esse compromisso? – perguntou o marido, demonstrando na voz certa delicadeza e paciência.

A mulher pensou, olhou para os carros que conduziam a segurança dele, fitou-o novamente e respondeu.

– Certo. Às nove horas da noite, em ponto, estarei esperando você.

– Angélica, nós vamos apenas jantar juntos. Não tenho a intenção de lhe passar um sermão.

– Fernando, eu lhe conheço muito bem – retrucou a mulher. – Sei perfeitamente que você não quer jantar comigo simplesmente porque sente prazer em estar comigo.

O homem baixou a cabeça e fitou novamente a mulher. Ainda abriu a boca, porém não saiu nenhum som, então fechou a porta do carro e ordenou:

– Vamos, Jorge. Já estou atrasado.

Jorge, o motorista particular do empresário, arrancou em direção ao centro da cidade em busca do majestoso edifício onde ficava o escritório pessoal do empresário.

No trajeto de casa ao escritório, Fernando observava através do vidro fechado as ruas, avenidas, veículos, prédios, casas simples, monumentos, igrejas, lojas, enfim, tudo que se concentrava nos corredores essenciais da cidade, enquanto o veiculo se deslocava. Apesar disso, nada via, pois prestava atenção apenas em seus próprios pensamentos: "Aonde andará o Eduardo? Nessa altura, será que ele já está drogado? Senhor, Meu Deus, juro que não consigo entendê-lo. Trabalho dia e noite para manter esse império que construí com sua permissão, mas de nada me serve, pois a minha filha já foi embora deste mundo e o meu filho está muito próximo de deixar-me. Minha primeira mulher morreu em virtude daquela doença horrível, enquanto a segunda entregou-se a esse vício miserável. Por quê?", questionava o todo poderoso empresário. Ele fechou os olhos e de repente ouviu um grito:

– Canalha!

Ele abriu os olhos, assustado, e perguntou ao motorista:

– Jorge, você falou alguma coisa?

– Não, senhor.

– Tem certeza?

– Claro, patrão. Mantenho-me em silêncio desde que deixamos a mansão, porque notei que o senhor está muito pensativo.

Jorge olhou para o empresário pelo retrovisor interno. Como ficou bastante cismado com a pergunta que lhe fora feita, ele pensou: "Acho que o doutor está sofrendo muito. Também, quem agüentaria tudo isso? A filha morreu daquela maneira trágica, o doutor Eduardo é um viciado e a esposa uma mulher despudorada, que todo dia chega em casa com um homem diferente, além de também ser usuária de drogas".

Os pensamentos foram passando e a realidade se fez presente quando o edifício apareceu. O carro desceu ao subsolo e buscou seu lugar de repouso no estacionamento.

– Chegamos, chefe – avisou o motorista, abrindo a porta do carro para o empresário sair.

Disfarçados, os seguranças estavam a postos, enquanto o chefe procurava o elevador especial a passos rápidos, reservado aos homens de poder como ele.

Ao chegar ao escritório, ele passou pela secretária, que estava em pé, cumprimentou-a com educação e foi direto para a sua sala. Passou a mão no paletó, ajeitou o colarinho, olhou a mesa de reunião ao lado e sentou-se em sua majestosa cadeira. Passando a mão no rosto, fitou o aparelho de comunicação, apertou um dos botões e ordenou:

– Isabel, venha aqui, por favor.

A mulher, que já estava esperando a ordem, adentrou imediatamente abraçada a uma pasta, que continha alguns documentos e uma agenda.

– Sente-se – ordenou o patrão.

Isabel acomodou-se numa cadeira em frente ao patrão e encarou aquele homem que ora demonstrava ser um homem bom e cordial, ora um homem frio e calculista, pois suas feições mudavam como se estivesse vivendo entre dois mundos distintos, o real e o imaginário.

– Alguém do escritório geral das empresas procurou-me?

– Sim. O Dr. Renan quer falar com o senhor urgentemente.

– Ponha-me em contato com ele, por favor – pediu ele.

– Sim, senhor.

– Que documentos são esses? – perguntou ele, apontando para os vários papéis que a secretária havia colocado sobre sua mesa. – É para assinar?

– Sim.

– Enquanto vou assinando, localize o Renan e faça contato com os gerentes das lojas, avisando que dentro de trinta minutos retomaremos nossa reunião interrompida ontem.

Isabel passou os documentos para o homem assinar, enquanto tentava localizar o Dr. Renan.

– Pronto, Dr. Fernando. O Dr. Renan está na linha – disse a secretária, apertando um botão no aparelho.

O patrão lia um documento antes de assinar e falou sem erguer a cabeça:

– Olá, Renan.

– Tudo bem com o senhor, Dr. Fernando?

– O que você quer comigo? – perguntou o chefe, sem responder ao cumprimento do Dr. Renan, diretor do setor jurídico das empresas.

– Chegaram umas notas promissórias assinadas pelo Dr. Eduardo, seu filho.

Silêncio.

Fernando parou de assinar e ler os documentos, ergueu-se, pôs as duas mãos sobre a mesa e ordenou em voz calma, porém tensa:

– Renan, venha imediatamente falar comigo.

– Sim, senhor.

Fernando novamente sentou-se e pediu secamente, olhando para a secretária:

– Verifique no computador qual o banco em que o meu filho tem conta.

– E a reunião?

Fernando ergueu os olhos e fitou Isabel. Baixou a vista, cerrou os dentes e respondeu:

– Aproveite e entre em contato com os gerentes.

– Eles já estão na sala vip, esperando-o desde cedo.

– Depois que terminar de falar com o Renan, mande-os entrar para iniciarmos a reunião.

– Sim, senhor – anuiu a secretária, encaminhando-se para a sua sala.

"Problema, problema...", pensou o empresário, enquanto lia e assinava documentos.

Isabel voltou com algumas anotações num papel, sentou-se e entregou o papel ao patrão, dizendo:

– O Dr. Eduardo opera com esses bancos.

Fernando continuou assinando e lendo os documentos, enquanto olhava de soslaio para o papel que Isabel pusera diante de si.

– Três bancos.

– Sim, senhor, e todos com as contas negativas.

– Ligue para o celular do Renan e veja se ele já está aqui.

A mulher apertou um botão e ligou para alguém que respondeu no telefone viva voz.

– Alô!

– Dr. Renan?

– Sim, é ele.

– O Dr. Fernando pergunta onde o senhor está.

– Já estou aqui na sua sala, Isabel.

– Mande-o entrar – disse o patrão.

– Sim, senhor.

Isabel encaminhou-se para a sua sala. Encontrava-se sentado um senhor de óculos, cabelos brancos, altura mediana, cor branca, olhos azuis e que conduzia uma pasta de couro debaixo do braço. Assim que a secretária entrou na sala ele ergueu-se, sorriu e cumprimentou a mulher.

– Tudo bem com a senhora, dona Isabel?

– Tudo, doutor – respondeu a mulher com delicadeza. – Somente muito trabalho.

– É a vida, minha senhora. É a vida.

– O Dr. Fernando o espera.

Ela abriu a porta da sala do chefe e fez um gesto com a mão, dizendo:

– Por favor, pode entrar, doutor.

Dr. Renan entrou e encaminhou-se para aquela mesa solitária, porém imponente, símbolo de poder, e parou quando o empresário também se ergueu e o cumprimentou:

– Sente-se, Renan.

– Obrigado, Fernando.

Acabaram-se as formalidades, pois os dois eram amigos desde crianças e essa amizade perdurou quando o amigo Fernando transpôs o mundo do poder e o trouxe para junto de si como o diretor do setor jurídico, pois Renan também era advogado, como o patrão.

Renan já estava sentado, vasculhando a sala do amigo com um olhar de expectativa, porém contido, pois sabia que seu amigo estava atravessando momentos difíceis.

– Dr. Fernando, eu vou esperar em minha sala o senhor terminar de assinar esses documentos.

– Fique, Isabel.

– Sim, senhor.

– Então, Renan... O que o Eduardo andou aprontando desta vez?

O advogado olhou para Isabel e depois para o empresário, que logo disse, em voz baixa:

– Isabel é minha secretária de confiança – disse o empresário. – Pode falar sem susto.

– O Eduardo passou essas promissórias para um cidadão que é bastante conhecido no mundo da agiotagem.

– Agiotagem?

– Modos de falar. Ele tem uma empresa de agiotagem disfarçada em banco, porém todo mundo sabe que lá os pequenos empresários são enforcados com juros altíssimos para o mercado regular.

– Entendi. Qual é o valor?

Renan empurrou seis notas promissórias, com o dedo, em direção ao empresário.

Fernando olhou de viés e perguntou com ar de espanto:

– Tudo isso?

– Sim.

Silêncio.

Isabel olhou de soslaio para as promissórias, porém desviou a vista imediatamente, pois não estava certo bisbilhotar os negócios do patrão.

– Qual a solução? – perguntou Fernando.

– O dono dessas promissórias tem uma pequena dívida com um dos bancos oficiais.

– Alta?

– Uma pequena fortuna.

Silêncio.

"Não faças aos outros o que não queres que façam a ti", pensou o empresário.

– Pague.

– Mas, Fernando...

– Pague e guarde as duplicatas, assinadas e registradas em cartório, em um lugar seguro.

– Certo, amigo – anuiu o advogado, fazendo um gesto com a cabeça. – Bem, eu vou indo. Ainda tenho algumas coisas para resolver.

– Isabel, mande o pessoal da reunião entrar.

Os amigos despediram-se, enquanto a secretária cumpria as ordens do patrão.

Capítulo VI

Em busca de recursos

Havia parado de chover, pelo menos temporariamente, quando Maria da Conceição foi à porta e pôs o braço para fora, verificando o tempo e comentando para si: "O céu está limpando e o sol está aparecendo. Acho que não vai mais chover até a noite". Ao se voltar, viu a filha encarando-a com um olhar indagador, demonstrando também certa ansiedade no rosto contraído.

– Parou de chover. Vou aproveitar a estiagem e ir à cidade resolver aquele problema – disse a mãe, encaminhando-se para o interior da casa, trocando a roupa e calçando um sapato velho que usava para fazer faxina, pois seu melhor calçado estava molhado.

– Mãe, calce a minha sandália nova.

– Não, filha. Vou mesmo com este sapato velho, pois a qualquer momento vai cair água e tenho que estar preparada – disse a mãe, sorrindo e tentando arrumar os cabelos.

– A senhora vai falar com aquele senhor?

– Que senhor, minha filha?

– Ora, aquele que a senhora disse que é muito bom e pode nos ajudar.

Maria da Conceição fitou a filha, aproximou-se e abraçou-a com força, beijando sua face. Depois a afastou um pouco, segurou o seu rosto com as duas mãos e disse-lhe, olhando firme nos olhos dela:

– Minha filha, tenha fé em Deus.

A moça sorriu e, num gesto carinhoso, pôs a cabeça no ombro da mãe e balbuciou:

– Eu tenho muita fé no nosso Pai.

– Deixe-me ir. Daqui a pouco o dia vai embora, a noite chega e não temos mais tempo, filha – disse a mãe, passando a mão no vestido e admirando-o, como se fosse um objeto de estimação.

A mulher abriu a porta, olhou o tempo novamente e pulou uma poça de água da chuva. Mais à frente voltou a cabeça para a porta da sua casa, viu a filha, acenou e ouviu a moça gritar:

– Vou orar pela senhora.

– Vou precisar – respondeu a mãe com voz baixa e continuou caminhando com destino ao ponto do ônibus que a conduziria ao edifício que tanta esperança lhe trazia.

"Tenho de conseguir recursos para o Alexandre ainda hoje. Amanhã será muito tarde", pensava a mulher, passando as mãos nos olhos e enxugando uma lágrima.

Eram quase dezessete horas quando Maria da Conceição subiu os degraus que a conduzia até a portaria do imponente edifício. Ela apertou um botão e ouviu através do interfone alguém com voz de homem perguntar:

– Quem é?

– Moço, eu trabalho neste prédio como faxineira. Meu nome é Maria da Conceição – respondeu a mãe da Sabrina, olhando-se no reflexo do vidro do prédio. – Se possível, eu queria falar com o meu chefe, o senhor João, que ainda deve estar aí.

– Um momento, por favor.

Após alguns minutos, a porta de vidro blindado, como num passe de mágica, abriu-se automaticamente, enquanto a mesma voz dizia:

– Pode entrar, dona Maria da Conceição.

– Graças a Deus, que tudo está dando certo – disse a mulher para si, enquanto entrava no andar do prédio que servia de recepção.

Um homem ainda jovem, vestido de terno, com uma logomarca no bolso do paletó, estendeu-lhe a mão, cumprimentou-a, sorriu e disse, indicando um sofá numa sala ao lado, muito luxuosa:

– Aguarde um momento, dona Maria da Conceição. O seu João está vindo para cá.

– Obrigada, senhor.

Enquanto a mulher esperava pelo chefe, olhava abismada para o luxo do edifício, principalmente para uma sala onde estavam os equipamentos de segurança, controlados por dois homens rigorosamente vestidos com ternos. Ninguém entrava ou saía do edifício sem passar pelas câmaras do circuito interno, que faziam parte do cinturão de segurança do prédio. Ela aproximou-se um pouco da sala onde estavam os vários monitores de televisão e se viu na tela de um deles. Ela andou para um lado e observou que seus passos eram vigiados rigorosamente. "Faz tempo que trabalho neste prédio como faxineira, principalmente no turno da noite, e ainda não havia prestado atenção a esses equipamentos e todo esse luxo", pensou. "Mas nós, os empregados, entramos no edifício pela porta de serviço e o nosso elevador é o destinado aos funcionários."

– Gente fina é outra coisa – balbuciou. – Mas é assim mesmo.

Ao se encaminhar com o intuito de sentar-se, a mulher ouviu alguém com voz pausada e alegre cumprimentá-la:

– Olá, dona Conceição!

Ela olhou para a porta e vislumbrou um homem de meia idade, simpático e com um sorriso estampado no rosto.

– Olá, seu João. Como vai o senhor? – cumprimentou Conceição.

– Tudo bem – respondeu o homem. – Mas o que posso fazer pela senhora?

– Como o senhor sabe que vim pedir algo ao senhor?

– A senhora não viria até aqui, neste tempo chuvoso, principalmente neste horário, sem um motivo muito importante.

– É verdade.

– Sente-se, por favor – convidou o homem, enquanto também procurava um sofá, sentando-se e cruzando as pernas.

Maria da Conceição, que havia baixado a cabeça por alguns segundos, ergueu-a com uma resoluta decisão no olhar, fitou o homem e disse:

– Sei que o senhor conhece muita gente que trabalha neste edifício, por isso estou aqui.

– Há muito tempo que trabalho aqui e a senhora sabe que o povo que transita pelos escritórios que funcionam neste edifício não é permanente – comentou o homem, mantendo o sorriso no rosto. – Mas, o que a senhora deseja?

– Falar com a dona Isabel, secretária do Dr. Fernando – respondeu a mulher de um sopro, como se estivesse com medo de ver seus planos não darem certo.

O homem ergueu-se, meteu as mãos nos bolsos da calça, sentou-se novamente e disse:

– Dona Conceição, por favor, não me interprete como uma pessoa que está usando de má vontade com a senhora, mas é muito difícil falar com a dona Isabel, principalmente nós, os humildes – disse o homem, desfazendo o sorriso que trazia no rosto. – Quanto ao Dr. Fernando é quase impossível falar com ele, a não ser o pessoal que tem muito dinheiro e poder; mesmo assim tem de agendar audiência com certa antecedência.

Conceição baixou a cabeça e sentiu uma pressão na fronte e um peso na nuca, como se fosse perder os sentidos a qualquer momento, mas ergueu-se e, num gesto de coragem, fitou o seu chefe e comentou sem preâmbulos, com voz educada, porém enérgica:

– Seu João, quando vim até aqui já sabia que era difícil falar com a dona Isabel, principalmente com o Dr. Fernando. Mas o caso é de vida ou morte, entende?

O chefe do departamento de limpeza do edifício também se ergueu, pôs a mão na cabeça e perguntou:

– Quem está doente?

– Meu neto está com câncer e se não tiver uma assistência urgente ainda hoje, amanhã pode ser muito tarde – respondeu a mulher, enxugando os olhos.

O homem fez um gesto com o dedo em riste, batendo na própria testa, e falou como estivesse se lembrando de algo:

– Agora entendo a senhora e o porquê de procurar a secretária do Dr. Fernando.

Ambos sentaram-se e ficaram em silêncio.

O chefe da mulher pensava; de repente ergueu-se e falou algo que a avó do Alexandre não entendeu. Ele foi até a sala do chefe do pessoal que trabalhava na segurança e recepção e, com educação, cumprimentou o homem que estava de cabeça baixa, consultando uma lista:

– Olá, Raimundo!

– Olá, João. Tudo bem com o senhor? – perguntou o chefe da recepção.

– Quase tudo...

– O que está faltando?

– Você pode me fazer um pequeno favor? – indagou o chefe do departamento de limpeza.

– Depende – disse o homem, fitando com curiosidade o seu colega de emprego.

– Será que é possível falar com a dona Isabel, secretária do Dr. Fernando, no vigésimo quinto andar, por telefone?

– Seu João, telefonar para a dona Isabel, sem ser alguém muito importante, praticamente é quase impossível de ser atendido – disse Raimundo. – O senhor sabe que as pessoas que trabalham no escritório daquela empresa são simplesmente intocáveis. Aliás, nós nem os vemos, pois entram e saem do edifício sem que nós saibamos.

– Vamos tentar, Raimundo? – pediu o colega, quase suplicando, pois sabia que estava em jogo a vida de uma criança pobre.

O responsável pela portaria passou a mão na cabeça, foi até um dos homens que fitava os monitores na sala de segurança e ordenou:

– Amigo, por favor, ligue para o escritório pessoal do Dr. Fernando e tente falar com a secretária dele.

– Um momento.

O homem ligou e passou o telefone para Raimundo em alguns segundos, dizendo:

– A dona Isabel está na linha.

Raimundo fez um gesto com a mão para João falar com a moça que estava ao telefone.

– Alô, dona Isabel, aqui é o João, chefe do departamento de limpeza do prédio. Desculpe-me o incômodo, por favor, porém o assunto é muito importante.

– O que houve, seu João?

– Na verdade, o que fez com eu pedisse para falar com a senhora é um caso urgente. Uma criança pode morrer a qualquer momento se não a ajudarmos. Ela depende de pessoas boas, como a senhora, que é secretária de um homem que, além de poderoso, é muito conhecido como alguém que sempre fez o bem aos necessitados.

A moça sorriu no outro lado da linha e disse com voz educada:

– Está bem, seu João, o senhor ganhou. Em que lhe posso ser útil?

– Tenho uma amiga que está aqui na portaria que quer falar com o Dr. Fernando.

Silêncio do outro lado da linha.

– Posso saber qual o assunto que ela quer tratar com o Dr. Fernando a esta hora?

– O neto dela está morrendo.

– E o que o meu chefe, o Dr. Fernando, tem a ver com isso? Afinal de contas, ele não é médico.

– Ele é dono de uma fundação que presta assistência médica e social a crianças e mulheres carentes e doentes.

– Agora entendi.

Novo silêncio se fez na linha da secretária. Depois João a ouviu dizer:

– Mande essa senhora aguardar que o Dr. Fernando vai atendê-la.

– Muito obrigado, dona Isabel – agradeceu o chefe da limpeza. – Que Jesus a abençoe!

– Ao senhor também, seu João – disse a moça, desligando o telefone.

O chefe dos faxineiros olhou para trás e viu Conceição com o semblante feliz e um grande sorriso estampado no rosto, pois ela já havia entendido, através das palavras de agradecimento do seu chefe, que ele havia conseguido com que o Dr. Fernando lhe concedesse um tempo para que ela pudesse fazer o seu pedido.

– Minha amiga, aguarde que o Dr. Fernando vai recebê-la – disse ele. – Não se sabe a hora, pois o homem é ocupadíssimo.

– Não tem problema, seu João. O importante é saber que vou ser atendida, não interessa o horário – disse a avó do garoto doente. – Fico a noite inteira esperando por esse homem, só não sei se o socorro vai chegar a tempo.

– Vamos ter fé em Deus, dona Conceição.

O tempo passava, enquanto a avó do garoto doente esperava pacientemente por algum telefonema autorizando-a a subir até o escritório do Dr. Fernando. Enquanto isso, ela aproveitava para pensar em tudo que já lhe acontecera nesta vida, destacando a felicidade que sentiu quando a filha ficou grávida de seu primeiro e único neto. "Meu Deus, quase morri de felicidade quando o Alex nasceu", pensou. "Um menino tão inteligente, bonito, com olhos azuis, parecendo até um nobre, agora está aí, entre a vida e morte", continuou pensando a faxineira. Ela não tirava os olhos do chefe da recepção, pois seria dele que partiria o aviso de que ela poderia subir.

Às vinte horas, após o término da reunião com parte de seus gerentes das filiais espalhadas pela grande cidade, o Dr. Fernando sentou-se à sua mesa e começou a ler alguns documentos, enquanto apertava o botão vermelho do aparelho, que piscava.

– Isabel, entre, por favor – chamou o empresário, passando a mão na testa, num sinal de preocupação e cansaço.

A moça ergueu-se, foi até o computador, olhou alguns dados e entrou na sala de seu chefe.

– O senhor já vai embora, Dr. Fernando?

– Não.

A secretária ficou calada, pois sentiu na resposta seca daquele homem que havia acontecido algo que ela não sabia.

Houve um silêncio irritante, enquanto o homem assinava alguns documentos, consultava outros, e depois empurrou-os com a mão direita, deslizando-os sobre o vidro da bela mesa. Encostou-se no espaldar da imponente cadeira, afrouxou o nó da gravata, fitou a secretária e ordenou-lhe:

– Ligue para a minha casa e avise a Angélica que dentro de uma hora estarei lá.

– Sim, senhor.

Silêncio. A moça sabia que o trabalho dela não havia encerrado, já que havia prometido que ele falaria com Maria da Conceição. Isabel não se atrevia a lembrá-lo do compromisso, pois sabia que ele estava indeciso entre o encontro com Angélica e a decisão de falar com a tal mulher desconhecida.

O empresário pensava, batia com os dedos no tampo da mesa, talvez tentando adivinhar quem estava querendo falar com ele àquela hora. "Se essa senhora veio da periferia neste tempo de muita chuva, com o objetivo de falar comigo, é porque o assunto é muito grave", pensou.

– Mande-a subir.

– Quem? – perguntou a secretária, talvez para ganhar tempo ou para certificar-se de que era realmente a Maria da Conceição que o chefe queria ver.

– Isabel, quem você me comunicou que estava na recepção e queria falar comigo?

– A dona Maria da Conceição – respondeu a secretária, pedindo desculpas ao chefe e encaminhando-se para a sua sala.

Após alguns minutos, Isabel entrou na sala do empresário acompanhada por uma senhora humilde, que caminhava vacilante, ou envergonhada por estar pisando no escritório do homem que ela achava que salvaria seu neto.

Fernando ergueu-se, estendeu a mão e pediu com um sorriso, cumprimentando a mulher:

– Sente-se, dona Maria da Conceição, por favor.

A secretária puxou uma cadeira e, solícita, pediu que a senhora se sentasse.

Silêncio.

"Esse povo é tão educado que dá até medo", pensou a faxineira.

– Dona Conceição, eu estou à sua inteira disposição – disse o empresário, cruzando os braços.

A secretária pediu desculpas e encaminhou-se a um pequeno setor, onde fora buscar café e água para o patrão e a visita.

Maria da Conceição fitou o homem, baixou a cabeça, enxugou uma lágrima com a manga da blusa e disse-lhe, enquanto respirava profundamente:

– Meu neto está morrendo.

O homem descruzou os braços e perguntou-lhe, encarando a faxineira:

– Quantos anos ele tem, dona Conceição?

– Oito anos – respondeu a mulher. – Está com câncer e desenganado pelos médicos, por isso estou aqui falando com o senhor.

"O que será que posso fazer por essa senhora, meu Deus?", pensava o homem, enquanto erguia-se e tomava um gole de água.

Ainda pensativo e em silêncio, olhou as horas no seu relógio de pulso. Num estalo, como se saísse de um estado letárgico, fitou a secretária, que estava em pé, esperando alguma ordem do chefe, e disse:

– Ligue imediatamente para uma de minhas fundações: a Unidade de Saúde Infantil.

Enquanto a moça fazia a ligação, ele sentou-se e demonstrando que estava inquieto, esperou pela resposta de sua funcionária.

– Pronto, Dr. Fernando. O Diretor da Unidade de Saúde Infantil está ao telefone.

– Diga a ele que prepare imediatamente um leito, com todos os equipamentos necessários à recuperação de uma criança com câncer.

Após falar com o médico, a secretária apertou um botão para falar com o patrão em sigilo e informou, sem que o médico do outro lado da linha pudesse ouvi-los:

– Ele disse que não tem mais vaga.

– Ponha o Dr. Almeida no viva voz, por favor.

– Pronto, senhor.

– Alô, Dr. Almeida. Eu estou enviando uma senhora ao seu encontro, agora mesmo. O senhor mandará buscar de ambulância, na residência dela, uma criança que precisa de tratamento urgente.

– Dr. Fernando, o senhor sabe que não temos mais vagas.

– Se necessário, mande transformar o seu escritório em UTI, entendeu?

– Senhor...

– Ouviu, Dr. Almeida?

– Mas, senhor...

– Ouviu o que eu determinei, Dr. Almeida?

– Sim, senhor.

O empresário respirou fundo e ordenou para a secretária:

– Peça a um motorista para conduzir a dona Maria da Conceição até a Unidade de Saúde Infantil, a fim de que o Dr. Almeida mande uma ambulância apanhar o neto dela em sua residência.

– Sim, senhor.

Maria da Conceição não sabia o que dizer. Desmanchava-se toda em lágrimas, não se sabe se de felicidade por seu neto agora começar a receber toda assistência necessária, ou se pela sensibilidade daquela criatura tão poderosa e rica.

Capítulo VII
Alexandre

O bairro onde aquela comunidade pobre vivia estava mergulhado na escuridão, sem qualquer tipo de iluminação pública, e a noite se tornava mais sombria com o aviso do tempo, que prometia muita chuva. As réstias de luz que escapavam de uma lâmpada acesa em alguma casa, com sua porta e janela abertas, facilitavam a visão de quem caminhava ou trafegava por aquelas ruas escuras. Uma ambulância tentava atravessar as ruelas assimétricas, esburacadas e com poças de água da chuva. O carro percorria aquelas ruas margeadas por casebres de todos os tipos, cobertos com telhas, zinco e tábuas, a todo custo tentando se desviar dos buracos. Enquanto dirigia o veículo, o motorista aproveitava para colocar seus pensamentos em dia. "Este bairro é pior do que o meu. Graças a Deus e ao Dr. Fernando, sou dono de uma pequena casa, localizada num conjunto saneado, com energia elétrica e calçamento em algumas ruas", pensava o homem. O veículo que conduzia, além do motorista, uma enfermeira e a avó de Alexandre, aos poucos ia conseguindo chegar ao seu destino.

Maria da Conceição demonstrava no semblante uma felicidade nunca sentida antes. "Quero ver a cara da Sabrina e dos vizinhos quando eu chegar de ambulância chique", pensava a avó do Alexandre, esquecendo-se um pouco de suas amarguras e problemas com um sorriso de satisfação estampado no rosto.

Eram vinte e uma horas. A ambulância estacionou em frente a uma casinha, praticamente ilhada pela água da chuva. Maria da Conceição abriu a porta do carro e desceu dentro da água, porém satisfeita. Sem se conter, gritou:

– Sabrina!

A porta da casa abriu-se e apareceu um rosto iluminado pela única lâmpada que existia na sala.

– Mamãe?

– Sou eu, filha.

– Que carro é esse, mamãe?

– Você não está vendo que é uma ambulância – respondeu a mãe, com um sorriso de satisfação, enquanto tirava os sapatos e entrava em casa. – Vamos levar o Alex para o hospital, imediatamente.

– Mas, mãe...

– Vamos, filha. Não há tempo para conversarmos. Quanto mais demorarmos mais o Alex correrá perigo de vida.

Como se estivesse acordando de um sonho, Sabrina correu em direção ao quarto e disse para o filho, chorando de felicidade e esperança e segurando a mão da criança:

– Filho, vamos nos preparar para irmos para o hospital.

– Hospital? – perguntou o menino com dificuldade e surpreso.

– Sim, meu filho. Sua avó conseguiu um hospital.

– Mãe, eu ouvi quando o médico disse que com essa doença não havia mais jeito.

De repente Conceição apareceu nervosa, penteando o cabelo e muito alegre ao dizer:

– Vamos deixar de conversa, Alex. Não podemos mais perder tempo, meu lindo neto – disse ela, com um sorriso estampado no rosto e fazendo um carinho no rosto do menino. – Sabrina, minha filha, apresse-se e providencie o material pessoal do Alex, que iremos interná-lo imediatamente.

– Sim, mamãe – anuiu a moça, correndo para se trocar e pôr o pouco material do filho numa bolsa.

Em menos de dez minutos a enfermeira acomodou o menino na maca da ambulância e seguiram em direção ao hospital.

Vinte e três horas. O garoto doente já estava instalado num quarto improvisado com todos os equipamentos necessários ao tratamento de urgência, julgados necessários pelo médico responsável.

Dr. Almeida, homem de estatura baixa, cabelos pretos, aparentando uma idade de quarenta anos, cumpriu à risca a determinação do Dr. Fernando, transformando seu escritório num quarto provisório. Após as providências que tomara a respeito do garoto doente, encaminhou-se em direção à mãe e à avó e comunicou, com uma voz calma e carregada de otimismo, enxugando as mãos numa toalha:

– Pronto, senhoras. O Alexandre já está medicado e se alimentando, via endovenosa.

– Graças a Deus, doutor! Obrigada e nos desculpe, Dr. Almeida – Sabrina agradeceu, apertando a mão do médico.

– Agradeçam ao Dr. Fernando. Ele sim foi o responsável pela internação do Alex – corrigiu o médico, com a voz trêmula de emoção. – Apenas cumpri a determinação do chefe.

Enquanto isso, na residência do empresário, num lugar aconchegante e agradável, Fernando e Angélica encontravam-se tensos ao redor de uma mesa com algumas iguarias. Ambos estavam em silêncio, cada um entregue aos seus pensamentos, disfarçados através de um gesto qualquer, ora com o olhar perdido no nada, ora tomando em pequenos goles um vinho importado.

– Você está bem, Angélica? – perguntou o homem, tentando cortar aquele silêncio incômodo.

– Claro que estou – respondeu a mulher, meio aborrecida e denotando impaciência.

O homem fitou através do vidro que servia de parede ao ambiente onde estavam acomodados, olhou o céu que estava escuro, prenúncio de mais chuvas durante a noite, passou a vista no belo jardim iluminado e enfeitado por uma fonte que jorrava em direção à estátua de uma mulher, sem dúvida uma obra de arte, ergueu-se um pouco e afastou a cadeira da mesa. Logo em seguida sentou-se novamente e cruzou as pernas, tomando um gole de vinho. Com a maior naturalidade do mundo ele disse, após passar discretamente o lenço na boca:

– Ontem encontrei um pó esquisito em seu guarda-roupa.

– O que você foi fazer no meu quarto? – questionou a linda mulher, fuzilando o ex-marido com ódio. – Você sabe que não pode invadir a minha privacidade.

– Bati na porta e não ouvi barulho. Só por isso resolvi entrar para ver se estava tudo bem com você.

– Você sabe o que era o pó que encontrou em meu guarda-roupa. Isso não é mais nenhuma novidade.

O homem anuiu com a cabeça e permaneceu em silêncio.

– Posso ir? – perguntou a mulher, pondo mais vinho no copo.

– Fique à vontade. Mas antes me responda: por que guarda aquele pacote?

– Ora, Fernando! Eu sei muito bem que você não é idiota e sua pergunta não merece resposta! – disse a mulher com um sorriso irônico nos lábios. – Agora, posso ir?

O homem sentiu que estava cada vez mais difícil para aquela criatura se recuperar. "Eu pensei que ainda pudesse fazer algo para ajudar essa mulher, mas acho que ela já se aprofundou tanto no uso desses entorpecentes que agora se encontra totalmente sob o domínio deles e dos traficantes", concluía o homem, com o olhar fixo num ponto distante.

– Você tem religião, Angélica? – indagou o empresário de surpresa.

– Não – respondeu a mulher secamente, já em pé e pasma com aquele questionamento. – Religião é coisa que só interessa às pessoas fracas, que querem fugir da realidade, e esse não é o meu caso.

Fernando apertou os lábios, como se estivesse conformado e baixou a cabeça num gesto impotente. Respirou profundamente, fitou a mulher com ar desafiador e disse:

– Pode ir, Angélica.

Angélica saiu correndo em direção ao seu quarto, mas em seguida voltou e entrou em seu luxuoso carro, passou pelo portão e tomou a direção de um lugar que somente ela sabia.

Após a saída da mulher, Fernando permaneceu sentado com o copo na mão, tomando pequenos goles de vinho, enquanto seu pensamento voava em várias direções, principalmente buscando uma solução desesperada para saber o que poderia estar acontecendo com o filho. Seu celular tocou, ele atendeu e do outro lado da linha ouviu alguém com voz de quem estava chorando, perguntar:

– Pai, é o senhor?

Fernando reconheceu imediatamente a voz do filho Eduardo. Assombrou-se ao ouvir aquela voz desesperada e rouca como se estivesse gripado, quase se apagando, entrecortada por soluços e espasmos.

– Eduardo?

– Sou eu ...

– Meu filho, onde você está? – perguntou Fernando, erguendo-se e caminhando inquieto pela sala.

– Não vale a pena o senhor se preocupar comigo – o rapaz respondeu e desligou.

Fernando passou a mão na cabeça, num gesto aflito, e sentiu falta de ar. Sentou-se, pôs o celular sobre a mesa e pensou: "Meu Deus, ajude-me, pois o meu filho vai morrer! Acredito que desta vez ele não vai receber socorro a tempo". O chefe da segurança do empresário observou a impaciência do patrão e timidamente aproximou-se, perguntando-lhe:

– Posso ajudar, patrão?

O homem fitou o segurança, pensou e fez um gesto com a mão, perguntando-lhe:

– Você se lembra daquela pracinha na qual paramos hoje, pela manhã, por algum tempo?

– Lembro.

– Avise o motorista que iremos imediatamente para lá, agora.

– Mas, chefe, são mais de vinte e três horas...

Fernando já não ouvia o que seu segurança falava, caminhando rápido em direção ao seu carro. O motorista que estava de plantão naquela noite, observando pelo retrovisor que o patrão se dirigia apressado em sua direção, saiu imediatamente do carro e ficou em estado de alerta. Sem nada falar, o patrão abriu a porta traseira do seu belo automóvel e entrou.

– Para onde vamos, patrão?

– Siga o carro do meu segurança.

– Sim, senhor.

"O homem não quer falar e nem estou louco de puxar conversa, pois se ele está saindo a esta hora, com essa cara, boa coisa não está acontecendo", pensou o motorista, saindo da mansão e seguindo o carro da segurança do empresário.

Enquanto o carro que transportava o empresário deslizava no asfalto em direção a um lugar conhecido apenas pelo pessoal do carro que ia à frente, Fernando pensava: "Acho que não vamos conseguir encontrar o meu filho com vida, isto, se acharmos o lugar onde ele deve estar".

Após alguns minutos o carro estacionou e o motorista reconheceu a praça. Ele disse para si: "Agora entendo o motivo pelo qual o patrão está com essa cara de preocupação".

Fernando desceu e saiu, seguido por dois seguranças fortemente armados, procurando algo que somente ele sabia, porém os seus homens desconfiavam do que estava acontecendo, tendo em vista não ser segredo para eles que o filho e a mulher do chefe eram viciados. Após vasculhar toda a praça, o homem parou, pôs a mão na cabeça e sentiu que de repente lhe haviam sumido os pensamentos, como se de nada se lembrasse. Fernando afrouxou o nó da gravata e pensou: "Tenho que me acalmar. Estou entrando em pânico". Fez alguns exercícios de respiração, baixou a cabeça e aos poucos voltou ao seu normal.

– Patrão?

O empresário se voltou e viu o motorista próximo a ele, com ar de quem havia descoberto algo inédito.

– O que houve?

– Há uma pessoa deitada sob a marquise que se encontra ali, no escuro, naquela esquina.

– Onde?

– Ali – apontou o motorista.

O empresário e seus seguranças correram em direção ao local apontado pelo motorista. Após avistarem a pessoa que estava deitada, diminuíram o passo e com cautela aproximaram-se. Fernando reconheceu imediatamente o filho, que estava um trapo, com os pés descalços e sujos e roupas rasgadas e também sujas. Fernando passou a mão nos olhos, ajoelhou-se ao lado do filho e chamou vacilante, com medo de que o mesmo estivesse morto:

– Filho... – chamou o homem, segurando a mão do rapaz. – Eduardo...

O rapaz abriu os olhos, tentou falar e não conseguiu. Pôs a mão no peito, como se estivesse sentindo dor ou dificuldade de respirar, e apertou a mão do pai.

Fernando abaixou a cabeça e fitou o rosto do rapaz, vendo que ele estava cheio de hematomas, como se tivesse sido espancado. Notou que havia sangue coagulado na saída das narinas dele. Ele pensou: "Ele ainda está vivo, graças a Deus".

– Vamos levá-lo imediatamente ao hospital – ordenou aos seus homens. – Calma, meu filho, agora está com o seu pai e eu vou cuidar de você.

O rapaz abriu os olhos mais uma vez, fitou o pai e dos seus olhos rolou uma lágrima.

Após algum tempo Eduardo já estava na UTI, respirando através de aparelhos, sob a orientação da Dra. Janine.

Na sala de visitas Fernando não ficava quieto. Tomava café a todo instante, olhava para fora do prédio à procura de nada, metia as mãos nos bolsos buscando algo que não existia e respirava com dificuldade, devido à sua ansiedade. De repente a porta se abriu e apareceu a médica sorrindo. Ela encarou o homem e disse:

– Não se preocupe. O Eduardo já está fora de perigo.

– Graças a Deus, doutora.

– Ele foi atendido a tempo – disse ela. – Se demorasse mais um pouco não sei o que poderia ter acontecido.

O homem aproximou-se da Dra. Janine e a encarou durante alguns segundos, talvez admirando a beleza e simpatia daquela mulher que tanto se dedicava aos seus doentes, trabalhando com honestidade no cumprimento de suas obrigações médicas.

– Não sei como pagar o bem que a senhora tem me feito, mas estou à sua disposição – disse o empresário, alegre por seu filho ter sido atendido a tempo.

– Dr. Fernando, apenas cumpri com meu dever – disse ela. – Mas fico sensibilizada quando alguém reconhece o bem que lhe é feito.

– A senhora é religiosa?

A moça pensou, fitou o homem com seus olhos verdes expressivos e pensou: "Esse homem me é simpático".

– Sou espírita, doutor – respondeu a moça, fitando o empresário.

Ambos ficaram em silêncio.

Capítulo VIII
Alexandre no hospital

O sol havia dado uma volta ao redor do planeta e novamente seus raios empurravam a escuridão da noite, exigindo seu lugar no universo – o direito de iluminar a parte do mundo onde se desenrola esta história. Era dia. Ambas cansadas, devido às noites mal-dormidas, pois se revezavam nos cuidados de Alexandre, durante vinte e quatro horas, Maria da Conceição e sua filha Sabrina dormiram sentadas em confortáveis poltronas, que se encontravam numa pequena sala de espera na Unidade de Saúde Infantil, uma das fundações do Dr. Fernando. Acordaram, ergueram-se assustadas e passaram as mãos nos olhos. Entreolharam-se e a mãe foi até uma janela, depois voltou a sentar-se e balançou a cabeça, como se quisesse dizer algo.

– O que houve, mamãe?

– Minha filha, tem outro prédio igual a este no lado de lá – comentou Conceição, apontando o dedo para o lugar onde deveria estar o outro prédio. – Acho que é a outra fundação do Dr. Fernando.

– Talvez seja a que é destinada às mulheres carentes – disse Sabrina, pensativa, arrumando os cabelos e a roupa.

– Vamos visitar o Alexandre? – convidou a mãe.

– Será que podemos? – perguntou a filha. – Acho melhor esperar o doutor autorizar a nossa visita.

O dia já havia chegado quando o Dr. Almeida, sem uniforme, apareceu demonstrando no rosto alegria, cumprimentou as duas mulheres e convidou-as com um sorriso:

– Vamos até o refeitório comer algo? Eu estou com muita fome.

As mulheres não esperaram por um segundo convite e ambas encaminharam-se antes ao banheiro, com a finalidade de fazerem a higiene matinal. O lugar onde se faziam as refeições era uma sala muito aconchegante e podia-se observar que era também muito asseada e equipada com tudo que era necessário à confecção e ao serviço de distribuição de alimentos, preparada exclusivamente para os pacientes e funcionários da Fundação.

– Sentem-se, por favor, enquanto pedirei à dona Augusta para servi-las – disse o médico, encaminhando-se ao local onde a cozinha estava em pleno funcionamento.

Conceição observava o refeitório e olhava para a filha de viés, como se estivesse surpresa com tanto luxo num hospital.

Sabrina compreendeu o olhar da mãe e fez um ar de quem estava entendendo o que ela pensava. Aproximou-se de Conceição e convidou-a a sentarem-se em uma pequena mesa de quatro lugares.

Após tomarem a refeição matinal – composta de café, leite, suco, pão, bolo, geléia –, ergueram-se e agradeceram à senhora que as havia servido:

– Obrigada, dona Augusta – agradeceu Conceição.

A filha repetiu o agradecimento, enquanto ambas se erguiam e faziam menção de se retirarem.

A bondosa senhora sorriu e perguntou, fitando as duas mulheres enquanto passava um pano na mesa:

– Como vai o garoto?

– Bem – respondeu Sabrina. – Nós iremos visitá-lo agora mesmo.

– Que Deus proteja vocês e que o menino saia deste abençoado hospital com muita saúde.

– Obrigada, dona Augusta – agradeceu Conceição. – Que a senhora esteja falando pela boca de um anjo.

Maria da Conceição e a filha encaminharam-se ao apartamento improvisado onde Alexandre estava internado.

Aquela Unidade de Saúde Infantil ficava localizada num prédio amplo e arejado, composto por dois pavimentos. Havia quatro pequenas enfermarias, uma UTI, quatro apartamentos, banheiros coletivos e individuais, laboratórios, pequenos gabinetes médicos, gabinetes odontológicos, uma sala ampla de recreação, sala de fisioterapia, cozinha e um refeitório amplo, com capacidade para vinte pessoas sentadas. O prédio era cercado por um muro alto, com portaria e vigilância vinte e quatro horas. Ali trabalhavam médicos, enfermeiras e funcionários de serviços gerais.

Alexandre estava internado, recebendo os cuidados necessários à sua recuperação, no escritório do diretor, que fora transformado num apartamento provisório, enquanto aguardava a desocupação de um lugar adequado na Unidade de Saúde.

As duas mulheres não se cansavam de beijar o menino, pois notaram que ele estava com um aspecto bom e com o olhar otimista.

Alexandre correspondia ao afago da mãe e da avó com um semblante alegre, embora se notasse que, às vezes, contraía os músculos do rosto, como se estivesse sentindo dores atrozes. O menino observava o quarto e os equipamentos, principalmente o soro que absorvia via endovenosa.

– Você está bem, meu filho? – perguntou Sabrina, beijando-lhe a mãozinha com carinho, procurando um sinal positivo que garantisse a vida do filho.

– Não se preocupe, mamãe – respondeu ele, adivinhando os pensamentos da mãe. – Já estou me sentindo bem melhor.

– Você vai ficar bom, meu filho – dizia a avó, beijando-lhe a face. – Deus é muito bom.

De repente uma moça entrou no quarto, cumprimentou as mulheres e passou a verificar com atenção a situação do doente. Analisou o medicamento, esticou colchas e lençóis e olhou preocupada para os lados, como se estivesse fazendo uma inspeção.

– Bom dia, meu garoto – cumprimentou o Dr. Almeida ao entrar no quarto.

Observou o medicamento e examinou Alexandre, certificando-se de que tudo estava bem.

– Antônia, você já olhou se tudo está em ordem? – perguntou o médico, passando a mão na testa e enxugando um suor inexistente.

– Pedi ao pessoal que verificasse tudo, inclusive o estado dos outros pacientes, principalmente as crianças que estão nas enfermarias.

Maria da Conceição e Sabrina permaneciam em silêncio, encolhidas num canto do quarto, observando aquela demonstração de cuidado exagerado por parte do médico e da enfermeira.

– O Dr. Fernando nunca visitou as fundações a esta hora, praticamente no início do expediente – comentou em voz baixa o médico, fitando a enfermeira.

– Concordo, Dr. Almeida – disse a enfermeira. – Geralmente suas visitas são no final da manhã ou no meio da tarde.

Repentinamente o pessoal que estava naquele apartamento improvisado ouviu o barulho de passos no corredor.

– Acho que o Dr. Fernando está chegando – cochichou Maria da Conceição no ouvido da filha.

A moça ficou tensa, segurou a mão da mãe e perguntou-lhe:

– Será que ele veio para enviar o meu filho a um hospital público?

– Não sei, minha filha – respondeu a mulher, também demonstrando preocupação. – Só acho estranho o comportamento do pessoal que cuida dos doentes.

Sabrina observou que o médico e a enfermeira não paravam de trabalhar, demonstrando claramente que temiam a chegada do dono daquelas fundações.

– Acho que estão com receio do chefe – disse ela em voz baixa, sendo ouvida apenas pela mãe.

Vozes foram se aproximando do apartamento improvisado. Fernando adentrou o quarto improvisado e cumprimentou a todos.

O Dr. Almeida e a enfermeira Antônia responderam ao cumprimento com um sorriso.

– Tudo bem por aqui, senhores?

– Tudo bem – respondeu o médico.

– Esse é o garoto que foi internado ontem à noite? – perguntou o empresário, apontando o menino com um sorriso.

– Sim, senhor.

O Dr. Fernando aproximou-se do leito e ficou olhando o menino que estava de olhos fechados, talvez por medo ou simplesmente porque não queria falar com aquele homem que todos diziam ser muito poderoso.

– Como é mesmo o nome dele?

– Alexandre – respondeu a enfermeira.

– Alexandre, você está acordado? – perguntou o empresário, pondo na voz um som de carinho e amizade.

O menino abriu os olhos azuis e fitou de soslaio o dono daquelas instituições filantrópicas.

Ambos se encararam. O empresário cruzou os braços, aproximou-se mais um pouco do doente, fitou-o no rosto e disse-lhe:

– Você vai ficar bom, garoto.

O menino permaneceu calado, porém simpatizou com aquele homem que nunca vira antes na vida.

– Você é forte – disse o empresário. – E agora está sob os meus cuidados.

– Dr. Almeida, faça o possível para o Alex começar as sessões de quimioterapia o mais rápido que puder.

– Sim, senhor – confirmou o médico. – Hoje ele irá submeter-se a vários exames para sabermos com exatidão o seu quadro clínico.

– Simpatizei com você, garoto – disse o empresário, segurando a mão dele. – Cadê a sua avó?

– Estou aqui, Dr. Fernando – Maria da Conceição se apresentou, com uma voz forte e cheia de esperança, lá do fundo do quarto.

– Olá, dona Conceição – cumprimentou o empresário. – Como vai a senhora?

– Agora estou muito bem, Dr. Fernando – respondeu a mulher. – E como o meu neto já está sendo tratado, tenho uma esperança muito grande de que ele venha a ficar bom dessa doença.

O empresário baixou a cabeça, pensou, depois a ergueu e comentou:

– Qualquer coisa que precisar pode me procurar pessoalmente no lugar onde a senhora me encontrou.

– Muito obrigada, senhor.

O empresário fitou novamente o menino e fez um gesto de quem ia sair do quarto, quando Maria da Conceição disse:

– Dr. Fernando.

– Sim, dona Conceição.

– Esta moça é a minha filha Sabrina, mãe do Alex – disse Conceição, apontando para a filha com um sorriso de felicidade nos lábios.

O homem aproximou-se, segurou a mão de Sabrina, que estava estendida, apertou-a e cumprimentou-a dizendo:

– Moça, fique tranqüila. O seu filho vai ficar bom, se Deus quiser.

– Fico muito grata ao senhor, Dr. Fernando.

– Agradeça a Deus e à sua mãe.

O homem soltou a mão da moça e ficou encarando-a, como se estivesse lembrando-se de algo. "Acho que conheço essa moça", pensou.

De repente o homem fitou dona Maria da Conceição e disse num tom imperioso:

– Dona Conceição, quando a senhora for me visitar, por favor, leve a dona Sabrina. Precisamos conversar sobre o bem-estar do Alex.

– Sim, senhor.

O empresário despediu-se, fazendo um carinho na cabeça do Alex. Em seguida fitou Sabrina e a mãe, sorriu e deixou o quarto, ordenando a um homem que o acompanhava:

– Mande o motorista se preparar. Iremos para o meu escritório central.

– Sim, doutor.

Quando o empresário chegou próximo à portaria, parou, pôs a mão no ombro do Dr. Almeida, que o acompanhava até a saída, pensou e depois perguntou:

– Nas fundações há algum médico especializado nessa doença do Alexandre?

– Não, senhor – respondeu prontamente o diretor da Unidade de Saúde Infantil. – Quando precisamos tratar alguém que tem essa doença nós contratamos um especialista.

– Quem é o médico contratado para o tratamento de câncer?

– O Dr. Henrique, um dos melhores oncologistas da cidade.

– Será que há algum oncologista que queira trabalhar em nossas Unidades de Saúde, pelo menos umas quatro horas diárias?

– Acho difícil encontrarmos alguém. Há poucos médicos especializados nessa área, além disso eles já estão comprometidos com outras clínicas e hospitais.

– Mas precisamos de alguém que permaneça o maior tempo possível com o Alex.

– Conheço uma amiga médica oncologista, mas ela está muito ocupada, principalmente com os plantões – disse o Dr. Anselmo. – É uma moça muito pobre, que cuida dos pais idosos e doentes, que necessitam de tratamentos caríssimos, e por isso ela precisa trabalhar exaustivamente para conseguir bancar suas despesas.

O empresário ficou em silêncio, depois começou a andar em direção ao seu carro. Quando entrava no veículo fitou o médico e indagou-lhe:

– Qual é o nome dessa médica?

– Dra. Janine.

O empresário ficou pensando: "Será a Dra Janine que cuida do meu filho?"

– Conheço uma médica com esse nome, que trabalha no hospital onde meu filho é internado sempre que tem suas crises – disse o Dr. Fernando. – Será que é a mesma?

– Acertou, doutor – anuiu o médico. – É ela mesma.

O empresário saiu do carro e chamou o médico em particular e sem perda de tempo ordenou-lhe:

– Contrate essa moça a qualquer custo.

– Vou tentar, doutor.

– Quero a resposta ainda hoje.

– Sim, senhor.

O empresário entrou no carro e ordenou:

– Vamos imediatamente para o hospital onde está o meu filho.

– O senhor havia falado que iria para o escritório.

– Mudei de idéia.

– Sim, patrão.

O carro arrancou em direção ao hospital onde Eduardo estava internado.

Capítulo IX

Fernando e Alexandre

Um mês depois Alexandre ainda continuava hospitalizado, embora a doença estivesse sob controle, graças aos esforços do Dr. Anselmo e da Dra. Janine, que tudo faziam para que o menino recuperasse sua saúde. O filho de Sabrina, com o seu jeito meigo e simpático, havia conquistado a simpatia de todos, principalmente dos pacientes e funcionários do hospital, que após conhecê-lo torciam para que ele ficasse curado.

Após muita insistência do amigo de profissão, Dr. Anselmo, e principalmente do empresário Dr. Fernando, a Dra. Janine aceitou ser contratada para trabalhar na Unidade de Saúde Infantil pertencente às fundações. Como oncologista, cuidava com muito zelo e responsabilidade de três pacientes com câncer, entre eles Alexandre, a quem muito se afeiçoara, o que causou ciúmes em Sabrina.

Maria da Conceição seguia trabalhando, agora com mais otimismo, distribuindo sorrisos entre os amigos de trabalho e vizinhos, pois, além de estar mais despreocupada com o neto, havia recebido um pequeno aumento em seu salário.

Resignada, Sabrina prosseguia fazendo faxina em casas particulares a fim de ter tempo suficiente para se dedicar ao filho. Como mãe, sentia-se triste, pois apesar de todo tratamento e cuidados dos médicos, principalmente da Dra. Janine, ela sentia que o menino não se recuperaria.

Eduardo havia passado uns dias sem usar drogas, todavia não conseguiu se controlar – o vício pelas substâncias químicas foi mais forte –, novamente se entregou ao perigoso mundo dos viciados.

Angélica entregara-se totalmente e gastava todo o dinheiro que havia recebido, por ocasião do divórcio com o Dr. Fernando, em entorpecentes, principalmente com os traficantes, que abusavam dela. O ex-marido, embora gostasse muito da ex-mulher, foi obrigado a pedir que ela deixasse a mansão, porque os comentários sobre sua situação já estavam atrapalhando sua vida particular, especialmente a profissional.

Fernando continuava lutando para tentar esquecer toda a desgraça que havia se abatido sobre sua família, mas não conseguia, e também não encontrava explicações para tanto sofrimento, a não ser o que informava a religião com a qual simpatizava. Há muito tempo não conseguia dormir, a não ser induzido por medicamentos, não conseguindo esquecer que a ex-mulher estava convivendo com viciados e a escória da sociedade – os traficantes de drogas pesadas. Diariamente, recebia informações sobre a vida de Angélica, que vivia armando escândalos, praticamente assumindo sozinha as páginas dos melhores jornais e revistas de fofoca. O filho Eduardo havia sumido de casa e há quinze dias que não dava notícias e ninguém sabia onde estava, causando-lhe aflições e pensamentos negativos.

Certo dia, no meio da tarde, o Dr. Fernando, que estava meditando por alguns minutos em seu escritório central, ergueu-se de repente, pôs o paletó, dirigiu-se à sala da secretária e disse em movimento:

– Isabel, vou visitar o Alexandre.

– O senhor volta logo?

– Estarei de volta antes da dezessete horas – respondeu ele. – Por favor, desmarque a reunião que estava prevista para hoje, ou melhor, chame o Dr. Arnaldo e informe-o de que pode dirigir a reunião, pois ele já sabe o assunto da pauta.

– Mas o Dr. Arnaldo...

– Isabel, o Arnaldo é um dos diretores mais importantes das empresas e homem de minha confiança.

– Sim, senhor.

Despedindo-se, o empresário fez um gesto com a mão e caminhou em direção ao elevador.

Isabel ficou parada na porta do escritório pensando com seus botões: "Esse homem está estranho. Depois que esse menino foi internado ele sempre procura uma desculpa para estar visitando-o, quase que diariamente. Minha intuição de mulher me diz que há algo muito interessante nessas visitas do meu patrão, principalmente porque a mãe e a médica do menino são duas lindas mulheres. Embora pobre e sem condições para vestir roupas caras e de última moda, Sabrina é uma bonita e simpática morena", pensou a secretária. Fechou a porta, sentou-se em sua cadeira e continuou pensando: "A Dra Janine, além de uma linda mulher, branca, loura e com olhos verdes, tem classe e é simpática, e tudo indica que ela não é indiferente ao meu chefe. Bem, espero que pelo menos ele tenha um pouco de esperança e sorte na construção de um novo relacionamento".

Assim que o empresário chegou ao hospital, encaminhou-se diretamente ao quarto do Alexandre. Com um sorriso aberto no rosto, demonstrando um pouco de alegria e talvez felicidade em sua vida atribulada, cumprimentou-o:

– Olá, Alex! Parece-me que você está muito bem.

– Estou muito bem, embora continue a sentir um mal-estar horrível após as aplicações desses medicamentos – respondeu o menino, também demonstrando que estava feliz com a visita daquele homem do qual tanto gostava.

– Dra. Janine, esse medicamento ao qual o Alex se refere é a tal de quimioterapia? – perguntou o empresário à linda médica, que o acompanhava na visita que fazia ao garoto.

– Exato, Dr. Fernando – anuiu a médica. – Mas ele está reagindo bem.

O empresário aproximou-se do paciente, segurou suas mãos, num gesto de puro instinto paterno, e beijou-as, fitando dentro dos olhos azuis daquele menino. Ele pensou: "Meu Deus, eu conheço essa criatura... mas de onde?" O homem demonstrava visivelmente que estava emocionado, não se importando com os olhares atentos da médica e do menino, que também pensava: "Gosto muito desse senhor. Quando Maria do Carmo vier novamente me visitar vou conversar com ela a respeito disso", completou seu pensamento.

Após conversar animadamente algumas coisas triviais com o menino, o empresário se despediu, beijando-o na face e em seguida caminhou em direção à saída do hospital, acompanhado pela médica, que se mantinha em silêncio.

Antes de entrar em seu carro o empresário parou e ficou em silêncio, com seu olhar inteligente vagando, talvez buscando algo que o atormentava e não sabia o que era. Sem saber onde colocar as mãos, pois achava deselegante colocá-las nos bolsos da calça, e cruzando-as dava a impressão de que sua atitude era muito radical, resolveu simular que arrumava o paletó. A médica o observava e se mantinha em silêncio, sentindo o peito se apertar sem saber o porquê, mas percebia que o patrão tinha algo a lhe falar.

– Doutora, a senhora acredita mesmo que o Alex está melhorando? – perguntou o homem mantendo o olhar perdido no tempo, como se estivesse fazendo a pergunta a alguém muito distante.

A mulher não se surpreendeu com o questionamento do empresário, apenas fitou-o com o olhar admirado e inquiridor e respondeu-lhe com outra pergunta:

– Posso saber o motivo dessa pergunta, doutor? Por acaso o senhor está desconfiado de que o tratamento ao qual o Alex está sendo submetido não está debelando a doença? É isso?

O empresário sentiu o coração pular dentro do peito, pois entendera que estava sendo energicamente repreendido pela linda médica. Todavia, mesmo não gostando da situação, não desistiu de saber a resposta da pergunta que fizera e confirmou:

– É verdade, doutora. Não consigo acreditar que esse menino, tão querido por mim, está bem. Algo aqui dentro diz-me que ele não demora a ir embora deste mundo – respondeu o empresário, apontando para o peito.

A mulher baixou a cabeça, sentiu as pernas tremerem e passou a mão nos belos olhos verdes, enxugando uma lágrima, porém não se intimidou com o empresário e novamente ergueu-a em um gesto resoluto, encarando o patrão e dizendo-lhe:

– O senhor me disse que era espírita, mas isso não lhe dá o direito de duvidar de uma profissional.

– Dra Janine, nós estamos falando de algo palpável, que é a saúde de uma criança, portanto, por favor, não confunda as minhas palavras com pieguice – rebateu o homem, como se não estivesse falando com uma médica. – Não sou médico, mas tenho sensibilidade o suficiente para saber que o garoto está indo embora, está morrendo.

– Quem lhe deu essa autoridade para comentar, pior, afirmar algo que está longe do entendimento de sua fria profissão de empresário? – rebateu a mulher, com firmeza na voz, novamente repreendendo o homem. – Eu também sou espírita, mas não sou fanática a ponto de deixar de lutar até o último segundo pela vida de alguém que está sob minha responsabilidade.

– E quem lhe disse que os espíritas deixam de lutar pela vida? – perguntou o empresário com o olhar inquisidor, fitando a mulher com as sobrancelhas arqueadas. – A senhora sabe perfeitamente que a vida corporal é defendida pela Doutrina Espírita até as últimas conseqüências, portanto sua observação não procede.

– Então, por que o senhor acha que o Alexandre está perto de desencarnar, sem haver um diagnóstico plausível para o seu infeliz comentário?

O empresário fitou o solo, passou a mão no terno, simulou tirar um fio invisível preso ao paletó e respirou profundamente, talvez se armando de paciência para não ser descortês com a sua funcionária. Depois fez menção de entrar no automóvel, porém parou e respondeu-lhe, com as mãos na porta traseira do carro:

– Quando a senhora tiver coragem suficiente para dizer-me a verdade sobre o quadro clínico de Alexandre, por favor, avise-me que estarei à sua inteira disposição.

A médica abriu a boca para falar algo, porém era tarde, pois o homem havia entrado no automóvel e ordenado:

– Vamos para o escritório central.

– Sim, patrão.

Enquanto o carro se dirigia ao portão de saída da fundação, a médica ficava com as mãos enfiadas nos bolsos do jaleco azul, pensando: "Esse homem é muito inteligente, mas vou lutar para ele não ter mais uma decepção ou desilusão em sua vida". Ela sentiu na nuca algo inexplicável, como se alguém estivesse a observá-la. Ela voltou-se e vislumbrou o Dr. Almeida na portaria, observando-a de braços cruzados, enquanto um sorriso bailava em seus lábios finos.

A médica caminhou com passos decididos em sua direção, parou e perguntou-lhe, encarando-o como se estivesse desafiando-o para alguma coisa que nem ela mesma sabia:

– O que você faria em meu lugar, Dr. Almeida?

– Não sei.

– Então, por que me olha com esse ar irônico estampado no rosto?

– Nós estamos numa situação complicada.

– Por quê?

– Ora, Dra Janine! A senhora sabe muito bem que aquele menino é muito caro ao Dr. Fernando.

– E daí?

– Se o mesmo souber a verdade, não temos a menor idéia do que ele será capaz de fazer – respondeu o médico, fitando os olhos verdes da mulher. – Acho que vai nos chamar de incompetentes, pois estamos camuflando a verdade.

– Você está pensando na criança ou na mãe dele? – perguntou a médica, com ar sério, apertando os lábios numa demonstração cabal de que era dona de uma personalidade firme e formada.

– Sua pergunta, Dra. Janine, não merece resposta – rebateu o médico, pedindo licença e se encaminhando em direção a uma enfermaria.

A médica sentiu o chão faltar-lhe nos pés, porque naquele momento notou que havia ido longe demais, principalmente quando ofendeu o amigo e diretor do hospital. Ela tomou uma decisão e caminhou rápido na direção que o médico havia seguido e, antes que ele entrasse na enfermaria, chamou-o:

– Dr. Almeida!

O homem parou, pensou e resolveu esperar a colega. Encostou-se na parede, enquanto a médica aproximava-se, e perguntou:

– O que houve Janine?

– Desculpe-me, por favor – disse ela, com uma súplica no olhar – Estou nervosa e com medo.

– Medo de que?

– Sei lá. Talvez por saber que o Dr. Fernando não vai suportar saber a real situação de Alexandre e talvez não consiga vencer mais uma desilusão em sua vida.

– O que a faz pensar assim?

– Você conhece a história desse homem – disse a médica, encostando-se na parede. – O sofrimento pelo qual vem passando é muito grande, além disso o amor que nutre por esse menino é maior do que ele mesmo imagina.

– Você tem razão – anuiu o médico com um gesto de cabeça. – Só não entendo o motivo pelo qual nosso patrão se apegou tanto a essa criança.

– E a recíproca é verdadeira. O Alex fica inquieto quando ele não vem visitá-lo – disse a Dra. Janine em voz baixa.

Ambos ficaram em silêncio, talvez com medo de expressarem seus pensamentos em palavras.

– Será que o medo que você sente é somente por causa da situação precária do Alex? – perguntou o médico, com um sorriso indefinido estampado em seu rosto.

– Não sei.

– Mas eu sei.

A médica ficou defronte ao colega, encarou-o com seu olhar penetrante e sincero e perguntou com ar desafiante:

– Então, se você sabe o porquê, por favor, diga-me.

– Minha cara, tudo indica que você está gostando do Dr. Fernando – disse o médico fitando os olhos da colega de trabalho.

– O quê?

– Errei?

– Claro – respondeu a mulher, sem muita convicção, mudando de cor e encostando-se novamente na parede. – Cuidado, você está ficando louco e não sabe.

– Talvez, mas que você está apaixonado pelo Dr. Fernando eu tenho certeza absoluta – disse o Dr. Almeida, com um sorriso brincalhão estampado no rosto. – No auge dos meus quarenta anos de vida, bem vividos, não tenho dúvidas, minha cara colega, que você está apaixonada pelo nosso patrão.

A mulher baixou a cabeça e sentiu o peso do mundo cair sobre os seus ombros. Ela passou as costas da mão direita nos olhos e em silêncio encaminhou-se para algum lugar que nem ela mesma sabia, deixando o colega pensando: "Acho que exagerei. E se estou enganado acho que perdi uma amiga e talvez uma colega de trabalho".

Capítulo X

Fernando e o Traficante

Dias depois, ao sair do escritório por volta das vinte e uma horas, o empresário Fernando liberou seus seguranças e ordenou ao seu motorista que o deixasse no centro comercial da grande metrópole, alegando que iria caminhar um pouco, pois estava com bastante dor de cabeça.

– Cuidado, doutor. À noite este lugar é muito perigoso – avisou o motorista, ao estacionar o carro.

– Não se preocupe. Você pode ficar me esperando aqui, ou, se quiser, pode me acompanhar dirigindo o carro, enquanto estico as pernas e observo um pouco as vitrines das lojas.

– O doutor quer se distrair um pouco, não é isso? – o motorista se atreveu a fazer essa pergunta inocente.

– Você tem razão, meu caro Jorge. Mas acredito que nada de mal vai me acontecer porque estamos numa área bem policiada. Além disso, tenho você para me ajudar caso aconteça algo desagradável comigo.

– Pode contar comigo, senhor – anuiu o motorista com um semblante alegre, sentindo-se prestigiado pelo patrão.

– Então, deixe-me sair do carro, senão vai ficar muito tarde e ainda tenho muitas coisas para resolver.

– Sim, senhor.

"Não sei como esse homem agüenta trabalhar noite e dia, pior, consegue conciliar o trabalho com seus problemas particulares, principalmente com aqueles dois que não merecem a atenção e nem o cuidado dele", pensou o motorista, enquanto estacionava o carro e descia apressado para abrir a porta para o patrão sair.

O empresário tirou o paletó e a gravata, espreguiçou-se como se estivesse fazendo um aquecimento de quem era acostumado a caminhar ou a correr, desabotoou dois botões perto do colarinho e arregaçou as mangas da camisa, passando a caminhar pela calçada de uma avenida iluminada. Fernando andava sem prestar atenção ao que acontecia à sua volta, entregue aos seus próprios pensamentos. "Por onde andarão a Angélica e o Eduardo? Meu Deus, ajude-me a fazer alguma coisa por esses dois, que estão perdidos e longe do caminho que o Senhor nos ensinou através do Seu Filho Bem-Amado", pensava, enquanto dobrava a avenida, entrava por uma rua e saía numa bela praça arborizada, rodeada por edifícios que ostentavam vários anúncios luminosos. Quem observasse com atenção, veria que aquele lugar era destinado aos entretenimentos, com vários restaurantes, lanchonetes, cinemas, bares, boates etc. A calçada era larga, tomada por várias cadeiras e mesas espalhadas, que serviam ao deleite do povo que buscava alguma diversão. Fernando olhou para trás e viu seu motorista acompanhando-o de carro. Aproximou-se de uma pizzaria, sentou-se e pediu um refrigerante. Uma criança de rua, suja e com os pés metidos no que restava de uma sandália, ao passar por ele pediu-lhe uma moeda, porém não conseguiu receber porque os homens responsáveis pela segurança de alguns daqueles estabelecimentos não deixavam que aquelas criaturas pedintes permanecessem por muito tempo incomodando os clientes.

O motorista estacionou o carro num lugar de onde podia observar o patrão sentado, tomando seu refrigerante, aparentando uma pessoa isenta de qualquer preocupação. "Não consigo entender como esse homem conseguiu fazer fortuna, com esse jeito de quem não se importa com bens materiais. Bem, talvez ele seja um eleito de Deus, como dizem os irmãos de minha religião", pensava.

O empresário pensava e pensava, e como era um homem acostumado a raciocinar rápido e em várias direções, naquele momento não era diferente, pois as personagens que ocupavam aquele espaço privativo e sigiloso de nossa memória consciente formavam um verdadeiro mundo à parte, ou seja, um mundo inserido em outro mundo. Enquanto ingeria em pequenos goles seu refrigerante, era observado por alguns clientes do estabelecimento, como se estivessem a comentar que conheciam o famoso empresário.

Após alguns minutos observando aquele povo que aos poucos ia lotando os estabelecimentos de entretenimento, Fernando ergueu-se, pôs uma cédula sobre a mesa e retomou sua caminhada como se estivesse passeando despreocupadamente. Passou pelas bancas de revistas que funcionavam vinte e quatro horas, parava e olhava a capa das revistas, não se interessando pelos jornais, porque já os havia lido antes de sair de casa para o trabalho. De repente ouviu uma gargalhada de mulher e pensou: "Conheço esse riso". Caminhou mais um pouco e ficou parado observando quatro pessoas que se encontravam ao redor de uma mesa, enquanto bebiam e fumavam, conversando coisas triviais, próprias daqueles que procuram ocupar a mente a fim de esquecer ou esconder o inferno que vai dentro de si. "Tenho certeza que é o riso da Angélica", novamente pensou, enquanto aproximava-se mais um pouco para confirmar sua suspeita.

– É ela. Meu Deus, como está mudada – falou para si, em voz baixa.

Aproximou-se da mesa na qual Angélica estava com seus amigos e cumprimentou a todos, dirigindo-se em particular à sua ex-mulher, que havia cessado de rir.

– Boa noite!

Angélica tentou se equilibrar na cadeira. Apurou a vista, passou a mão nos olhos, como se não quisesse acreditar no que estava vendo, e falou com a língua embolada:

– Não posso acreditar que o super poderoso Fernando esteja andando entre nós, pobres mortais!

– Como vai Angélica?

– Tudo bem – respondeu a mulher, baixando a cabeça, enquanto passava a mão no nariz. – Pessoal, esse é o famoso empresário Dr. Fernando, meu ex-marido, dono da cidade.

Fazia companhia à ex-mulher de Fernando um homem de cor parda, com a cabeça raspada, sem bigode, usando uma barba aparada pela metade e trajando uma roupa esquisita, com a camisa aberta no peito, mostrando várias correntes de ouro e prata. Ao fitá-lo, qualquer pessoa não teria dúvida alguma quanto ao seu modo de viver, ou seja, de que era uma pessoa que vivia à margem da lei, desses que a justiça não consegue colocar na cadeia.

– Prazer, doutor – disse ele com ar de bajulação, próprio das pessoas hipócritas e sem escrúpulos.

Fernando ignorou o cumprimento daquele homem de gestos repugnantes, pois tudo indicava que vivia à custa daqueles que se deixavam manipular por falta de personalidade ou eram alienadas a algum tipo de vício.

– Como posso falar com você? – perguntou o empresário à sua ex-mulher, ignorando o pessoal que de repente ficou em silêncio.

– Sente-se e fale o que quiser. Estarei ouvindo-o – convidou Angélica, apontando uma cadeira desocupada ao seu lado.

– Sente-se, doutor. – convidou o tipo estranho, de cabeça raspada.

Fernando avaliou a situação, cruzou os braços, olhou de relance para o lugar onde seu carro estava estacionado e observou que o seu motorista caminhava disfarçado em sua direção. Tirou o celular e apertou três números, como se fosse um código, porém simulou que o desligava. Em seguida o guardou no bolso e aceitou o convite da Angélica, sentando-se.

– Quer tomar algo, doutor? – perguntou o desconhecido, que não desistia de puxar conversa com o empresário.

– Deixe de ser burro, Tucão. Você não vai conseguir nada com esse homem, pois neste momento os brutamontes que fazem a segurança dele já devem estar nos vigiando. Se você fizer qualquer bobagem a polícia também será imediatamente acionada – disse a mulher, esfregando o nariz e rindo descontrolada, como se tivesse contado uma piada engraçada, enquanto tomava um gole de bebida e acendia um cigarro.

Dois homens que estavam sentados à mesa ergueram-se, como se movidos por algo desconhecido, ao ouvirem a insinuação de Angélica de que todos estavam sob controle. Imediatamente se despediram e saíram caminhando apressados em direção a uma rua que se perdia na grande cidade.

Uma amiga de Angélica, que também estava sentada fumando e brincando com a fumaça do cigarro, sem entender o que estava acontecendo, pois estava encharcada de bebida e outros tipos de entorpecentes, ergueu-se e pediu licença para ir ao toalete.

Tucão olhou para os dedos cheios de anéis, pensou, fitou o empresário e depois sua amiga. De repente ergueu-se e, aproximando-se num gesto disfarçado, falou no ouvido do ex-marido de Angélica:

– Depois eu gostaria de conversar um pouco com o senhor, se for possível.

– Não temos nada para conversar, senhor – disse o empresário, em voz baixa, porém firme.

– Temos sim – retrucou o homem de cabeça raspada, com ar aborrecido.

Nesse exato momento estacionaram dois carros e deles saíram seis homens de ternos, todos aparentando serem pessoas normais, como qualquer cliente dos vários bares espalhados ao redor da praça. Sentaram-se ao redor de uma mesa perto do lugar onde se encontrava o empresário e pediram bebidas.

Tucão observou-os, porém manteve-se em pé, junto ao empresário, quando ouviu a voz rouca de Angélica.

– Tucão, depois nós conversaremos. Agora vá embora se não quiser ficar aqui para sempre.

O amigo da ex-mulher do empresário olhou disfarçado para os homens que chegaram recentemente, todos aparentando naturalidade, e desconfiou que algo estava acontecendo; todavia ainda se dirigiu ao empresário, embora sem a mesma empáfia de antes.

– Senhor, nós precisamos conversar – disse o tipo esquisito, mesmo sabendo que estava sendo observado.

– O senhor está me aborrecendo – alertou o empresário, fitando-o nos olhos. – Por favor, retire-se. Quero falar em particular com a Angélica.

A mulher tomou um gole da bebida que estava num copo sobre a mesa, acendeu um cigarro e, com um gesto irônico, olhou para o parceiro e começou a rir, sinalizando que a mesma estava completamente fora de si.

– Tucão, depois nós conversaremos – repetiu ela, passando a mão no nariz. – Agora, vá embora.

– Quero o meu dinheiro agora – disse ele aborrecido. – Quero aproveitar a presença do seu ex-marido para cobrar o que me é devido.

Fernando fitou a ex-mulher e ambos ficaram calados. Um homem bêbado passou tentando equilibrar-se, enquanto falava coisas ininteligíveis com alguém invisível.

O garçom simulava limpar a mesa na qual eles estavam sentados, tentando ouvir o diálogo, pois conhecia muito bem o homem de cabeça raspada. "Não sei como a polícia não consegue prender esse traficante. Acredito que o pessoal dele deve andar por aí", pensou.

O amigo de Angélica permanecia em silêncio, demonstrando no olhar que estava disposto a tudo para conseguir dinheiro daquele homem que sabia ser riquíssimo e era o ex-marido de sua amiga.

– Patrão, o senhor está sendo incomodado? – perguntou de repente um dos homens de terno que havia se sentado à mesa próxima, surpreendendo Tucão.

– Não. O senhor Tucão já vai embora. Não é mesmo, senhor?

Tucão olhou para os lados e ficou com medo, sentindo-se ameaçado. Observou também que havia duas viaturas da polícia, estacionadas em pontos estratégicos da praça. "Acho que eu vou me retirar. Não se sabe do que é capaz essa gente que faz a segurança desse pessoal rico", pensou.

– Bem, senhor, eu vou embora, mas ainda nos encontraremos e conversaremos sobre o dinheiro que a sua ex-mulher me deve – disse o homem, que parecia dominar Angélica.

Fernando baixou a cabeça, mas ergueu-a novamente olhando nos olhos daquele homem que sabia ser um traficante. Ele fitou de viés o seu segurança e depois a ex-mulher, que fumava e coçava o nariz.

– Sente-se, por favor, senhor Tucão.

Tucão sentiu as pernas tremerem, pois ouviu uma ordem, tirando-lhe qualquer perspectiva de deixar o lugar.

– Senhor, depois nós conversaremos.

– Sente-se, senhor – pediu delicadamente o segurança, como se ordenasse, indicando uma cadeira próxima ao seu patrão.

– Depois...

– Quanto a Angélica lhe deve e o que ela comprou do senhor? – perguntou o empresário, interrompendo-o.

– Depois...

– Responda a pergunta do Dr. Fernando, senhor.

Havia várias pessoas presentes no local, mas ninguém prestava atenção ao que acontecia entre o ex-marido de Angélica e Tucão, pois todos achavam que eles eram amigos e simplesmente conversavam.

– Quanto? – perguntou Fernando, passando a mão na cabeça e olhando para aquele trapo de mulher que estava ao seu lado.

O homem que parecia ser um perigoso traficante arranjou coragem, aproximou-se um pouco mais do empresário e falou algo.

– Tudo isso? – surpreendeu-se o empresário, porém nada demonstrou ao falar de maneira natural. – Esse valor é uma verdadeira fortuna.

Fernando pensou, fitou os anúncios luminosos, sem saber o que anunciavam, pois seu pensamento estava correndo em todas as direções numa velocidade espantosa, tentando ganhar tempo e saber mais alguma coisa daquele homem, que deveria ser um verdadeiro arquivo do submundo do crime. "Meu Deus, o que essa mulher fez com todo o dinheiro que recebeu por ocasião do divórcio?"

A ex-esposa estava com a cabeça apoiada na mesa, com os olhos fechados, possivelmente cochilando ou dormindo, pois nada daquilo lhe interessava, visto que não conseguia mais concatenar suas idéias.

– O que a Angélica comprou do senhor?

– Doutor, não se faça de bobo. O senhor sabe muito bem qual o produto que vendo – respondeu o traficante, mais seguro, pois sabia que o empresário nada faria de mal a ele, por zelo ao nome influente que tinha.

– Dobro a quantia que o senhor me cobrou em troca de me levar até o Eduardo – disse o empresário, arriscando uma jogada perigosa com o objetivo de saber o que era feito do seu filho.

O traficante ergueu-se quase de um salto, olhou para os lados e viu outro dos seguranças encostado num automóvel. "Esses cães de guarda já descobriram o meu carro", pensou. Ele passou a mão na careca, sentou-se e disse, amaciando a voz:

– Não conheço esse tal de Eduardo.

– É o meu filho.

– Precisamos conversar, doutor.

– O Eduardo está vivo? – perguntou o ex-marido de Angélica, tendo certeza, naquele momento, de que aquele homem sabia tudo a respeito do seu filho.

– Sim.

– Onde ele está?

O traficante baixou a vista, tirou um lenço do bolso da calça, enxugou o suor do rosto e ergueu-se num gesto seguro, dizendo:

– Vou levá-lo até onde ele está.

O Dr. Fernando ergueu-se, alegre, porque finalmente havia encontrado o seu filho e tudo indicava que ele estava vivo.

– Doutor, por favor, acompanhe o meu carro. Irei conduzi-lo até onde se encontra o seu filho.

– O senhor será conduzido em meu carro – disse o empresário, incisivo e com voz firme, tentando se controlar para não fazer uma bobagem com aquele bandido.

"Esse sujeito é capaz de fazer qualquer coisa, inclusive de matar até a própria mãe para conseguir dinheiro fácil, talvez para manter o seu vício e a sua quadrilha", pensou o empresário, enquanto olhava com piedade a sua ex-mulher transformada num verdadeiro resto humano. "Como o ser humano pode cair e chegar a esse inferno criado pelo próprio homem?", pensou.

– Tudo bem, doutor. Aceito a carona em seu carro.

Os seguranças conduziram Angélica até o carro do empresário e partiram em direção ao lugar onde possivelmente encontrariam Eduardo.

Capítulo XI

Alberto perde a família

O sol estava quase no meio do céu mas não iluminava totalmente aquela região da cidade, onde se construía mais um edifício, pois as nuvens pesadas, que ameaçavam a qualquer momento despejar a água que conduziam, tapavam parte de seus raios e tornavam o tempo nublado, quente e abafado. Aos poucos, os operários das várias áreas da construção iam deixando suas tarefas. Alguns passavam a manga da camisa nos rostos suados e reclamavam do tempo quente e de ainda não haver chovido, o que minoraria um pouco o calor. Encaminharam-se para um lugar, espécie de um refeitório improvisado, onde tiraram o capacete de proteção, lavaram-se, abriram suas marmitas e sentaram-se para se alimentarem. Era a hora sagrada do almoço. O pessoal da construção brincava uns com os outros, aos poucos acomodavam-se, enquanto se entregavam ao prazer de comer.

– Essa comida está ficando cada dia pior – reclamava um dos homens, falando de boca cheia.

– É verdade. Prefiro o meu vale-refeição, pois com ele eu sei o que fazer – dizia outro, passando a mão na testa.

– Acho difícil eles nos pagarem o vale-refeição – dizia outro. – Acho melhor ficarmos calados se não quisermos ficar desempregados.

– Ah! Isso é – anuiu outro com a cabeça, aproveitando para tomar um gole de água.

– Como está sua filha, seu Alberto? – perguntou alguém a um homem que mastigava seu alimento em silêncio.

– Mais ou menos.

– É assim mesmo, seu Alberto – disse outro amigo da obra. – Logo, logo ela vai ficar boa, se Deus quiser.

"Se Deus quiser. Frase fácil de ser pronunciada pela boca daqueles que nasceram para servir aos poderosos. Doce ilusão", pensou Alberto, que apoiava suas costas numa parede, enquanto segurava sua marmita com a mão esquerda e conduzia a colher à boca com a direita.

Alberto era um homem que aparentava uns cinqüenta anos, contudo, na realidade, ele ainda não havia completado quarenta e cinco anos. Era de estatura mediana, cor branca, cabelos claros, olhos azuis e feição simpática, porém séria. Seu rosto moreno mostrava-se curtido pelo sol inclemente. Era servente de pedreiro e já estava no terceiro casamento. Sua primeira mulher morrera de parto e a segunda fora embora com outro homem. Tivera três filhos homens com a primeira esposa, mas dois morreram e o outro era paraplégico. Tinha também uma filha com a última mulher, que nascera doente e à qual destinava praticamente tudo que ganhava para a compra de medicamentos. "Não sei como essa gente vive falando em Deus, como se fosse a coisa mais natural do mundo", pensava, enquanto erguia-se, lavava sua colher e bebia água.

– Hoje entendo porque existe tanto bandido neste mundo – disse ele, em voz alta para os amigos, que também terminavam de almoçar.

Silêncio. Todos sabiam que o Alberto havia perdido um filho ainda jovem, morto num tiroteio entre bandidos, por motivo de envolvimento com o tráfico de entorpecentes em seu bairro.

– Então nos explique o motivo, seu Alberto? – pediu um rapaz baixo de cor parda, com os cabelos encaracolados e despenteados, esgravatando os dentes com um palito de fósforo queimado e cortando o silêncio com o seu atrevimento.

– Somos animais. Nada mais do que animais, que sofrem nas mãos desse pessoal que nos rouba sem a menor cerimônia – disse ele com ar de revolta, apertando os lábios. – Gente como nós aceita tudo de cabeça baixa, como aquela música que diz: "... Oh! Vida de gado...".

– Mas de quem é a culpa, seu Alberto? – perguntou um homem, pondo o capacete na cabeça e sorrindo ironicamente.

Alberto também caminhava em direção à obra, olhando suas mãos calejadas, e respondeu como se estivesse irritado, quase gritando:

– Ora, você ainda tem coragem de me fazer essa pergunta?

– Responda, seu Alberto.

– Nossa! Nossa, homem!

– Por quê?

– Ora, quem vota no pessoal que manda em nosso país? – indagou o homem, irritado, pois tinha certeza absoluta de que todo mundo sabia a resposta.

– Ah, entendi, seu Alberto – balançou a cabeça o rapaz que fizera a pergunta, enquanto subia em um andaime da obra, dirigindo-se ao seu trabalho.

O sol começava a buscar o horizonte quando o tempo escureceu e a chuva prevista caiu. A obra parou, pois não havia como os homens continuarem a trabalhar.

– Por hoje vocês estão liberados – disse alguém, dando por encerrado o expediente.

– Esse sujeito parece que está fazendo um grande favor a nós – resmungou um mulato, encaminhando-se para um barracão de madeira que servia de alojamento improvisado e onde os homens se trocavam.

– Cale essa boca – ordenou outro, com voz firme, como se estivesse com medo. – Emprego está difícil, amigo.

Quase dezenove horas e a chuva não parava; mesmo assim alguns operários começaram a sair da construção, uns em direção às suas casas e outros a lugares indeterminados.

Alberto mantinha-se em silêncio, fitando a chuva que ora aumentava, ora diminuía. "Será que o meu barraco vai agüentar esse aguaceiro?", perguntava-se, com o ar de quem estava bastante preocupado. "Se eu sair daquele barraco terei que buscar uma ponte qualquer para ficar debaixo, pois não tenho nenhuma condição de possuir uma moradia decente", pensava o servente.

– Pessoal, eu vou enfrentar essa chuva. Até amanhã! – disse um dos homens que resolveu ir embora.

Alberto pôs a mão para fora do barracão e pensou: "Não vou esperar essa chuva parar. Vou embora. Estou com um pressentimento horrível". Despediu-se dos amigos e saltou uma poça de água da chuva, caminhando rápido em direção ao lugar onde apanhava o ônibus que o levava até perto do seu bairro. Ele conseguiu um transporte e somente depois de passar por vários engarrafamentos chegou ao seu destino, isto é, na parada mais próxima de sua residência, que ficava na encosta de um morro, onde nenhum transporte terrestre conseguia chegar. Notou que o bairro estava às escuras, pois faltava energia. Começou a andar em direção ao seu barraco quando de repente viu um aglomerado de pessoas na chuva, iluminadas por lanternas ou pelos lampiões que conduziam. Uns gritavam desesperadamente, outros estavam parados com o olhar fixo em algo que ninguém enxergava; o servente ainda não havia entendido o que se passava. De repente parou, fitou o lugar onde ficava a sua casa e não a viu. "Meu Deus, o que aconteceu por aqui? Não estou vendo a minha casa".

– Seu Alberto!

Alberto procurou saber de onde vinha a voz e viu um rapazinho correndo na lama, todo molhado, em sua direção.

– O que houve Miltinho?

– Já viu? – perguntou o adolescente, que trajava somente um calção e estava com os braços cruzados, talvez por causa do frio.

– Viu o que, Miltinho?

– A sua casa desceu pelo barranco e foi soterrada – respondeu o rapaz, apontando para o lugar escuro onde ficava a casa do homem. – Também, com tanta chuva, seu Alberto, só podia acontecer isso.

Alberto nada comentou. Apenas ficou com o olhar perdido em direção ao lugar onde um dia construíra com suas próprias mãos e ajuda dos amigos um barraco de três cômodos que se tornara seu orgulho. Quando conversava com os colegas da comunidade sempre citava a sua casa.

– Construí com as minhas próprias mãos a casa mais bonita desta favela – dizia satisfeito.

– Cuidado, seu Alberto. Ela foi construída na margem do barranco – dizia um dos moradores. – Inclusive, o senhor sabe que ela já está condenada.

– Meu amigo, desta casa só saio se for morto – respondia ele ao amigo. – Todos dizem que a minha casa pode despencar a qualquer momento, barranco abaixo, numa dessas chuvas fortes, mas até agora ela está lá, firme, pois tive o cuidado de fazer um alicerce seguro.

Alberto pensava, relembrando esses trechos de conversa que entabulara com os amigos antes da tragédia. Ele não sabia o que fazer naquele momento. Não sentia dor, medo, e o sangue lhe fugira, escondendo-se em algum lugar do corpo. Sentiu frio e aos poucos pôs as duas mãos na cabeça, acocorando-se. Chorou. Depois de algum tempo voltou à realidade e gritou, enquanto corria em direção ao barranco onde estava soterrada sua casa. Um soldado do Corpo de Bombeiros o segurou e gritou:

– O senhor não pode passar. Está proibido.

O servente tirou a camisa, sentou-se e apenas perguntou, sem saber o que fazer ou dizer:

– Cadê a minha mulher e os meus filhos?

O povo que o rodeava silenciou, como se tivesse sido treinado para aquele momento.

Alguém se sentou na lama ao seu lado. Havia parado de chover. A lua começava a aparecer iluminando aquele lugar fatídico, com seus raios tímidos e frios.

– Seu pessoal foi soterrado. Mas o Corpo de Bombeiros já resgatou os corpos e os enviou ao IML – disse a pessoa que havia sentado ao seu lado, enlaçando-o com um dos braços.

Todos no bairro estavam entregues aos seus próprios problemas. Uns perderam seus barracos soterrados no deslizamento de terra, outros perderam alguém da família e alguns estavam com a cabeça completamente vazia e não tinham mais nada para pensar, pois haviam perdido o pouco que possuíam, levado pela enxurrada das fortes chuvas que caíram nos últimos dias. Com seus braços inclementes, somente a dor se fazia forte e vencedora naquele momento crucial pelo qual passava aquela gente, que não tinha esperanças de um futuro melhor, porque era escrava daqueles que não estão preocupados com a tragédia que se abatera sobre o bairro miserável, a não ser em época de eleição.

– Seu Alberto, amanhã cedo nós iremos ao IML tentar liberar os corpos de sua família – disse a pessoa que o abraçava. – Agora nada mais se tem a fazer, a não ser descansar um pouco.

– Minha filha! Como vou viver sem a minha companheira e os meus filhos? – perguntou o homem, passando a camisa no rosto.

– Vamos dormir ou descansar em minha casa – convidou a pessoa. – A mamãe não está, pois vai dormir no hospital fazendo companhia ao seu neto.

– Como vai o Alex?

– Os médicos estão fazendo de tudo para recuperá-lo – respondeu Sabrina, que era quem estava em casa quando ouviu o grito do pessoal avisando que alguns barracos estavam sendo soterrados pelo deslizamento de terra do morro que margeava o miserável bairro. – Agora nós iremos para a minha casa, porque o tempo está se formando e daqui a pouco vai cair mais chuva.

Alberto ergueu-se e sentiu um vazio imenso no coração. Não era dor ou saudade, mas ele não sabia explicar. Não entendia o que estava acontecendo, pois os pensamentos corriam em várias direções, caindo num precipício profundo sem explicações plausíveis. Naquele momento crucial não conseguia concatenar as idéias, parecia que estava dopado sem haver tomado nenhum medicamento.

Há momentos em que nossos sofrimentos são tão superlativos que não se enquadram em nenhuma palavra que possa explicar o que está acontecendo. Qualquer explicação é perda de tempo, pois quem passa por determinados sofrimentos nem mesmo sabe narrar o que realmente houve.

Mulher, filhos, casa, esperanças, projetos e até alguns trastes que chamava de móveis, tudo se perdeu. "Eu estou acabado", pensava o servente, enquanto caminhava como um autômato, em direção à casa da mãe de seu único parente vivo – o neto, que lutava desesperadamente para viver.

Ao chegar em casa com o avô de seu filho, Sabrina parou na pequena sala que servia de quarto e cozinha. A moça olhou para o telhado, depois para as paredes do cômodo e pensou: "Não sei como esta casa ainda não caiu". Sacudiu a cabeça, como se quisesse espantar os maus pensamentos que tentavam invadir sua mente, olhou para o pai do pai de seu filho Alexandre, fitou-o e com um gesto carinhoso pôs uma das mãos na cintura dele e pediu:

– Seu Alberto, tire essa roupa molhada, enquanto vou procurar um lençol ou cobertor para o senhor se cobrir. Assim que amanhecer providenciaremos uma roupa para irmos ao IML retirar sua gente e sepultá-la.

Alberto parecia não ouvir o que a moça falava, indicando que estava em estado de choque. Sentou-se no chão, encostou as costas na parede da pequena sala e ficou com os olhos fixos na parede oposta.

Sabrina pegou a camisa que ele trazia na mão, tirou seus sapatos molhados e disse como se fosse uma ordem:

– Tire a calça. Vou buscar algo para o senhor se cobrir.

A moça foi até o minúsculo quarto e retornou conduzindo uma colcha velha, mas enxuta e limpa.

– Seu Alberto, cubra-se com isso – pediu ela, observando que ele continuava vestido com a calça molhada e suja de lama. – Reaja, seu Alberto. Aqui, no meu coração, algo me diz que devemos dar graças a Deus por todo este sofrimento que estamos passando.

Sabrina aproximou-se e, num gesto resoluto, tirou a calça do avô de seu filho, deixando-o somente com as roupas de baixo, e o envolveu com a colcha velha.

– Vou fazer um pouco de café quente para nós. Também estou precisando me aquecer, senão vou pegar uma pneumonia após tomar chuva desde cedo.

Enquanto a moça providenciava o café, Alberto se encolhia e começava a tremer, talvez de frio ou porque somente agora começava a relaxar, acordando de um sono que não houve, de um sonho que não sonhou ou de um pesadelo que era na verdade a realidade. Começou a chorar baixinho.

– Não consigo acreditar em Deus, principalmente quando esse Deus nos deixa à deriva e somente protege aqueles que são ricos e poderosos – falou o homem em voz baixa, como se estivesse conversando consigo mesmo.

– O senhor falou, seu Alberto? – perguntou Sabrina, satisfeita por sentir que o homem reagia.

– O que o senhor falou, seu Alberto? – repetiu a moça, sem ouvir resposta.

A moça trouxe duas canecas de café, entregou uma delas ao homem e depois se sentou no caixote que servia de banco. Logo entregou-se aos seus pensamentos: "O seu Alberto deve estar sofrendo muito. Perder de uma só vez a mulher e os filhos é demais para qualquer ser humano".

A impressão que se tem é de que o pobre já aprendeu a sofrer, pois suporta as adversidades da vida com coragem e no fundo sente um alívio como se saldasse alguma dívida. No início de qualquer tragédia o sofrimento é insuportável para aqueles que foram atingidos direta ou indiretamente, porém chega o momento no qual todos se conformam.

Capítulo XII

Fernando encontra o filho

Após uns trinta minutos rodando em direção ao destino indicado pelo traficante, os carros que conduziam os seguranças e o do Dr. Fernando estacionaram num lugar esquisito, aparentando um bairro abandonado, pelo menos durante a noite, pois quase não havia iluminação pública, porque se notava que a maioria das lâmpadas foi depredada por vândalos. O bairro ficava perto do porto da cidade e era constituído por prédios antigos, como se tivesse sido abandonado à revelia pelo administrador da cidade, que não fazia o menor esforço para transformar o lugar numa área residencial habitável. Na frente dos carros podia-se observar uma vista lúgubre que aos poucos ia aparecendo – uma praça mal cuidada, sem árvores ou jardins, com bancos quebrados e iluminada parcamente por uma única lâmpada dentro de um globo sujo. Era um verdadeiro antro próprio para abrigar marginais, prostitutas ou qualquer tipo de gente que procurava o anonimato.

Um dos seguranças saiu do carro e ficou em pé por alguns minutos, sondando o lugar. Depois se aproximou do carro do patrão e num gesto de quem estava protegendo-o falou em voz baixa:

– Doutor, eu lhe aconselho a ir embora. Nós verificaremos pessoalmente o que o senhor está procurando com a ajuda desse senhor que se diz chamar Tucão.

– Patrão, eu conheço este lugar. É muito perigoso – disse outro segurança, que também havia descido do carro com a mão na arma, num gesto disfarçado. – Todo dia amanhece gente morta por aqui, ou por overdose de drogas ou assassinadas por drogados, bandidos e principalmente traficantes, que usam este lugar desprezado pela segurança pública com o objetivo de realizarem seus negócios espúrios.

O empresário mantinha-se dentro do carro, fitando o lugar em silêncio e sendo observado pelo seu motorista, que demonstrava medo. De repente ele viu uns trapos humanos que passaram pelo carro e dirigiam-se a umas ruas estreitas e escuras que desembocavam na praça.

– Patrão, o senhor é um homem famoso e rico, portanto não precisa fazer esse tipo de trabalho – disse um dos seguranças. – Deixe conosco e ordene qual a tarefa e nós a desempenharemos.

Fernando continuou calado, talvez pensando nos prós e contras daquela situação. "Estou me arriscando muito. Qualquer bandido junto com seus companheiros poderá acabar com a nossa vida, pois aqui é o lugar ideal para aqueles que não pensam em viver ou para aqueles que não pensam em perder seus negócios valiosos, ou seja, o tráfico", pensava.

– Fernando, aceite o conselho de seus homens e vá embora – pediu a ex-mulher, abrindo os olhos com dificuldade e observando a praça como se não fosse novidade. – Eu conheço este lugar.

Tucão mantinha-se calado, com um ar de satisfação estampado no rosto, pois sabia que todos estavam com medo de algo, exceto ele, que considerava o velho bairro seu território, sentindo-se bem à vontade naquele lugar abandonado. "Se esse sujeito metido a dono de tudo sair do carro vai ser fuzilado, para aprender que o poder não está nas mãos de homens como ele, e sim em nosso poder, pois somos pagos para isso", pensava o homem de cabeça raspada, olhando para um ponto que não passou despercebido ao empresário. "Ele deve saber que alguns de seus próprios amigos são financiadores de tudo isso", continuou a pensar o traficante, com um sorriso irônico.

– E aí, doutor? Vai descer ou não para procurarmos o seu filho? – perguntou Tucão, com um sorriso maroto, como se estivesse desafiando o pai de Eduardo.

Fernando fitou os olhos do homem que trazia escrito na testa tudo do que era capaz de fazer e que naquele momento procurava um meio de escapar e, se possível, acabar com a vida dele e de seus seguranças.

– Doutor, este lugar não é para uma pessoa como o senhor – comentou o traficante. – Nós encontraremos seu filho e depois o deixaremos no lugar indicado pelo senhor.

Fernando pensou no filho e doeu-lhe o coração saber que o rapaz estava em algum canto daquela zona esquecida pelas autoridades da cidade. Somente Deus conhecia o que teria sido feito do filho. "Um rapaz que foi educado com todo o cuidado, com a finalidade de tornar-se um dos meus herdeiros, hoje encontra-se nesta situação. Isso se ainda estiver vivo. Nunca lhe faltou carinho, principalmente cuidados, que a sua mãe sempre lhe dedicou. Sinceramente, nenhum psicólogo vai conseguir me explicar o que faltou ao Eduardo que o fez estar na situação de penúria em que se encontra".

– Vamos – ordenou de repente o empresário a seus seguranças, abrindo a porta do carro e resolvendo procurar pessoalmente o filho. – Eu quero conduzir o meu filho de volta.

– Patrão... – quis ponderar um de seus homens.

– Vamos.

Fernando olhou para Tucão, segurou o braço dele com certa delicadeza, e disse-lhe fitando-o dentro dos olhos.

– Meu caro, se algo acontecer comigo ou a meus homens, e principalmente ao meu filho, você será o primeiro a deixar este mundo, entendeu?

Depois olhou para os seguranças e fez um sinal de que eles poderiam ir à frente, vasculhando o lugar e informando-o imediatamente, caso houvesse algo suspeito.

– Vocês ouviram o que falei ao senhor Tucão? – perguntou o empresário aos seus homens, com a voz calma, porém firme.

– Ouvimos – respondeu um deles.

– Acabar com a vida desse cidadão? – perguntou outro, fazendo-se de desentendido e apontando para o traficante.

– Isso mesmo.

As pernas de Tucão tremeram e seu coração disparou como se estivesse pedindo passagem para sair pela boca. "Nunca pensei que um cidadão de bem, rico e religioso, fosse capaz de mandar acabar com a vida de uma pessoa", pensou, caminhando à frente do Dr. Fernando.

– Às vezes, meu caro, a pessoa chega a um estado de espírito que não consegue mais tomar outra direção a não ser aquela que impera no mundo; estou falando de usar o que tenho, a força – disse o empresário como se tivesse adivinhado os pensamentos do homem. – Portanto, se as vantagens estão ao meu favor, por que não usá-las?

Os homens começaram a se deslocar naquele bairro ermo e esquisito. Angélica abriu os olhos de repente e observou que estava só, portanto correu para acompanhar os homens que seguiam o traficante, que entrava num beco escuro, úmido e com cheiro pútrido, onde se encontravam algumas pessoas deitadas no chão ou encostadas nas paredes das velhas casas que constituíam aquela rua estreita.

Fernando estava tenso e preocupado com o que poderia acontecer durante aquela aventura em busca do filho. Caminhava atento, sempre aguçando o ouvido e observando com atenção o que se passava em derredor com o fim de não perder nenhum detalhe, que ia descobrindo naquelas vielas sujas, escuras e mal cheirosas, sempre com a esperança de encontrar o Eduardo ainda com vida.

O traficante, sentindo-se o verdadeiro rei daquele lugar tétrico, caminhava atrás de dois seguranças que seguiam na frente da estranha comitiva àquela hora da noite. Após uns vinte minutos de caminhada, Tucão levantou a mão e todos pararam em frente a um velho portão de um galpão que em tempos passados talvez fora um armazém. O homem de cabeça raspada fez um sinal e todos entraram.

Jamais este narrador conseguirá descrever as cenas tristes e até macabras que se podiam observar naquele ambiente, não identificando se faziam parte deste mundo ou se do inferno criado por Dante. Várias pessoas de ambos os sexos se encontravam no grande galpão, em silêncio, iluminadas pelas fracas chamas das poucas velas que tentavam vencer a escuridão. Um dos seguranças acendeu uma lanterna e começou a iluminar alguns pontos que se encontravam em total escuridão, principalmente onde havia gente escondendo-se por um motivo qualquer.

O empresário parou, baixou a cabeça e ficou pensando: "Eu sei que a droga causa um mal muito grande à humanidade. Já vi isso nos filmes, li nos livros e ouvi narrativas de alguns drogados que estão em tratamento nos hospitais de recuperação para viciados, entretanto não tinha a menor idéia do quadro que neste momento me está sendo apresentado".

– Vamos em frente, chefe? – convidou o traficante, sentindo que o homem estava impressionado com as cenas chocantes que desfilavam ante os seus olhos.

O empresário ergueu a cabeça, saiu de seus pensamentos que lhe davam uma visão diferente do mundo e fez menção com a mão, chamando um de seus seguranças.

– Sim, patrão – respondeu o segurança chamado, aproximando-se.

– Fique ao lado do senhor Tucão e a qualquer gesto dele que lhe seja suspeito pode acabar com ele – ordenou-lhe o patrão. – Não espere mais ordens minhas para cumprir essa determinação, certo?

– Sim, patrão.

Tucão empalideceu. Tirou um lenço perfumado do bolso e passou no rosto enxugando gotículas de suor que surgiam. Sentindo que suas mãos estavam trêmulas e geladas, pensou alguns segundos em sua vida desregrada e nos amigos que já deviam estar preparados para reagirem àquilo que eles consideravam uma invasão ao seu território. Pressentiu que a morte o espreitava. "Acho que ele falou sério. Tenho que tomar uma decisão urgente e séria caso eu não queira morrer feito um rato neste lugar maldito", pensava rapidamente.

– Neste inferno, tenho o direito de defender a minha vida e a de meu filho – comentou baixinho o empresário, como se tivesse ouvido os pensamentos do traficante.

O empresário começou a caminhar com mais cautela e notou alguns movimentos estranhos de pessoas que pareciam correr pelo ambiente semi-escuro. "São os homens do traficante", pensou.

– Tem dez segundos para gritar e mandar seu pessoal aparecer desarmado – disse o segurança encostando a boca no ouvido do traficante, enquanto pressionava as costelas dele com o cano da arma.

Tucão sentiu o corpo tremer involuntariamente. Teve medo e vontade de chorar, fazendo um esforço muito grande para tentar se controlar, pois a morte parecia rondar-lhe. Num gesto nervoso gritou:

– Pessoal, aproxime-se. Os amigos são de paz – ordenou o traficante.

Em poucos segundos algumas pessoas portando armas, entre homens e mulheres, aproximaram-se e ficaram encarando o empresário e seus homens, em silêncio.

– O que essa gente quer? – perguntou um dos amigos do traficante, apontando a arma para o empresário.

– Esse cidadão é o pai do Eduardo – respondeu o Tucão. – Algum de vocês sabe onde ele está?

Os drogados e pequenos traficantes, que faziam parte do rol de amigos do Tucão, entreolharam-se e um deles fez um gesto com o queixo, indicando um lugar no canto do galpão.

Todos entenderam e o empresário caminhou rápido na direção apontada pelo homem. Ao aproximar-se, parou, vasculhou o local e viu uma cena que jamais esquecerá. Várias pessoas, entre homens e mulheres, estavam sentadas, de cócoras, deitadas ou encostadas na parede do velho prédio, causando, nos refolhos da alma de qualquer ser humano, piedade daqueles restos humanos. "Meu Deus, não posso acreditar que o mundo não saiba que isto acontece com o nosso povo, com o objetivo de beneficiar algumas pessoas sem coração e que esquecem que existe um Ser Supremo", pensou o pai de Eduardo, enquanto procurava-o com olhar. De repente ele aproximou-se de um rapaz trêmulo que estava deitado, agachou-se, olhou mais de perto e pôde observar melhor o homem que se encontrava à sua frente. O rapaz estava sujo, descalço, com os cabelos e a barba crescidos, as mãos entre as pernas que se fechavam como se estivesse com frio e de sua boca escorria uma baba. Os olhos esgazeados do homem não demonstravam vida, parecia que estava morrendo.

– É o meu filho – disse o empresário para si, passando a mão nos olhos, enxugando uma lágrima, lutando para controlar um sentimento forte que lhe aparecia, não se sabe se de emoção de haver encontrado o filho ou se de piedade de ver um homem que estava morrendo naquele verdadeiro cemitério de gente viva.

– Eduardo – chamou o pai, com voz emocionada e carregada de carinho de um alguém que sofria, passando a mão nos cabelos do filho.

– Olá, amigo. Eu estou morrendo... Você tem alguma coisa que me deixe... mais tranqüilo? – perguntou o filho, com voz entrecortada, sem reconhecer o pai.

"Ele não me reconheceu", pensou o empresário, ajoelhando-se e pondo a cabeça do filho sobre suas pernas. Limpou a boca dele com o seu próprio lenço e continuou a passar a mão nos cabelos imundos do filho, enquanto lhe dizia em voz baixa, com carinho:

– Você vai viver.

Após alguns minutos pensando na possibilidade de encontrar uma saída para ajudar o rapaz, principalmente para evitar que ele morresse naquele antro, e fazendo carinho naquela criatura que tanto amava, perguntou-lhe:

– Eduardo, você não está me reconhecendo?

O rapaz abriu os olhos, fitou o pai e conseguiu abrir a boca e falar, com a respiração difícil:

– Pai!

– Sim, filho. Sou eu.

O rapaz fechou os olhos, sentiu dificuldade de respirar, olhou para o velho teto do galpão e comentou, olhando novamente para o pai:

– Acho que já é dia.

O empresário ficou em silêncio por alguns instantes, depois olhou para seus seguranças e ordenou com voz firme e decidida:

– Vamos levá-lo para o carro.

– Sim, doutor.

Quando Eduardo estava no carro, o motorista, que não sabia o que fazer naquele momento atípico de sua profissão, perguntou:

– Para onde vamos, patrão?

– Dirija. Por enquanto o importante é sair deste lugar infernal.

Antes dos carros partirem, Tucão estava perto da porta onde se encontrava o empresário fitando Eduardo.

– Desculpe, doutor, mas não tenho culpa – disse o traficante passando a mão trêmula na careca.

– Reze para o meu filho se recuperar ou suma para sempre, pois se ele morrer você vai com ele.

Tucão tremeu. Os carros partiram em alta velocidade.

Capítulo XIII
A revolta de Alberto

Um mês se passou desde os últimos acontecimentos que tiveram como destaque principal a tragédia da qual fora vítima a família do Alberto e a descoberta de Eduardo num antro de drogados. O filho de Fernando ficou entre a vida e a morte, em coma na UTI durante vários dias, no hospital para o qual sempre era encaminhado durante essas crises. O pai já não tinha esperanças de que o filho reagisse e vencesse mais essa crise, porém, como não havia chegado o dia de Eduardo partir desta para outra, após cinco dias de tratamento intensivo ele conseguiu se recuperar. Após ser liberado do hospital, Fernando foi obrigado a internar o filho num centro de reabilitação para viciados, até que ficasse curado, ou pelo menos essa era a idéia, após muito pensar e resolver tomar essa medida drástica para salvá-lo, à revelia da vontade dele.

A Dra. Janine tomou conhecimento do que acontecera com a família do avô do seu paciente, o menino Alexandre, e também do que houve com o filho do seu patrão. Procurou ser discreta e cumprir seus deveres como médica, esperando uma oportunidade propícia para sentar com o Dr. Fernando e participar a verdadeira situação de Alex, assim como também tentar ajudá-lo a fazer algo por Eduardo.

Angélica permaneceu um tempo na mansão, esforçando-se para dominar a dependência química. Contudo, a síndrome da abstinência venceu sua força de vontade e ela não suportou, voltando às ruas e à mesma vida desregrada.

Alberto estava morando na casa de Maria da Conceição e não conseguia encontrar uma maneira de se conformar com a perda da família naquele terrível acidente. Passava os dias sentado ou deitado num colchão velho, alheio ao mundo, como se a vida não tivesse mais sentido para ele. Não tinha disposição para fazer absolutamente nada. "Estou morto", concluía, enquanto se encolhia todo, como se estivesse com muito frio. Estava revoltado com tudo e com todos, pois ele achava que o mundo era responsável pela tragédia que se abatera sobre sua família. "Não posso admitir, acreditar que Deus deixa isso acontecer com os Seus filhos, permitindo que essa gente sem escrúpulo domine o mundo, escravize os pobres e deixe os menos favorecidos pela vida morrerem da maneira como aconteceu com a minha família", pensava o homem, sentado, com a cabeça apoiada nos joelhos. "Acho que vou terminar enlouquecendo. Não consigo mais dormir, principalmente depois que a Sabrina me informou sobre a piora da saúde do meu neto", concluía seu pensamento, enquanto fechava os olhos e sentia o gosto salgado das lágrimas que desciam pelo seu rosto curtido pelo sol. Cochilou. "Mande matar... Vou acabar com essa gente inútil...", Alberto abriu os olhos de repente e, espantado, passou a mão nos olhos e tentou mantê-los abertos, mas uma força estranha o dominou por completo, deitando-o, enquanto caía num sono profundo. O sono tornou-se um pesadelo, até que ouviu alguém chamá-lo:

– Seu Alberto... Seu Alberto...

O homem abriu os olhos, sentou-se no velho colchão e notou que estava suado e com medo de algo que havia sonhado.

– O que houve, seu Alberto? – perguntou Sabrina, preocupada com a inquietação do homem, que parecia haver tido um pesadelo, pois assim que chegou da casa onde trabalhava notou que ele falava só e gesticulava como se estivesse acordado e conversando ou discutindo com alguém.

– Não sei explicar – respondeu o homem, assustado, passando na testa e rosto suados a colcha improvisada como lençol. – Pensei que fosse morrer.

– O senhor teve um pesadelo – afirmou a moça. – Agora tenho de trocar esta roupa suada e ir para o hospital. São quase onze horas e a mamãe já deve estar preocupada, pois ela ainda vai para o seu trabalho.

– Como está o Alex?

– Os médicos dizem que ele está bem, mas algo me diz que alguma coisa está errada – respondeu a mãe do menino, pensativa e com ar de quem estava triste e desanimada. – Já não sei mais o que fazer, seu Alberto.

A moça se trocou e olhou-se num pedaço de espelho. Passou um batom de marca desconhecida, ou melhor, sem marca, nos lábios, penteou os bonitos cabelos castanhos, foi até ao velho fogão e disse:

– Seu Alberto, tem arroz, farinha e dois ovos. Com isso o senhor pode improvisar um almoço quando sentir fome.

– Minha filha, eu não tenho fome.

– Cuidado, seu Alberto. Se o senhor enfraquecer vai morrer na certa – disse ela caminhando para a porta. – Lembre-se de que a vida é uma dádiva de Deus e, às vezes, ela se torna bela, mesmo nos momentos mais tristes, pois, afinal de contas, não podemos viver eternamente sem problemas, principalmente neste mundo.

– Sabrina, tudo isso acontece conosco porque somos pobres. Aliás, o pobre sempre paga a conta – rebateu o homem com um rito nos lábios. – Mas estou convencido de que somos o culpado por tudo de ruim que acontece conosco.

– O que o faz pensar assim?

– Sabrina, observe ao seu redor e descobrirá que nós não passamos de meros instrumentos daqueles que nós mesmos colocamos em cargos importantes, para defender nossos direitos, mas, no entanto, a maioria trabalha em seu próprio benefício, usando os nossos recursos, ou melhor, os recursos que deveriam ser gastos com o povo.

A moça observou aquele homem quase analfabeto, simples e sem uma profissão definida, que era um trabalhador e sempre arranjava algo para fazer nas construções, como servente, pois não tinha nenhuma formação profissional. "Esse homem é muito inteligente. Ele consegue entender o que muita gente não compreende", pensou a moça.

– Nasci pobre, não conheço meu pai e nem minha mãe – disse o homem, encolhendo-se como se estivesse com frio. – Fui jogado sob um banco de praça e criado por uma menina, que mais tarde veio a falecer por uma dose excessiva de droga.

– Cuidado, seu Alberto, para não blasfemar contra Deus. Conheço um cidadão rico que é muito mais infeliz do que nós – disse a moça, aproximando-se do homem e passando a mão em sua cabeça, num gesto carinhoso e amigo.

– Esse sim, realmente, não tem fé em Deus – retrucou Alberto, olhando para a mãe de seu neto.

Sabrina deu por encerrada a conversa, abriu a porta, acenou para uma menina que brincava ao longe, olhou o tempo e pensou: "Acho que o período de chuvas está indo embora". Olhou novamente para a menina e gritou:

– Você quer mandar algum recado para o Alex?

– Diga para ele que amanhã irei visitá-lo – respondeu Maria do Carmo, a menina que brincava pulando as poças de água que se formavam em frente às casas.

A mãe de Alexandre despediu-se do avô do filho e com passo apressado encaminhou-se ao lugar onde tomaria o ônibus que a levaria ao hospital.

Enquanto isso a Dra. Janine estava em pé, junto à cama de Alex, fitando-o, enquanto pensava: "O tipo de câncer que acometeu essa criança não é muito agressivo, mas não consigo entender porque todos os tratamentos que temos envidado não fazem efeito. Bem, que seja feita a vontade de Deus". A mulher ia afastar-se, quando ouviu a voz do garoto:

– Doutora, o meu caso não tem mais jeito, não é? É isso que a senhora estava pensando? – perguntou o menino, fitando a médica, com um modo resignado de falar e um sorriso nos lábios.

A médica ficou sem jeito e tentou desconversar. Todavia, sentiu o olhar insistente da criança penetrando o seu ser e resolveu falar algo que pudesse deixar Alex mais animado.

– Você está enganado, meu querido amigo. Sua doença não é incurável. Só não entendo porque não há uma regressão em seu quadro – respondeu a médica. – Mas não fique triste, pois a última palavra ainda não foi dita.

O menino sorriu, como se tivesse ouvido uma piada, e num gesto animado pegou a mão da médica e disse, olhando um ponto, como se estivesse vendo alguém:

– Deus é muito bom conosco.

– Por que você diz isso, Alex?

– Ora. Porque Ele está me dando uma oportunidade de limpar o meu espírito.

– Ainda não consegui entender o que você quer me dizer. Por favor, explique-se melhor.

– Também não sei explicar, a não ser dizer que estou muito bem – comentou, ajeitando-se na cama para melhor conversar com a médica. – Quando eu me for, sei que consegui vencer.

A doutora ficou em silêncio, meditando no que Alex havia falado, e quando se preparava para deixar o apartamento, o paciente perguntou:

– Doutora, alguém foi contratado nestes últimos dias para trabalhar nesta Unidade de Saúde da Fundação?

– Que eu saiba, não – respondeu a mulher, depois de pensar. – Por quê?

– Porque sempre vem aqui, principalmente à noite, um senhor educado, vestido com umas roupas diferentes, conversar comigo.

A moça pensou, fitou os olhos azuis do menino e lembrou-se dos livros espíritas que lia quando tinha tempo. Ela resolveu perguntar:

– Ele é médico?

– É parecido com médico, mas nunca me passou qualquer medicamento ou conselhos médicos.

– Estranho...

– Doutora, outro dia eu ouvi a senhora dizer à minha mãe que era espírita – comentou o menino.

– Sou espírita, Alex. Mas, e daí?

– Se a senhora, que é espírita, acha estranha a visita dessa pessoa que vocês não conhecem, imagine eu.

A mulher fitou o menino e entendeu o que ele queria dizer. Sorriu e o abraçou com força, depois lhe beijou a face e disse:

– Quando eu estiver com tempo, prometo que nós conversaremos sobre a minha religião. Combinado?

– Combinado – respondeu o doente. – Também vou conversar com a minha amiga Maria do Carmo, pois a família dela é espírita.

– Quem é Maria do Carmo?

– Aquela menina que sempre me visita – respondeu ele. – Acho que a senhora a conhece.

– Ah! Eu a conheço. Ela é uma menina muito bonita e simpática.

– É minha melhor amiga – disse o garoto com ar de satisfação, após ouvir a médica elogiá-la.

A médica despediu-se e caminhou em direção à saída, passando as costas das mãos nos olhos ao tentar estancar as lágrimas que escorriam pelo seu belo rosto. "Acho que ele sabe que não vai se recuperar", pensou, enquanto o Dr. Almeida a observava de longe.

Ao chegar na Fundação, Sabrina encontrou sua mãe conversando com uma das enfermeiras e, assim que a viu, abriu os braços e disse, com um sorriso bonachão:

– Pensei que você não viesse mais. Minha filha, eu já estou atrasada.

– Eu sei, mamãe. Cheguei atrasada do trabalho e, além disso, o ônibus em que eu vinha enfrentou um engarrafamento terrível, de quase cinco quilômetros.

– Como vai o Alberto?

– Quase do mesmo jeito – respondeu a filha. – Hoje, quando cheguei do trabalho, ele estava tendo um pesadelo horrível.

– Coitado. Se ele não tiver cuidado vai terminar enfraquecendo o juízo – comentou a mãe, já entrando no quarto do neto.

– Meu querido, sua avó agora vai resolver alguns problemas e depois ao trabalho – disse Conceição, abraçando e beijando Alex, enquanto lhe fazia um afago na cabeça.

A mulher ficou olhando nos olhos do menino. Logo, acenou com a mão, despediu-se e tomou a direção da saída da Fundação.

Sabrina aproximou-se do filho, abraçou-o, beijou-lhe a face e perguntou sorrindo:

– Como vai o meu querido filho?

– Bem, mãe. Aliás, acho que estou bem – respondeu ele, passando a mão no rosto de Sabrina. – Como vai o meu avô?

– Ah, filho! Ele está mal, mas logo vai se acostumar com a sua real situação.

– Coitado do meu avô – comentou o menino, com os olhos cheios de lágrimas. – Acho que o meu sofrimento é muito pequeno diante do que ele tem passado.

Sabrina abraçou o filho, ajeitou o lençol, puxou uma cadeira e sentou-se próxima à cama, em silêncio. "Não tenho nem coragem de conversar. Parece que estou enganando o Alexandre", dizia em pensamento, enquanto fitava o piso do quarto.

O menino fechou os olhos e ficou em silêncio, talvez pensando no que o seu avô Alberto já havia sofrido, em especial ultimamente, com a perda dos seus no acidente horrível.

– Mãe...

– Sim, meu filho. Estou ouvindo.

– Vou lhe pedir um favor.

– Peça, filho. Se eu puder atendê-lo, farei com a maior satisfação.

– Fale com o Dr. Fernando para ajudar o meu avô Alberto – disse. – Ele é um homem rico e bom e tem condições de arranjar um emprego para ele.

A moça abriu a boca, porém não teve tempo de pronunciar nenhuma palavra, porque naquele momento a porta se abriu e apareceu Fernando, acompanhado pelos médicos Dr. Almeida e Dra. Janine. Ela se ergueu imediatamente e cumprimentou as visitas.

– Como vai esse rapaz? – perguntou o empresário, enquanto olhava de viés para a Dra. Janine.

– Estou bem – respondeu Alex, encarando o empresário.

– Se depender de mim, você vai ficar curado, meu querido amigo – afirmou o empresário, afagando-lhe a mão.

Após conversarem sobre assuntos triviais, inerentes ao estado de saúde de Alexandre, Fernando estendeu a mão, com um gesto carinhoso e de respeito, e despediu-se de Sabrina, deixando o quarto na companhia dos médicos.

Enquanto o empresário caminhava pelo corredor do hospital, voltou-se para a Dra. Janine e convidou-a, com ar sério:

– Vamos até o seu consultório?

A mulher foi surpreendida pelo convite do patrão. Então olhou de soslaio para o Dr. Almeida, como se pedisse socorro, e anuiu, dizendo:

– Estou às suas ordens, Dr. Fernando.

"Agora sei que esse homem vai querer saber a verdade e não tenho mais como omitir a real situação de Alexandre", pensou. "Deus sabe muito bem que eu tudo fiz para evitar que o Fernando sofresse mais um golpe, pois sei o quanto ele ama essa criança".

Capítulo XIV

Explicações da Dra. Janine

O confortável consultório estava instalado em uma sala ampla, com uma janela que se abria para um bonito jardim, responsável pela condução do aroma agradável das flores àquele ambiente próprio para atender as necessidades relativas aos doentes do pequeno nosocômio. Observava-se, além de uma mesa, também um pequeno armário, usado para guardar medicamentos e os instrumentos utilizados pelos médicos. Um leito encostado na parede servia para examinar os pacientes, e os graciosos jarros de flores, espalhados, denotavam que aquele consultório pertencia a uma mulher. Era o consultório da Dra. Janine.

Fernando sentou numa cadeira simples, cruzou as pernas e simulou que procurava algo nos bolsos do paletó, enquanto vislumbrava disfarçadamente o consultório.

O Dr. Almeida também fora convidado para participar daquela conversa entre a colega e o chefe. Ele sentou-se numa cadeira encostada na parede e ficou em silêncio, enquanto pensava: "De qualquer maneira, um dia teríamos que enfrentar a realidade".

A Dra. Janine sentou-se em sua cadeira, por trás da pequena mesa branca. Sobre ela havia um pequeno jarro com flores, um porta-caneta e receituários. A médica permanecia em silêncio, fitando um quadro que retratava a natureza, pendurado na parede ao lado.

– Qual a real situação do Alexandre? – perguntou o empresário, sem rodeios, cruzando os braços e alternando o olhar entre os médicos.

A Dra. Janine abriu a boca, porém nada disse, pois foi interrompida por um gesto do empresário, dando a entender que ainda não havia completado sua indagação.

– Aos poucos, o Alexandre se tornou uma pessoa muita cara para mim. Não sei por que isso aconteceu, mas a verdade é que não consigo aceitar que ele possa vir a morrer dessa doença miserável – disse o empresário, baixando a cabeça, demonstrando, num gesto imperceptível, uma revolta. – Não sei se vocês estão entendendo. O fato é que essa criança é como se fosse o meu próprio filho.

A médica sentiu um frio esquisito envolver-lhe o ser, pois o bem que aquele homem sentia em relação ao seu paciente era maior do que ela imaginava.

O Dr. Almeida, que estava de cabeça baixa, olhou rapidamente para a colega de profissão e depois fixou o olhar no piso do consultório.

O empresário ergueu-se, passou a mão no paletó e foi até a janela. Respirou profundamente, voltou e novamente se sentou, enquanto dizia:

– Não sou idiota. Sei que o Alexandre está muito doente e que talvez não haja cura, mas por que a verdade me foi escondida?

Ninguém ousou falar. Naquele momento o importante era saber o que ele queria com aquela pequena reunião.

– Não quero saber o que vocês têm a me explicar a esse respeito. Isso seria perda de tempo e eu tenho muitos assuntos pendentes para resolver hoje. Sendo assim, vou direto ao assunto – disse ele, erguendo-se. – Façam o que for necessário para salvar o Alex. Não se preocupem com as despesas. Apenas descubram um modo de não deixar que o meu pequeno amigo vá embora.

O homem fez menção de deixar o consultório, porém, nesse ínterim, a médica ergueu-se com altivez e surpreendeu o patrão ao perguntar, com voz enérgica:

– Será que temos o direito de falar?

– O que vocês têm a me dizer não interessa. A não ser que alguém tenha um plano concreto que possa salvar o Alexandre, pois o resto seria jogar conversa fora.

– Ainda hoje vamos enviá-lo para um hospital no exterior, especializado nessa doença – afirmou a médica, enquanto colocava as duas mãos sobre a mesa e encarava o patrão.

O homem parou e fitou a médica. Em seguida passeou o olhar pelo consultório, até encontrar o olhar do Dr. Almeida, sentou-se e perguntou:

– Que hospital é esse?

A médica aproveitou a situação e explicou o porquê da resistência da doença e disse que somente nesse hospital, localizado num país próximo, tinha uma equipe médica que poderia curar o Alexandre.

– Resumindo: dois motivos são responsáveis por esse diagnóstico – disse ainda a mulher.

– Quais? – perguntou o patrão.

– O primeiro diagnóstico estava errado, fazendo com que o paciente fizesse um tratamento que tornou seu organismo praticamente sem as defesas naturais, pois ficou sem condições de reagir – respondeu a médica. – O outro motivo foi descobrir que o novo diagnóstico é de um câncer que não é agressivo, porém torna-se letal porque o Alex já não agüenta mais ser submetido a um novo tratamento.

– Então o que ele vai fazer nesse hospital?

A médica ficou séria, fitou o empresário com seus belos olhos verdes, depois o Dr. Almeida, como se estivesse pedindo socorro e respondeu-lhe:

– Esse hospital, do qual o senhor fala com tanto desdém na voz, é especializado em novo tratamento aos tumores malignos sem causar danos ao organismo do paciente.

O empresário pensou, ergueu-se, olhou para a médica e depois para o chefe da Unidade de Saúde Infantil e ordenou:

– Quero que o Alexandre viaje ainda hoje para esse país.

– Mas... – tentou falar a Dra. Janine.

O Dr. Fernando não ouviu as últimas palavras da médica porque já se encaminhava para a saída do prédio, em direção ao seu carro, acompanhado pelo Dr. Almeida.

– Monstro! Ignorante! Mal-educado! – a doutora despejava uma série de impropérios por não ter sido ouvida pelo empresário.

Antes de entrar em seu carro o empresário parou, pôs a mão sobre o capô e fez um sinal para os médicos se aproximarem, pois estavam próximos, esperando ele ir embora.

A Dra. Janine, juntamente com o colega, diretor da Unidade de Saúde, aproximaram-se do poderoso Dr. Fernando e, em silêncio, esperaram o que ele tinha a dizer.

– Agora fiquei interessado em saber por que esconderam de mim que o tratamento do Alexandre não estava surtindo o efeito esperado – disse o homem, fitando os dois médicos, principalmente a Dra. Janine.

Após entreolharem-se, a Dra. Janine aproximou-se do carro e fitou o empresário.

– No início da conversa o senhor deixou bem claro que não desejava saber o motivo que nos levou a esconder a real situação de Alexandre. A meu ver, isso não é nossa culpa – disse a médica, enfrentando o chefe e deixando o Dr. Almeida apreensivo com sua atitude.

O empresário baixou a cabeça, talvez procurando se controlar para não tomar uma decisão precipitada que viesse a ofender a médica.

– Agora quero saber o que aconteceu – ordenou o empresário, com voz calma, fitando os olhos verdes da Dra. Janine.

– Fizemos o possível para evitar que o senhor não recebesse mais um triste golpe, pois sabemos de seu sofrimento, principalmente com relação ao seu filho Eduardo e sua ex-esposa Angélica – respondeu a médica.

O empresário fitava algo que ninguém via. Ele respirou profundamente, baixou a cabeça, apertou os lábios e depois entrou no carro. Antes de partir, olhou novamente para a Dra. Janine e para o Dr. Almeida, e ficou em silêncio um minuto.

– Obrigado, meus amigos – disse ele, enquanto ordenava ao motorista que desse a partida no carro.

O Dr. Almeida permanecia em pé, com as mãos metidas no bolso do avental, com o olhar fixo num ponto qualquer do solo, enquanto a médica acompanhava com o olhar o percurso do carro do patrão até o portão eletrônico se fechar.

– E agora, Janine?

– Vamos fazer o que prometemos – respondeu a médica, olhando firme nos olhos do colega.

– Como vai conseguir uma passagem para conduzir o Alexandre até o hospital, no país que você prometeu ao Dr. Fernando?

– Meu amigo, nós vamos usar o nome do patrão para viajarmos – respondeu ela. – Dinheiro não é problema e o nome do nosso patrão abre qualquer porta neste país, não é mesmo?

– Você está disposta a acompanhar o Alexandre nessa viagem?

– Sem dúvida. Viajaremos ainda hoje – eu, Alexandre e a mãe dele.

Nesse momento o telefone móvel do médico tocou. Após olhar o número da pessoa que ligava, pensou consigo: "É ele".

– Alô, Dr. Fernando.

– Dr. Almeida, já está liberado um crédito, em nome da Fundação, para fazer face às despesas que terão com o Alexandre. Quanto às passagens, mandei reservar três numa das melhores empresas de aviação civil.

– Como o senhor sabia que eram três passagens?

– Porque três pessoas viajarão: a Dra. Janine, o Alexandre e a mãe dele.

– Quero falar com ele – disse a médica, no ouvido do amigo.

O Dr. Almeida já havia desligado o telefone, quando olhou para a colega, respirou e disse:

– Ele já desligou.

– O que ele disse?

O médico repetiu tudo que o patrão havia dito.

A médica pensou, baixou a cabeça por um minuto, depois a ergueu e disse num gesto resoluto, como se estivesse falando para alguém invisível:

– Vamos agir, Dr. Almeida.

– O que eu puder fazer por você, pode contar comigo.

– Aceito sua ajuda, com muito prazer – anuiu a médica, sorrindo. – Por favor, mande preparar o Alex e a mãe dele para a viagem, enquanto vou à embaixada saber se a documentação já está pronta.

– Lembre-se que esse tipo de documentação demora a ficar pronta – alertou o colega de trabalho.

A médica sorriu, pegou carinhosamente o braço do amigo e disse-lhe, como se estivesse brincando:

– Deixe de ser ingênuo, Almeida.

– Por que você diz isso? – perguntou o médico, parando e ficando sério.

– Há vários dias venho providenciando essa documentação, tal como os contatos com a diretoria do hospital onde Alex será internado.

O médico olhou para o rosto simpático da colega, sorriu e continuou a andar, pensando: "Será que ela já sabia que teria que fazer essa viagem?"

– Eu só estava esperando por essa conversa que tivemos com o Dr. Fernando e me certificar de que, realmente, nós não conseguiríamos debelar essa doença – comentou a moça, como se adivinhasse os pensamentos do médico.

Ambos seguiram para tomarem providências urgentes a respeito da viagem.

Enquanto isso, já melhor, Alberto caminhava impaciente pela pequena sala da casa onde estava hospedado e conversava com Maria da Conceição sobre sua situação de desempregado.

– Alberto, por que você não vai receber o dinheiro pelos dias que trabalhou em seu último emprego? – perguntou a mulher, enquanto cuidava de algo que cozinhava no fogão.

– Não tenho coragem de chegar na obra e cobrar o que me devem. Não tenho esse direito.

– Por quê?

– Ora, Conceição! Você sabe muito bem que abandonei o serviço sem dar satisfação.

– Tente.

– É verdade. Vou seguir os seus conselhos e amanhã irei conversar com o pessoal da obra e tentar ver se consigo receber algum dinheiro – disse o homem. – Mas preciso comprar uma roupa para ir até lá.

– Não pense nisso. Eu vou comprar uma roupa para você.

– Nem pense nisso, Conceição – rebateu o homem, com ar ofendido. – Não está certo viver à custa de vocês. Tenho alguns trocados que guardei e são eles que vou gastar.

– E quem disse que você vive às nossas custas? – perguntou a mulher. – Quando começar a trabalhar, sabemos que irá nos ajudar.

– Não tenha dúvida quanto a isso.

De repente a porta se abriu e Sabrina entrou demonstrando inquietação.

A mãe dela passou a mão no vestido e empalideceu, pois naquele momento lhe veio à lembrança o neto. Maria da Conceição pensou: "Acho que o Alexandre morreu". Ficou paralisada de medo, o sangue fugiu das veias e as pernas tremeram, obrigando-a a sentar-se num caixote que estava perto de si.

– Mamãe, nós iremos viajar ainda hoje, para tentar salvar o Alexandre – disse a moça, caminhando pela sala, enquanto passava a mão no rosto, sem saber o que fazer.

– Calma, minha filha. O que está acontecendo?

– O Dr. Fernando resolveu mandar o Alex para um hospital no exterior, especializado nessa doença – respondeu Sabrina, nervosa e amedrontada, pois nunca viajara.

– Então, filha, qual o motivo dessa aflição? – questionou a mãe, com um sorriso orgulhoso, entendendo que seu neto seria tratado e examinado por médicos de outros países.

– Mãe, eu também vou viajar, acompanhando o meu filho e a Dra. Janine.

– Ainda não entendi esse seu desespero.

– Mãe, eu não tenho nenhum dinheiro e nem uma roupa decente para viajar. Aliás, eu não tenho nenhuma roupa, entende?

Alberto, que até então estava calado, ergueu-se de repente e, num gesto de quem ia sair para resolver algum problema urgente, fez um gesto com a mão e disse:

– Sabrina, aguarde um momento. Vou ao banco.

– Fazer o que, Alberto? – perguntou Maria da Conceição. – Aonde você vai com essas sandálias velhas e essa roupa que só servem para andar dentro de casa?

– Acho que ainda tenho um dinheiro que estava guardando para mandar tratar a minha filha. Só que agora ela não vai precisar mais.

– Mas deixe-me comprar pelo menos uma calça e uma camisa para você sair – pediu a avó de Alexandre.

O homem já havia saído, quase correndo, à procura de um transporte, para retirar o dinheiro que ele achava que tinha.

– Rezem por mim – gritou ele, ao longe.

Após quase duas horas, já no final da tarde, Alberto voltou cabisbaixo. Ele sentou-se no velho colchão, encostou as costas na parede e ficou em silêncio.

– O que houve, Alberto? – perguntou Conceição, com o olhar de aflição.

– Aconteceu alguma coisa, seu Alberto? – também perguntou a mãe de seu neto.

O homem passou a mão no rosto, enxugando uma lágrima e começou a falar:

– Fui ao banco mas nada consegui. Para poder sacar o pouco dinheiro que tenho eu preciso apresentar o meu cartão do banco ou a identidade, mas perdi ambos na enchente.

As duas mulheres ficaram em silêncio, esperando o homem terminar de falar.

– Agora vou ter que providenciar novos documentos a fim de poder movimentar a conta.

– Já foi na obra ver se lhe pagam os dias que trabalhou? – perguntou Maria da Conceição, tentando se acalmar com a situação.

– O dinheiro que tinha para receber foi depositado no banco e eu também tenho que apresentar os mesmos documentos, além da carteira de trabalho.

Nesse momento ouviram um carro buzinar e todos foram ver se era na porta da casa deles. Dona Conceição ficou surpresa, pois era a ambulância da Unidade de Saúde Infantil.

– Olá, dona Conceição. Vim buscar a Dona Sabrina – disse o motorista, que já era conhecido por elas.

Silêncio. O homem notou que todos estavam surpresos, então continuou a falar.

– Cumpro ordens da Dra. Janine – informou o motorista, descendo do carro e abrindo a porta do carona. – Apresse-se, dona Sabrina. A Dra. Janine mandou avisar que vocês partirão dentro de três horas.

– Mas... – quis falar Sabrina, mas foi interrompido pelo motorista.

– Esqueci de dizer que a doutora pediu que a senhora não levasse nada, pois ela já providenciou tudo para a viagem, inclusive seu material.

– De que material você está falando?

– Eu acho que são roupas, sapatos e essas coisas de mulheres que não sei explicar muito bem.

Sabrina pôs a mão na boca, num gesto típico de alguém que está surpreso e feliz, e depois olhou para a mãe, encontrando também o olhar de Alberto, que havia se erguido, como se estivesse a dizer: "Pronto, sua situação está resolvida".

– Vá, minha filha, e confie em Deus e na doutora, pois acredito que o Dr. Fernando está por trás de tudo isso.

Sabrina saiu da surpresa e apressada e foi até o interior da casa, voltando com uma bolsa velha. Ela beijou a mãe, aproximou-se de Alberto, fitou-o e o abraçou, dizendo:

– Tenha fé em Deus.

Sabrina despediu-se, entrou na ambulância e foi para o hospital, sob o olhar indagador da mãe e de Alberto, que ficaram observando o carro até que ele sumisse numa esquina.

Capítulo XV

Eduardo tentando a recuperação

O tempo estava bonito. Muito sol, o céu azul sem nuvens deixava que os raios da estrela maior de nosso sistema solar se espraiassem pela região, indicando que o período chuvoso havia passado, pelo menos por enquanto. Dez horas. Todo mundo corria no frenesi de todos os dias, para atender suas obrigações com o trabalho ou procurando resolver seus problemas particulares. Uns contentes, outros tristes, alguns lutando para sobreviver, enfim, a vida dos habitantes seguia a sua rotina de sempre.

Na mansão do Dr. Fernando os carros dos seguranças e o carro do empresário já estavam preparados para conduzi-lo ao trabalho.

– Bom dia – cumprimentou a todos o empresário, enquanto entrava em seu carro particular.

– Bom dia, patrão – respondeu o motorista, num misto de respeito e agrado ao chefe.

– Vamos para a clínica.

– Qual?

– A que o Eduardo está internado.

O motorista começou a dirigir o carro, buscando o itinerário que os conduziriam à clínica de reabilitação onde o filho do patrão estava internado. "Não sei, não. Acho que o seu Eduardo não vai ficar muito tempo naquela prisão de luxo", pensava o motorista, enquanto olhava disfarçado para o patrão, pelo retrovisor interno do carro. "Aquela maluca da ex-mulher dele voltou novamente para a vida desregrada de rua, deixando sua bela casa. Não consigo entender essa gente rica.

Nós, os pobres, temos motivos para fazer bobagens, por causa do desespero quando nos falta o necessário, mas esse pessoal... não sei não", continuava a pensar o motorista, enquanto dirigia.

O mundo sempre foi assim. Ninguém nunca conseguiu entendê-lo, mesmo aqueles que estudam o comportamento humano não podem explicar o porquê de muitos comportamentos existenciais do ser. No momento em que narro este livro, lembro-me de quando era sacerdote em uma de minhas existências e tentava encontrar explicações plausíveis para o sofrimento do ser humano, através da religião, porém não compreendia, a não ser arregaçar as mangas e ajudar aos meus irmãos, pois sempre acreditei que somos filhos de um único Criador. Atualmente, como espírito, começo a compreender tudo o que acontece no planeta Terra, pois o nosso Allan Kardec cumpriu sua missão de codificar uma belíssima doutrina que informa exatamente tudo sobre as criaturas de Deus, principalmente sobre os espíritos.

Bem, prezados leitores, voltemos a acompanhar o destino do carro do empresário. De repente o veículo parou por alguns minutos, enquanto um portão eletrônico corria sobre os trilhos, abrindo-se automaticamente, mostrando uma vasta área agradável e ventilada, de onde se observava uma bela mansão, rodeada de árvores, jardins e áreas de lazer, possivelmente construída para atender pessoas doentes, pois se tratava de uma clínica para reabilitação de viciados. Algumas pessoas passeavam pelo jardim, outras estavam sentadas, conversando, enquanto se notava que algumas não permaneciam quietas.

O carro entrou, seguiu por uma trilha calçada graciosamente de pedras trabalhadas e estacionou na porta da mansão.

Algumas pessoas, dentre elas um senhor alto, aparentando uns cinqüenta anos de idade, e uma senhora com um belo sorriso estampado no rosto, cumprimentaram o Dr. Fernando, convidando-o a entrar.

– Como vai, Dr. Luís? – cumprimentou o empresário, com um ligeiro sorriso, ao homem distinto que tudo indicava ser o diretor da instituição.

– Bem, Dr. Fernando. Muito bem.

– E a senhora, Dra. Adalgisa? Como vai? – perguntou o empresário, dirigindo-se à mulher, tomando sua mão e beijando-a num gesto de respeito e de educação.

– Mais ou menos, Dr. Fernando.

– Como mais ou menos? Há alguma novidade? – questionou o empresário com um olhar indagador dirigido àquelas criaturas, deixando transparecer a tensão que de repente apareceu em suas feições.

O Dr. Luís, psiquiatra, psicólogo e diretor da clínica de reabilitação para viciados, olhou para a Dra. Adalgisa, psicóloga e dona da clínica, com um olhar de reprovação e respondeu:

– Ela está se referindo ao comportamento estranho do Dr. Eduardo.

– O que houve com o meu filho? – perguntou o empresário, apreensivo, arregalando os olhos com a notícia. – Ainda ontem, quando o visitei, ele estava muito bem.

– Não se preocupe, doutor. O Eduardo teve apenas uma pequena recaída, porém já está se recuperando – respondeu o médico, visivelmente preocupado.

– Mandei o meu filho para esta clínica porque alguns amigos a indicaram-me como uma das melhores na recuperação desse maldito vício – rebateu o empresário, como se não estivesse ouvindo as explicações do diretor. – Quero-o curado, não interessa o preço que eu tenha de pagar.

– Calma, doutor. Nós iremos conduzi-lo ao apartamento do Dr. Eduardo.

O diretor da clínica de reabilitação apontou com o dedo o corredor da mansão e com um gesto educado pediu:

– Por favor, Dr. Fernando, fique à vontade para visitar o seu filho. Nós o acompanharemos, caso o senhor não se importe.

Fernando não perdeu tempo e caminhou em passos rápidos na direção apontada pelo Dr. Luís, chegando numa porta que dava para o quarto do filho e parou.

O diretor trocou um olhar rápido com a sua amiga e dona da instituição, a Dra. Adalgisa, em seguida meteu a mão no bolso e tirou uma chave e abriu o cadeado que fechava o quarto por fora. Depois meteu outra chave em outra fechadura, abrindo-a.

– Por favor, Dr. Fernando, pode entrar – convidou o médico, com ar de quem não estava muito à vontade, afastando-se para dar passagem ao empresário.

Fernando, que já estava desconfiado de algo, entrou no quarto com cautela. Ficou um tempo em pé na entrada e observou aquele ser humano com a roupa rasgada, cabelos grandes e despenteados, o olhar fixo em algo que somente ele via e falava coisas ininteligíveis. O quarto era simples, sem móveis, ou qualquer tipo de ornamento, para evitar que o rapaz não fizesse alguma loucura contra si. O rapaz parece não ter notado a presença do pai e dos médicos à porta. Ele andava de um lado para outro, conversando em voz alta e gesticulando como se estivesse distribuindo ordens ou discutindo com alguém invisível, pelo menos para quem estava observando a cena. Notava-se que estava extremamente inquieto, não conseguindo parar de caminhar e nem de falar.

– Esse maldito vai mandar acabar comigo, mas vou persegui-lo para o resto da vida! – dizia o rapaz, completamente desequilibrado. – Eu também sou um cavaleiro do rei!

Fernando sentiu o sangue sumir da face, enquanto suas pernas tremeram, obrigando-o a encostar-se na parede do quarto. "Meu Deus, o meu filho enlouqueceu! E agora, o que eu faço?"

Cautelosamente, o Dr. Luís aproximou-se do empresário e falou em voz baixa ao seu ouvido:

– Essa é a tal síndrome da abstinência, doutor.

Eduardo estava impaciente, andando, gesticulando, sentando e erguendo-se e com os olhos arregalados e sempre fixos em algo que somente ele percebia. Ora dobrava-se sobre si, colocando as mãos sobre o abdômen como se estivesse sentindo dores terríveis. Olhou para a porta, aproximou-se do pai e comentou:

– Olá, escravo miserável! Lembra-se de mim?

Fernando passou uma das mãos no rosto, como se não quisesse acreditar no que presenciava naquele momento. "Enlouqueceu! Não tenho a menor dúvida!", pensava.

– Fale escudeiro miserável! – em sua loucura ordenou Eduardo, segurando forte no ombro do pai. – Você não foi capaz de se vingar daquele monstro que mandou acabar conosco!

Em sua inquietação, Eduardo começou a andar pelo quarto falando coisas sem nexos, depois novamente aproximou-se do pai e perguntou:

– Lembra-se de como fomos executados por aquele maldito?

Eduardo fitou a parede do quarto, como se estivesse vislumbrando alguém, depois começou a falar novamente:

– Ele pensou que acabou conosco, mas nós estamos vivos.

De repente encarou o pai, com seu olhar desvairado, segurou seus braços e comentou:

– Acho que estou lhe reconhecendo.

– Eduardo, sou seu pai, Fernando – timidamente, arriscou-se a falar o empresário, segurando as mãos do filho.

Eduardo fixou o pai e desmaiou sem que houvesse uma explicação, fazendo com que o médico corresse e o amparasse, enquanto a Dra. Adalgisa saía em busca de auxiliares da clínica para socorrer o filho do empresário.

– Vamos aproveitar para medicá-lo, enquanto ele está quieto – anunciou o Dr. Luís, olhando o pai do paciente como se estivesse a pedir que o mesmo confiasse nele.

Fernando nada falava. Mantinha-se em silêncio, com o olhar fixo naquela criatura que tanto sofria e era o seu filho querido.

– Meu Deus, cuide de meu filho! – murmurando, pediu o pai de Eduardo, enquanto passava as mãos no rosto, demonstrando muito cansaço e nenhuma esperança.

Após os médicos atenderem o rapaz, dois enfermeiros entraram no quarto e trocaram as roupas dele.

O empresário aproximou-se indeciso do leito em que o filho estava dormindo sob o efeito de um coquetel de tranqüilizantes, fitou-o e depois se voltou para os médicos e apontou a porta, dando a entender que iria deixar o quarto.

Ao sair da clínica, Fernando parou no solar e, encarando os responsáveis por aquela clínica de reabilitação, perguntou-lhes:

– Por que vocês não medicaram o Eduardo à força, evitando que ele ficasse naquela situação?

O Dr. Luís baixou a cabeça, pensou, ergueu-a novamente, olhou rapidamente para a sua patroa e respondeu, encarando o empresário:

– Dr. Fernando, esta clínica é um lugar para a reabilitação de viciados.

O empresário, que se mantinha encarando o diretor da clínica, não desviou o olhar, pois era acostumado a mandar e ouvir o que ele queria ouvir, porém dessa vez alguém teve a coragem de dizer-lhe a verdade. Ficou em silêncio, esperando que o médico terminasse sua explicação.

– O Dr. Eduardo chegou idêntico a um zumbi e ao mesmo tempo muito ansioso, procurando qualquer pretexto para fugir e tornar a voltar ao mundo das drogas – o médico continuou a responder à pergunta do pai de Eduardo. – Nossa função é deixar que o paciente passe por tudo o que o seu filho está passando, com o objetivo do seu organismo ficar limpo e ele voltar ao normal.

– Se, nós fizermos a vontade dos pacientes, porque estes são filhos de pessoas que têm posse, jamais conseguiremos reabilitá-los – completou a Dra. Adalgisa, falando com voz calma, porém segura do que dizia.

– Se, assim que o paciente fica no estado em que o senhor viu o seu filho, aplicarmos medicamentos para fazê-los dormir ou acalmá-los jamais conseguiremos ensiná-los a sair do mundo infernal dos entorpecentes – disse o médico, pondo a mão no ombro do empresário.

Silêncio.

O pai de Eduardo pensou, olhou para o belo jardim, como se estivesse admirando-o, porém a verdade era outra, ou seja, não estava preocupado com a beleza do jardim, mas sim meditando nas palavras do diretor e da dona da clínica.

– Quanto tempo ele ficou naquele estado em que o encontrei? – perguntou o pai de Eduardo.

– Vinte e quatro horas – respondeu o médico.

– E vocês obtiveram o efeito esperado?

– Sim – respondeu a Dra. Adalgisa.

– E posso saber qual foi?

– Agora nós temos certeza de que ele recorre às drogas, provocado por um desejo que ainda não sabemos explicar.

– Não entendi.

– Ninguém pergunta por que a pessoa é usuária de droga – disse o médico, um profundo estudioso desse assunto. – Geralmente, o viciado tem que viver conforme a vontade do meio em que está inserido, ou melhor, satisfazer a vontade da família.

O empresário entendeu perfeitamente o que o Dr. Luís quis dizer, porém se fez de desentendido para tentar fazer com que o médico falasse mais a respeito do filho.

– Explique-se com mais detalhes, por favor, doutor – pediu ele. – Essa nomenclatura de medicina é muito complicada.

O Dr. Luís olhou de viés para a Dra. Adalgisa, perguntando através de um olhar rápido se deveria explicar os detalhes, pois havia entendido perfeitamente que o empresário queria saber. Recebeu um imperceptível sinal de consentimento.

– Meu caro Dr. Fernando, o seu filho está nesse estado de loucura porque está faltando em seu organismo o combustível que o alimentou durante vários anos, ou seja, as drogas.

– Tudo que estamos fazendo é tentar depurar o organismo do seu filho de qualquer resquício de entorpecente, com a finalidade de controlar o vício dele – completou a psicóloga. – Depois que conseguirmos isso, com a comprovação de exames, ele será submetido a um novo tratamento, médico e psicológico.

– Quer dizer que após constatarem que não há mais nenhum sinal de substâncias químicas no organismo de Eduardo ele pode se considerar curado, não é isso? – perguntou Fernando com um ar eufórico, como se estivesse prevendo a cura do filho, após as explicações dos especialistas no assunto.

Houve um silêncio. O Dr. Luís e a Dra. Adalgisa trocaram olhares de cumplicidade. Depois o psiquiatra pôs a mão na boca, simulou que tossia e começou a falar com voz pausada:

– Meu caro Dr. Fernando, infelizmente as coisas não acontecem como esperamos e nem como o senhor pensa.

– Como assim, doutor?

– Os estudos científicos do momento conseguiram chegar ao controle da dependência sofrida por um usuário de substâncias químicas usando outros medicamentos e um tratamento clínico como o senhor está vendo, porém não garante a cura definitiva, pois o viciado é um doente que necessita de cuidados para sempre.

– Por que? – perguntou o empresário, com um ar de decepção. – Se o doente não sai curado definitivamente não estou entendendo mais nada.

A dona da clínica, Dra. Adalgisa, aproximou-se e ficou de frente para o pai do Eduardo. Com voz calma e educada respondeu:

– A ciência não descobriu o medicamento e nem a maneira de curar um dependente de qualquer entorpecente, sejam lícito ou ilícito, porque ela ainda não conseguiu penetrar a mente do ser humano.

– A cura de qualquer doença tem, conforme estudos científicos, como fator fundamental a vontade do próprio ser – ajudou a elucidar o Dr. Luís.

– Então, quer dizer que a cura do Eduardo depende dele?

– Exatamente – anuiu, com um gesto de cabeça, o psiquiatra.

– Quer dizer que o meu filho, mesmo que saia desta clínica limpo de qualquer substância química em seu organismo, voltará ao vício porque sua cura depende da vontade dele?

– Exatamente, Dr. Fernando – confirmou novamente o Dr. Luís.

– A vontade de um ser humano está ligada diretamente ao cérebro, que comanda tudo, inclusive sua vida – completou a Dra. Adalgisa.

– Então, nesse caso, uma religião, como a Doutrina Espírita, ensina o ser humano a desenvolver essa vontade, controlando suas ações benéficas ou não?

– Claro, principalmente uma doutrina que não se baseia em ficção, ou melhor, que tem como seu princípio básico fundamental a existência de Deus – anuiu a mulher, pondo a mão carinhosamente no ombro do empresário.

O empresário fixou a dona da clínica e como se estivesse lembrando algo, pôs a mão na testa e falou para si:

– Claro que é isso! Como não me lembrei logo!

– O que o senhor lembrou, doutor?

– Nada. Depois explico – respondeu o homem, despedindo-se e caminhando em direção ao carro.

Quando o carro já estava em movimento, fazendo o pequeno contorno que passava em frente à porta da clínica, onde estavam o Dr. Luís e a Dra. Adalgisa, Fernando ordenou ao motorista que parasse, pôs a cabeça para fora do veículo e perguntou:

– Algum dos senhores é espírita?

– Os dois – respondeu a mulher.

– Ah! Agora entendo tudo – disse o empresário, acenando com a mão, enquanto o carro começava a rodar em direção ao portão.

A dona da clínica olhou para o Dr. Luís e perguntou:

– Você entendeu?

– Acho que sim.

– Posso saber?

– Acho que esse homem é espírita ou simpatiza com a Doutrina Espírita.

Ambos ficaram olhando o portão eletrônico se fechar, com o seu barulho característico.

Capítulo XVI
Alexandre volta do exterior

Um mês se passou. Alexandre havia voltado do exterior e continuava o tratamento na Fundação do empresário, agora seguindo as prescrições conforme o parecer dos médicos que o examinaram e concluíram que o câncer não era agressivo, mas infelizmente incurável, por se tratar de um tumor maligno de tipo raro. O resultado dos primeiros exames apresentou diagnóstico equivocado, além disso outro fator contribuiu bastante para que o quadro clínico do garoto se apresentasse quase sem esperança: a doença já estava adiantada. Foi aconselhado que, pelo menos por enquanto, deixassem como estava, submetendo o paciente a um tratamento mais leve, com o objetivo de aumentar sua expectativa de vida. A Dra. Janine não conseguia aceitar a idéia de que seu amiguinho Alexandre estivesse condenado a morrer, à mercê daquela doença, sem que ela nada pudesse fazer, portanto evitou o tratamento normal sob pena dele não suportar e vir a óbito. Fernando passava horas e horas ao lado de Alexandre, tentando se acostumar com a situação, porém era difícil acreditar que o amigo, considerado por ele quase um filho, estivesse perto de deixar este mundo. "Não posso acreditar que essa criança deixe de viver ainda em tenra idade", pensava o empresário, sentado ao lado do menino, observando-o, enquanto ele dormia ou fingia dormir.

Eduardo, filho do empresário, havia tido alta da clínica de reabilitação, todavia não passou uma semana e voltou novamente ao triste mundo dos viciados, deixando o pai completamente de mãos e pés atados, porque o mesmo já não sabia o que fazer. Fernando já havia conduzido o rapaz ao centro espírita que freqüentava, mas infelizmente Eduardo não conseguiu acreditar em sua cura através de um tratamento espiritual, porque seu pensamento estava longe de aceitar os ensinamentos do Mestre Jesus, haja vista não acreditar em outras vidas, mormente por estar envolvido por entidades maléficas, conforme a explicação da pessoa que o atendeu na instituição.

Angélica continuava desaparecida e ninguém conseguia saber o que havia acontecido, embora o Dr. Fernando houvesse contratado um detetive particular que a procurara em todos os lugares possíveis. "Acho que a Angélica já deve ter morrido ou está morrendo num desses antros, onde esse pessoal se reúne para usar drogas", pensava com tristeza o empresário, sempre que se recordava da ex-esposa.

Quanto a Alberto, avô de Alexandre, ele não conseguia esquecer a tragédia que se abateu sobre a sua família, mas tentava de qualquer maneira conviver com as lembranças do triste episódio que aconteceu consigo. Depois de muita insistência de Conceição e a filha, permaneceu morando na residência delas. Evitava sempre que podia falar sobre sua família desaparecida no acidente no qual muitos barracos de seu bairro foram soterrados.

Após um pedido da avó do menino doente, feito ao Dr. Fernando nos corredores da Unidade de Saúde Infantil, Alberto conseguiu um emprego de jardineiro na mansão do empresário, que logo à primeira vista simpatizara com aquele homem pobre, semi-analfabeto e orgulhoso, mas extremamente disciplinado e educado à sua maneira.

Oito horas. O pessoal que habitava aquela bela e imensa mansão já estava de pé, correndo atrás dos seus afazeres. As flores do belíssimo jardim exalavam um aroma que envolvia o lugar, incentivando os pássaros a gorjearem, àquela hora da manhã, talvez de alegria ou agradecendo ao Pai Criador a beleza natural que rodeava o belo solar, residência do empresário, adornado com árvores graciosas, um lindo jardim bem cuidado, uma fonte artificial e várias esculturas espalhadas ao redor da casa.

No meio do imenso jardim encontrava-se um homem com um chapéu na cabeça. Estava com uma das mãos metidas numa luva, fazendo um trabalho com muito cuidado e até mesmo certo carinho num roseiral.

– Bom dia, meu caro Alberto!

O jardineiro ergueu-se, tirou o chapéu com um meio sorriso na feição, curvou-se num cumprimento respeitoso e disse:

– Bom dia, doutor Fernando.

Por alguns minutos os dois homens ficaram se olhando com uma visível simpatia estampada nos rostos, entregues aos seus pensamentos. O empresário aproximou-se de Alberto, seu jardineiro, pousou a mão sobre os ombros dele e perguntou:

– Você já havia trabalhado como jardineiro? – perguntou o empresário, que estava caminhando ao redor de sua imensa mansão, talvez respirando o ar puro da manhã, quando viu Alberto e resolveu cumprimentá-lo.

– Não, senhor. Eu sempre trabalhei como servente de pedreiro – respondeu o jardineiro. – Este é o primeiro jardim que estou aprendendo a cuidar.

– Não parece – comentou o dono da mansão, com um sorriso sincero estampado no rosto. – Tenho a impressão de que você sabe de tudo sobre jardinagem.

– As flores conhecem as pessoas, doutor.

– O que você quer me dizer, Alberto?

Alberto baixou a cabeça. Depois de pensar ergueu-a, fixou seus olhos azuis no patrão e respondeu-lhe:

– Elas têm vida e são guiadas por uma sensibilidade capaz de discernir quem é bom ou mau.

– Entendi, Alberto, o que você quer me dizer – disse o empresário. – Qualquer coisa que precisar pode falar comigo diretamente, pois somos quase parentes.

– Parentes?

– Sim. Você é avô do Alexandre, que está internado em minha Fundação – disse o homem. – Tenho consideração por essa criança como se fosse meu filho legítimo, entendeu?

– Entendi, doutor. Ora, se entendi.

– Vou dar uma caminhada por aí. Até logo.

– Até logo, doutor.

Fernando prosseguiu em sua caminhada, com as mãos enfiadas nos bolsos de uma jaqueta, enquanto pensava: "Meu Deus, parece-me que conheço esse homem, principalmente aqueles olhos, e aquela maneira altiva e orgulhosa não me são estranhas".

Alberto continuou em pé, observando o patrão se afastar, depois pôs o chapéu na cabeça, passou a mão na testa, enxugando o suor, pois o sol já ia alto e fazia calor. "Gosto muito desse cidadão", pensava ele, enquanto agachava-se e continuava o seu trabalho.

Ao subir os degraus da mansão, que o conduziam aos seus aposentos, o empresário viu um de seus seguranças no topo da escada, como se estivesse a esperá-lo.

– Bom dia, patrão – cumprimentou o segurança.

– Bom dia.

– Há um homem lá fora que deseja falar com o senhor.

– Você sabe quem é?

– O detetive.

Antes de terminar de subir os degraus o patrão parou, abriu o zíper da jaqueta, como se o corpo tivesse se aquecido de repente, fitou o segurança e ordenou:

– Mande-o entrar e vir até aqui. Estou esperando-o.

– Aqui na escada, senhor? – perguntou o segurança, apontando para o degrau onde o empresário estava, como se não tivesse ouvido a ordem.

– Sim.

Após alguns minutos um homem de estatura baixa, branco, ainda jovem, de olhar vivo e perspicaz, trajando um terno surrado e conduzindo uma pasta debaixo do braço, saudou o dono da mansão e a seu convite acompanhou-o até a um amplo escritório, entrando e sentando-se num sofá apontado pelo empresário. Fernando caminhou até uma ampla janela, abriu-a, fitou o horizonte por um momento, como se estivesse ganhando tempo, com o objetivo de se acalmar, e sentou-se numa poltrona próxima ao detetive. Ele cruzou as pernas e encarou o visitante, tentando controlar a ansiedade e curiosidade a respeito do tipo de notícia que iria tomar conhecimento.

– Estou ouvindo, senhor detetive – disse ele, finalmente.

– Não tenho boas notícias, senhor – disse o detetive, rompendo o longo silêncio, desde que o cumprimentou.

Fernando ergueu-se de repente, como se tivesse levado um choque, tirou o casaco e ficou somente de calça e camiseta. Novamente se sentou e disse em voz baixa, mas firme como uma ordem:

– Prossiga, senhor.

– A dona Angélica está viva e o senhor nada pode fazer por ela – respondeu o detetive, enquanto encarava o ex-marido da mulher.

Ambos ficaram em silêncio.

– A sua ex-mulher é procurada pela polícia e atualmente é uma perigosa traficante de todo tipo de droga que o senhor possa imaginar – rompeu o silêncio o detetive, continuando sua informação. – A dona Angélica é protegida de uma comunidade pobre de um morro na zona sul da cidade, uma perigosa favela que abriga vários tipos de pessoas que vivem à margem da lei.

Fernando estava de cabeça baixa, ouvindo o homem falar, mas parecia não acreditar no que estava ouvindo.

– É tudo? – perguntou Fernando, pálido.

– Ela convive com um dos piores traficantes, que fugiu há vários meses da penitenciária de segurança máxima – informou ainda o detetive. – Ele se aproveitou do vício da dona Angélica e tornou-a sua prisioneira, ligando-a ao tráfico e tornando-a também procurada pela polícia.

O detetive ergueu-se, tirou um documento de uma pasta sobre uma pequena mesa de centro, sentou-se novamente e disse:

– Senhor, aí está um relatório com todas as informações que consegui durante os quinze dias de exaustiva investigação.

– Ela sabe que você fez essa investigação?

– Sabe, porque foi preciso eu dizer que foi o senhor que mandou procurá-la, senão não teria conseguido absolutamente nada.

– O que a Angélica falou quando soube que fui eu que o mandou saber o que teria sido feito dela?

– Disse que o senhor não se metesse na nova vida que optou, pois é feliz e deseja continuar assim.

"É difícil acreditar em tudo que está me acontecendo", pensava o empresário, em silêncio, olhando um bonito vaso com flores que adornava o escritório. "Deus tirou-me tudo que preciso para ser feliz e deu-me dinheiro e poder. Será que ele fez uma troca ou fui eu que pedi esta vida, antes de reencarnar, como explica o meu amigo presidente do centro que freqüento?", continuou a pensar o homem.

– O homem com quem ela vive sabe que é minha ex-esposa?

– Sabe – respondeu o detetive. – Ele também mandou um recado para o senhor.

– Qual?

– Se o senhor se meter com ele, a primeira coisa que fará é matar a dona Angélica e a segunda é acabar com o seu filho, que também está fazendo pequenas entregas.

– Não entendi – disse o empresário com ar de aborrecido e ansioso. – Seja mais claro, por favor.

O detetive baixou a cabeça, passou as mãos nos cabelos, pensou, ergueu a cabeça, encarou o seu cliente e respondeu:

– O Dr. Eduardo também é traficante para poder sustentar o seu vício.

Fernando ergueu-se de um salto, ensaiou alguns passos pelo escritório, com gestos nervosos, novamente sentou-se e disse:

– Não posso acreditar que o meu filho virou traficante.

– Pois é verdade, doutor – confirmou o detetive, fazendo um gesto com a cabeça. – Pelo menos foi o que o chefe do tráfico no morro me disse.

– Você viu o meu filho?

– Não, porém tudo indica que o bandido o conhece muito bem.

O empresário ergueu-se, imitado pelo detetive. Dando a conversa por encerrada, perguntou:

– Quanto lhe devo, Sr. Mauro?

– O valor do meu trabalho está dentro desse relatório – respondeu o homem, apontando o relatório com as informações da investigação.

Após receber o cheque, o detetive fez menção de se retirar, mas antes o empresário disse:

– Continue o trabalho.

– Que trabalho, chefe?

– O de continuar me informando tudo o que acontecer com a Angélica – disse ele. – Também quero que o senhor acompanhe cada passo que o meu filho der nesse mundo nojento do tráfico.

– É muito perigoso, doutor – disse Mauro, coçando a cabeça. – O senhor sabe muito bem que quem se mete com essa gente só tem um caminho: a morte.

– Cobre o preço do risco pelo qual o senhor vai passar – disse o empresário, encaminhando-se para o seu quarto.

– Certo, chefe.

A noite havia chegado. Na Unidade de Saúde Infantil Alberto estava sentado ao lado da cama do neto, segurando as suas mãos, enquanto olhava de viés para Sabrina, que estava sentada também ao lado do menino, com o semblante preocupado.

– Vovô, eu soube que está trabalhando de jardineiro na residência do Dr. Fernando, é verdade?

– Apesar de não merecer o presente que a sua avó me arranjou, é verdade. Trabalho para essa bendita alma que apareceu em nosso caminho.

O menino sorriu satisfeito, passando a língua nos lábios ressecados, o que foi observado pela mãe que imediatamente pôs a mão na testa e rosto dele e pensou: "A febre está aumentando. Acho que o medicamento não está mais fazendo o efeito desejado", pensou Sabrina, olhando para Alberto, que fez um imperceptível gesto com a cabeça, concordando com a moça.

– Filho, fique conversando com o seu avô enquanto vou resolver um assunto urgente.

– Vai falar com a Dra. Janine?

Sabrina ficou em silêncio, sem saber o que responder ao filho.

– Não se preocupe comigo, mamãe – pediu o menino, falando com dificuldade. – A senhora sabe muito bem que estou perto de voltar ao meu lar.

– Que lar é esse, Alexandre, do qual você fala como se estivesse com muita saudade?

– Ora, a minha casa, que fica muito longe daqui – respondeu o menino, sorrindo.

Neste exato momento entrou a doutora Janine e olhando o aspecto da mãe do Alex, pensou: "Acho que o Alexandre está piorando".

– Como vai meu herói? – perguntou a médica, brincando com o paciente.

– Parece que a febre dele aumentou, doutora – respondeu Sabrina, no lugar do filho.

A doutora fez alguns exames de praxe, olhou para a enfermeira que também já se encontrava no quarto e fez um sinal com a cabeça.

– Procure esse medicamento injetável e aplique imediatamente no Alex – disse a médica, conduzindo a enfermeira a um lugar onde o Alexandre não pudesse ouvi-la.

– Mas, doutora, esse medicamento é muito forte e a senhora mesma disse que ele não suportaria a mais um tratamento desse tipo – rebateu a enfermeira, com voz firme.

– Agora, minha cara, nós iremos desencadear o último plano para manter o Alex vivo.

Ambas ficaram em silêncio, encarando-se como se estivessem discordando uma da outra.

– Que plano é esse, doutora?

– Prolongar um pouco a sua vida, a qualquer custo, entendeu? – perguntou a médica, fitando a enfermeira.

– Acho que entendi – respondeu a enfermeira. – A senhora deve saber o que está fazendo.

– Então, agora vá – ordenou a médica, enquanto voltava para perto da cama de Alexandre.

Capítulo XVII
Vingança além do túmulo

Solicitamos ao caro leitor a paciência de nos acompanhar a um passado não muito distante, recordando a ocasião na qual uma tragédia se abateu sobre um casal de jovens médicos, às vésperas de seu casamento, narrada na obra **vingança além do túmulo**, com a divulgação permitida por nossos benfeitores e a autorização de Deus, a fim de que nossos irmãos tivessem informações de que a vingança iniciada na vida corporal prossegue com mais intensidade após a morte do corpo físico.

Para aquele que ainda não leu a citada obra, vamos resumir em poucas palavras essa história romântica, fatídica, dolorosa, imortal, fria, calculista e vingativa – causada pelo orgulho, vaidade e falta de fé em Deus –, com o objetivo de o público leitor entender o romance que ora narramos.

A Dra. Carla, bela moça, médica, pertencente a uma família rica, porém sem tradição, estava prestes a casar-se com o Dr. Hugo, também médico, filho de um riquíssimo empresário pertencente a uma geração de família tradicional européia. O casamento foi interrompido por uma tragédia que culminou com o suicídio da Dra. Carla, às vésperas de seu casamento com o Dr. Hugo, porque o Dr. Albert, pai do noivo, não aprovou o consórcio entre os jovens, advindo daí uma história triste e dolorosa, causando inenarráveis sofrimentos, principalmente para a Dra. Carla, que pensava que se suicidando resolveria o seu problema.

Após desencarnar, Carla tentou se vingar do Dr. Albert, pai do ex-noivo, porém aumentou o seu sofrimento, pois notou que não havia morrido.

Ela estava grávida e ficou gravado em sua memória perispiritual o aborto provocado pelo suicídio, em virtude do impensado gesto tresloucado.

Após um tempo o Dr. Albert desencarna e passa a sofrer as conseqüências de seus atos nas zonas umbralinas, tendo ficado registrado em seu perispírito todo o mal que cometeu ao filho, à noiva dele e a seu neto, que não pôde reencarnar através de Carla.

Após um tempo, todos desencarnam e se encontram no mundo espiritual, na Colônia Espiritual Caminho da Redenção. Aproveitaram a oportunidade que Deus – infinitamente bom e justo – concede a todos seus filhos, conhecida por reencarnação, com o fito de se reajustarem e retornarem ao mundo corporal e resgatarem dolorosamente suas dívidas.

Depois de passar por terríveis sofrimentos, ainda incompreensíveis ao ser humano, o espírito Carla conseguiu a misericórdia de Deus ao ser conduzida à mesma colônia espiritual onde já se encontrava o espírito Albert, supostamente causador da tragédia. Carla foi conduzida ao pavilhão onde se encontrava a enfermaria destinada aos convalescentes.

A colônia espiritual ficava nas imediações de uma bela cidade do litoral, em um lindo país abençoado por Deus por ser o Coração do Mundo e Pátria do Evangelho, segundo informações do ilustre espírito Humberto de Campos, no livro de mesmo nome, psicografado pelo grande missionário da humildade e divulgador incansável da Doutrina Espírita, Francisco Cândido Xavier.

Os obreiros espirituais da colônia, em geral, principalmente os médicos e enfermeiros, receberam a moça com sorrisos e afagos, deixando-a à vontade para continuar o tratamento que havia iniciado no posto de socorro localizado na Terra, sob a responsabilidade de um conhecido centro espírita.

A moça ficou espantada com tudo que observava, principalmente o vai-e-vem de médicos, enfermeiros, zeladores, e outros obreiros não identificados por ela.

Enquanto repousava, por ordem médica, analisava meticulosamente o imenso pavilhão que abrigava a ampla enfermaria onde estava internada. "Acho que deve haver aproximadamente mais de mil pessoas internadas somente nesta enfermaria", pensava, tentando entender como aquele hospital encontrava condições para atender decentemente toda aquela gente.

O espírito Carla fora submetido a vários tipos de exames e lhe foram apresentados médicos e enfermeiras que acompanhavam seus resultados. Alguns desses exames eram estranhos para ela, apesar de ter sido médica em sua última existência na Terra, ou seja, quando ela era a Dra. Carla, que mais tarde suicidou-se porque não suportou as humilhações pelas quais havia passado. A moça fechou os olhos e tentou relaxar, porém não deixava de pensar: "Deus é muito bom comigo, porque apesar de não merecer a Sua misericórdia pelo ato insano que cometi, Ele me socorreu".

– Minha querida irmã, esqueça o que se passou e prepare-se para trabalhar e conseguir a permissão do Nosso Pai a candidatar-se a uma nova existência com o objetivo de continuar seu aprendizado.

O espírito Carla não abriu os olhos e continuou a pensar: "Parece que alguém está conversando comigo. Estranho. Muito estranho."

– Bom dia, minha irmã!

A moça abriu os olhos e observou em silêncio a figura de uma bela mulher branca, de cabelos longos e louros e olhos azuis que transmitia uma paz indescritível ao seu coração. A mulher, que era um espírito residente daquele hospital espiritual, vestia um uniforme azul com detalhes brancos e mantinha um sorriso permanente refletido no rosto.

– Bom dia – respondeu Carla, ao cumprimento da mulher, que estava em pé, junto à sua cama. – Quem é a senhora?

– Meu nome é Cristina Cris, médica e diretora desta enfermaria – respondeu o espírito. – Seja bem-vinda à nossa colônia espiritual, Dra. Carla.

– Obrigada, diretora – agradeceu Carla. – A senhora pode responder uma pergunta?

– Fique à vontade, querida.

– Como a senhora sabe que sou médica, aliás, que eu era médica enquanto encarnada?

– Você continua sendo médica, pois não perdemos nossa condição intelectual e moral quando desencarnamos, ou melhor, tudo fica arquivado em nossa memória perispiritual. Geralmente, na espiritualidade, usamos a serviço do bem, se for o caso, a nossa última função ou profissão que tivemos antes de voltarmos à pátria espiritual – afirmou a diretora. – Assim que você se recuperar, imediatamente será encaminhada a um setor deste hospital e trabalhará como médica, isto é, se você aceitar.

– Claro que aceito, Dra. Cristina Cris – respondeu, com os olhos brilhando de felicidade, a paciente.

– Minha filha, não pense que é fácil o nosso trabalho, não – advertiu a diretora da enfermaria. – Trabalhamos quase que vinte quatro horas do tempo em vigor no planeta Terra.

– Para ser merecedora do crédito que o meu Deus me concedeu, sou capaz de fazer qualquer coisa pelo próximo, principalmente àquele que estiver necessitado de nossa ajuda.

A diretora Dra. Cristina Cris sorriu, pensou, passou a mão na testa da moça e disse-lhe, enxugando uma lágrima que descia pelo seu bonito rosto:

– Agora estou reconhecendo a minha amiga, a enfermeira Júlia.

Carla arregalou os olhos, sentou-se na cama, ficando de frente para a diretora, surpresa ao ouvir aquele nome, ao mesmo tempo em que se sentia alegre.

– Quem é Júlia, Dra. Cristina Cris? – perguntou a paciente, olhando fixamente o rosto da diretora.

A médica responsável por aquela imensa enfermaria fez silêncio, sorriu e respondeu, segurando a mão da moça:

– Antes de sua existência como Carla, você foi uma enfermeira dedicada ao próximo, sacrificando sua própria vida em prol daqueles que sofreram as agruras de uma grande guerra. Você foi enfermeira, e quando desencarnou passou um breve tempo nesta colônia.

– Aqui?

– Sim. Qual é o espanto?

– Eu já estive nesta colônia? – perguntou a paciente, fazendo um gesto com as mãos, como se quisesse abraçar todo aquele espaço onde ficava a colônia.

– Sim. Foi daqui que você novamente retornou para a Terra, para reencarnar como Carla. Agora descanse, depois conversaremos.

– Mas...

Carla notou que a mulher havia desaparecido repentinamente, deixando no ar um suave olor de perfume, que jamais havia sentido.

"Quem será essa mulher? Será que já a conheço?", pensava a Dra. Carla, deitando-se.

No dia seguinte uma enfermeira muito simpática e alegre aproximou-se da paciente, tomou nota de alguma coisa, fez um pequeno exame de rotina e após sorrir, disse:

– Minha irmã, está liberada para passear no jardim. Porém, não se esqueça de manter-se em prece, para não deixar que nada perturbe seu tratamento, porque em breve a nossa diretora voltará a falar com você.

– Quer dizer que posso deixar a enfermaria e passear pelo belo jardim que observo daqui?

– Sim, mas cuidado.

Depois de alguns minutos, o espírito Carla encontrava-se andando pelos graciosos caminhos ladeados por flores, bancos, fontes, pequenas árvores floridas, pássaros que gorjeavam e um grande número de pessoas, possivelmente pacientes em convalescença que receberam autorização para aspirar o ar puro daquela hora da manhã, juntamente com os raios solares, vivificando e tonificando a alma. O jardim era imenso e localizava-se no centro de várias edificações, ou seja, essa área de lazer ficava protegida pelos próprios edifícios que formavam um círculo.

Carla sentou-se num banco, cruzou as pernas e ficou observando aquela gente passear. Olhou para o céu e notou que não tinha nuvens, tornando-o mais azul do que o céu que era acostumada a ver. De repente aproximou-se um senhor com uma idade variando entre os sessenta e setenta anos, mesmo não aparentando, pois suas feições eram de um jovem.

– Bom dia!

A moça fitou o homem e com um sorriso cumprimentou-o também. Em seguida afastou-se um pouco e disse:

– O senhor quer se sentar?

– Vou aceitar o seu convite – disse o simpático homem. – Afinal de contas, preciso descansar um pouco.

– O senhor também é convalescente?

O convidado meteu as mãos nos bolsos do avental, pensou, sorriu e fitando-a respondeu-lhe:

– Acho que sou um eterno convalescente. Mas, por enquanto, sou o zelador da enfermaria onde você está se recuperando.

"Acho que conheço esse senhor. Mas de onde, meu Deus?", pensava Carla, olhando de soslaio, desconfiada com aquele homem. Ela permaneceu em silêncio, tentando descobrir de onde conhecia o zelador. "Acho que deve ser da enfermaria... Quem sabe!"

– Sabe de uma coisa, Dra. Carla? Hoje recebemos em nossa colônia uma pessoa muito cara ao meu coração, que deixou a Terra e veio diretamente para cá. Todavia, essa pessoa continua se recuperando do estado de perturbação no qual todos nós ficamos quando desencarnamos, ou melhor, aqueles que ainda são imperfeitos.

Carla ergueu-se, encarando o homem com ar grave. Arqueando as sobrancelhas, num gesto gracioso, pôs as mãos na cintura e perguntou-lhe:

– Quem é essa pessoa tão cara ao seu coração?

– Meu filho – respondeu o zelador com orgulho na voz, e, também se erguendo, passou a mão nos olhos. – Meu querido filho Hugo.

– Hugo! – Carla repetiu espantada com o nome. – Conheço esse nome.

– Ele veio reunir-se a nós, inclusive à minha esposa, que também já está aqui, trabalhando em outra enfermaria.

– Qual é o nome de sua esposa?

O homem riu, deu alguns passos em direção a um roseiral vermelho e branco, pensou e respondeu-lhe, voltando-se e parando em frente à moça:

– Iolanda, mãe do meu filho Hugo.

– Posso saber o nome do senhor?

– Pode. Sou conhecido como Albert, aliás, este foi o nome que recebi em minha última existência na Terra – respondeu o homem, baixando a cabeça.

– Albert!

– Sim.

– O Dr. Albert, pai do Dr. Hugo?

O homem anuiu com a cabeça, mantendo-se em silêncio e olhando para uma rosa que parecia hipnotizá-lo.

– O senhor sabe quem sou eu?

– A Dra. Carla, ex-noiva de meu filho Hugo, enquanto encarnados.

A moça passou a mão na testa, afastou os cabelos castanhos que lhe caíam sobre o rosto e sentou-se. Sentiu o coração disparar com rapidez e pensou: "Vou terminar passando mal".

Albert aproximou-se, pôs a mão no seu ombro e com carinho começou a falar, fitando o céu.

– Até que enfim, Carla, que novamente nos encontramos.

A moça passava a mão no rosto, enxugando as lágrimas que teimavam em descer pelo seu lindo rosto.

– Eu desconfiava que fosse você, mas não sei o porquê, pois senti uma emoção tão grande quando o vi aproximando-se – disse a moça, segurando a mão do homem e apertando-a. Depois a beijou, enquanto pensava: "Como sofri...".

– Eu também sofri, mas ninguém sabia quem éramos nós.

– Você ouviu meus pensamentos?

– Carla, não se esqueça de que estamos no mundo espiritual e que, dependendo da elevação de cada espírito, a nossa linguagem é outra, completamente diferente daquela que usamos quando estamos encarnados.

– Como está o Hugo?

– Muito bem. Você sabe que o nosso Hugo é um espírito muito mais adiantado do que nós e que sempre tem nos ajudado – respondeu Albert, com o olhar perdido em algo, talvez em alguma lembrança que ficou bem atrás no tempo.

Ambos ficaram em silêncio, enquanto refletiam.

– Como está a Viviane?

– Ela também já está nesta colônia, porém num posto administrativo em destaque e tornou-se alguém de confiança do Coordenador Geral da Colônia Espiritual.

A moça baixou a cabeça. De repente ela ouviu alguém falar com voz calma e doce, demonstrando que era um espírito elevado. Ergueu a cabeça e deparou-se com um espírito iluminado, que sorria e perguntava:

– Estou atrapalhando-os?

– Não, senhor. É um prazer receber sua visita – apressou-se Albert em responder.

– Como está a minha querida irmã?

– Muito bem, senhor – respondeu a moça.

– Antes que você pergunte quem sou eu, adianto-me e pergunto-lhe: não me reconhece?

– Acho que já o conheço, mas não me recordo de onde.

O espírito sorriu e olhou para Albert, que imediatamente apresentou-o à médica:

– Este senhor é o Domingos, que lutou dia e noite para nos ajudar em nossa última existência.

Num ímpeto conduzido pelo coração, a moça tomou a mão do homem e a beijou.

– Desculpe-me, senhor, não tê-lo reconhecido.

– Não há do que se desculpar, Carla – disse o espírito Domingos. – Não beije mais a minha mão, pois se existe um Ser a quem devemos render homenagens dignas de um rei, é o nosso Pai Amantíssimo – Deus.

– Carla, o irmão Domingos é o Coordenador Geral da Colônia Espiritual.

Novamente Carla quis manifestar seu respeito ao elevado espírito, porém notou o olhar de Domingos e baixou a cabeça, dizendo:

– Desculpe-me, senhor.

Domingos sorriu e como se fosse mágica apareceu em sua mão uma rosa branca, que colocou no cabelo da moça, enquanto comentava, como se estivesse falando consigo:

– Obrigado, meu Deus!

Carla estava de cabeça baixa, e quando a ergueu para agradecer ao espírito, ele não estava mais ali.

Silêncio.

Albert segurou a mão da moça, beijou-lhe a testa e disse, como se estivesse despedindo-se:

– Volto ao meu trabalho. Mas teremos tempo para pôr muita coisa em ordem.

– Fique mais um pouco, Albert – pediu a moça, segurando a mão daquele homem. – Passamos tanto tempo longe que precisamos sentar para conversar sobre vários assuntos que pedem explicações.

O homem riu, respirou profundamente, olhou novamente o belo jardim e disse para si:

– Senhor, tenho muito medo.

– Do que você está falando, Albert?

– Tenho medo.

– De que?

– De fracassar novamente, como sempre fracassei.

– Mas...

Albert pôs um dedo em sua boca, evitando que ela continuasse a falar. Despediu-se dizendo:

– Temos tempo. Muito tempo.

Capítulo XVIII

Colônia Espiritual Caminho da Redenção

Dentre os vários prédios que faziam parte da Colônia Espiritual Caminho da Redenção, que tinha a missão de amparar as criaturas que desencarnavam necessitando de orientação e tratamento adequado, principalmente informações sobre a vida espiritual e corporal, havia um que era a sede da Coordenação Geral da Colônia. Nesse prédio se observavam várias salas, salões, corredores, quartos e outros cômodos que serviam exclusivamente para resolver problemas específicos. Várias salas eram equipadas com instrumentos ainda desconhecidos na Terra, com a finalidade de se fazer exames avançados e de difícil complexidade em alguns pacientes, com o objetivo de verificar problemas que o hospital não conseguia resolver. Essas salas eram consultórios, gabinetes, lugares adequados a tratamento intensivo e outros, dirigidos por verdadeiros especialistas competentes em vários assuntos de raro entendimento existencial. O coordenador geral da Colônia era assessorado por obreiros profissionais em áreas específicas, entre eles médicos, enfermeiras, psicólogos, especialistas em energias fluídicas e encarnações, recuperação de espíritos que vivem longo tempo nas zonas umbralinas e seguranças especializados contra as investidas dos espíritos obsessores que tentam diariamente perturbar o tratamento de seus desafetos. Quando necessário, o salão transformava-se em auditório, equipado com vários aparelhos semelhantes a TV's de plasma, porém mais adiantados tecnologicamente, e outros equipamentos impossíveis de serem descritos.

O coordenador Domingos estava conferindo alguns documentos que estavam sobre a sua mesa quando alguém pediu licença para entrar. Ele ergueu o olhar e viu um homem jovem, louro e com olhos azuis, cumprimentá-lo com um sorriso estampado no rosto simpático e depois avisá-lo:

– Domingos, o pessoal da reunião já está no auditório, esperando-o.

O Coordenador fechou os olhos, anuiu com um gesto de cabeça, depois fitou o rapaz e disse:

– Dentro de alguns minutos estarei lá.

O rapaz afastou-se atravessando longos corredores, em direção ao salão, que também servia de auditório.

Após dez minutos, o coordenador estava em pé, atrás de uma mesa, olhando em silêncio o pessoal presente com um sorriso simpático, talvez tentando memorizar as feições de cada um, para que pudesse iniciar sua preleção prevista para aquele horário.

O pessoal sentado nas confortáveis cadeiras estava em silêncio, fitando as feições do Coordenador e cada um pensando o que aquele espírito havia para conversar com eles sobre o assunto que gerou aquela reunião.

Dentre esse pessoal que iria participar da reunião encontrava-se uma bela mulher de feições e olhar doce, sentada próxima à mesa na qual se encontrava o Coordenador – era Amanda, a Governadora Espiritual da Colônia, que sem se intrometer nas funções de seu coordenador, assistia por força da função aquela importante reunião.

Domingos fechou os olhos e começou a fazer uma prece. Ao terminar a prece o espírito notou que o pessoal presente no auditório estava em pé, em sinal de respeito ao momento, que mais parecia uma solenidade. Ele sentou-se, olhou para a Governadora e recebeu um sinal positivo com um gesto de cabeça. Começou a falar com voz calma, porém firme, demonstrando uma humildade que conduzia paz aos corações das pessoas presentes, enquanto relanceava o olhar por um documento que estava em sua frente.

– Caríssimo irmãos em Jesus, seremos breve em relação ao assunto que nos conduziu a realizar esta pequena reunião – disse ele, com voz pausada, correndo o olhar em todos os presentes.

O silêncio era tão grande que incomodava, principalmente quando era cortado por suspiros e a respiração ofegante dos espíritos presentes, dando a entender que o assunto em pauta era mais sério do que se pensava.

– Tenho uma relação dos nomes daqueles que estão no auditório, acompanhados de um pequeno histórico de sua última existência na Terra. Inclusive, os nomes em questão são os de suas encarnações anteriores – informou o coordenador, pondo um fim naquele silêncio, que já estava deixando o pessoal inquieto. – Vou ler a relação e à proporção que ouvirem seus nomes, por favor, ergam a mão direita, confirmando se o que foi lido está correto.

O coordenador respirou profundamente, segurou a relação com a mão direita e começou a ler os tais nomes, como se estivesse conferindo os alunos de uma classe.

À medida que o espírito Domingos lia os nomes que estavam na relação, acompanhados de um pequeno histórico, a pessoa chamada erguia a mão direita, confirmando o que foi lido.

Após um tempo, o coordenador terminou de ler a tal relação. Ergueu o olhar, fitou o auditório e perguntou:

– Alguém quer fazer alguma objeção?

– Sim, Domingos – respondeu alguém que se encontrava sentado nas últimas cadeiras do auditório.

– Fique à vontade, meu irmão – disse Domingos.

– Por que o seu nome consta nessa relação? – perguntou a pessoa, erguendo-se em respeito ao coordenador e aos amigos.

O coordenador baixou a cabeça, fez silêncio, respirou e tomou um líquido que estava num copo ao seu lado e respondeu:

– Porque eu também estou me candidatando a uma reencarnação.

Houve um suspiro de surpresa emitido por todos ao mesmo tempo, como se estivessem treinados.

“Não posso acreditar que o coordenador geral da Colônia também precise reencarnar como nós, pobres espíritos imperfeitos”, pensou um dos presentes.

– Estou há mais de duzentos anos nesta Colônia. Um dia fui promovido ao cargo que ora estou exercendo – respondeu o espírito como se tivesse ouvido a pessoa que pensou. – Durante esse tempo solicitei permissão ao Pai, a Jesus e ao Governador de nossa colônia espiritual para ressarcir uma dívida que contraí há muito tempo, no planeta Terra, e me foi concedido tentar resgatá-la através de uma reencarnação quando tivesse a certeza absoluta de que não falharia.

Silêncio.

– Ora, meu caro Coordenador, se você passou todo esse tempo para decidir resgatar essa dívida, imaginemos nós, os imperfeitos – comentou o espírito Albert, que em sua última encarnação havia sido um mega empresário, descendente de família tradicional européia.

– Meu caro Albert, você está completamente enganado em relação à situação de evolução de cada um dos filhos do Senhor – disse com voz calma, o Coordenador. – Não se mede as condições evolutivas do espírito imortal pelas funções que ele exerce no mundo corporal ou espiritual.

O Coordenador ingeriu um pouco do líquido, pensou e continuou sua explicação:

– Tantas pessoas exercem funções, cargos simples e até mesmo humildes aqui e no mundo corporal e são espíritos mais adiantados do que aqueles que exercem funções importantes ou até mesmo poderes absolutos, principalmente nos mundos inferiores.

– Não entendi, Domingos. Por favor, repita – pediu o espírito Hugo, que havia sido médico, diretor de clínica e nascido numa família tradicionalmente influente, como filho do mega empresário Albert.

– Hugo, hoje você exerce a função de meu secretário no mundo espiritual, porém isso não quer dizer que é mais adiantado espiritualmente do que os demais – respondeu o espírito Coordenador. – Somente nesta Colônia há milhares de espíritos que poderiam exercer a sua atual função, porém preferem ser simples zelador, porque aqui também é válida a lei de causa e efeito.

– Então, por que fui nomeado seu secretário?

O Coordenador riu como se estivesse a conversar com uma criança e respondeu:

– Ora, porque você já vem desenvolvendo a função de médico em várias existências, principalmente em algumas que tivemos em comum, sofrendo derrotas, mas também conseguindo vitórias importantes ao nosso aprendizado. O secretário de qualquer instituição tem que entender o que faz, e você, como já exerceu várias funções na área de saúde aqui, e nos mundos corporais, não sente nenhuma dificuldade em compreender e resolver o sofrimento de nossos irmãos doentes, seja da alma como do corpo.

– Então, quem nunca foi médico não pode exercer essas funções no mundo espiritual?

– Exato. Todavia, é difícil alguém que passe por esta colônia ainda não ter exercido as funções na área de saúde. Portanto, aqui todos são capazes de exercerem essa ou qualquer função, porque todos em algum tempo já foram médicos, cientistas, enfermeiros, psicólogos, empresários, administradores, funcionários, comerciários, poetas, pintores, escritores, compositores, entre outras – respondeu o coordenador. – Além disso, todos os presentes estudaram a Doutrina codificada por nosso irmão Allan Kardec, que informa que o aprendizado dos filhos do Senhor, durante milhares de encarnações, se faz em dois sentidos que conduzem o espírito a evoluir em direção ao reino de Deus: moral e intelectual.

O Coordenador pensou e rematou dizendo:

– Quando conseguirmos a perfeição, nós teremos de ter alcançado duas linhas formadas pelo comportamento humano: bondade e sabedoria.

– Por que não existe espírito perfeito sem a bondade e sabedoria, não é isso, coordenador? – perguntou uma mulher jovem, loura e com olhos verdes, de feições enérgicas, porém boas e simpáticas.

– Exatamente, minha irmã Viviane – completou o coordenador. – Em sua última existência você trabalhou administrando as empresas do

Albert e de seu marido Hugo, porque você já conduz arquivado em seu corpo espiritual uma bagagem significativa de vários conhecimentos.

O espírito Domingos ergueu-se, passou a mão nos olhos e disse em voz calma e pausada:

– Bem, meu irmãos, chegou o momento de tratar do assunto agendado para hoje. Neste auditório estão presentes um grupo de espíritos, que apesar de pertencerem a uma determinada parentela espiritual, a maioria reencarnou tendo como parentela corporal seus desafetos com o objetivo de acertarem suas dívidas surgidas ao longo de séculos – dito isso o Coordenador prosseguiu com a reunião.

– Então eu não pertenço ao grupo de parentela espiritual do Albert, pois tenho certeza que na última existência ele não me amava – falou uma senhora muito bonita e elegante.

– Exatamente, Dolores. Você foi esposa do Albert na última existência sem amá-lo e vice-versa, com a missão de ajudá-lo a ser humilde ou que pelo menos dominasse o seu exagerado orgulho.

– Eu posso afirmar que quando desencarnei, por ordem do rei de França, deixando a minha família numa situação precária, foi por que não pertencia ao grupo espiritual familiar de Antoine, o Albert de hoje? – perguntou um rapaz de feições nobres, com os braços cruzados.

– Não, Louis. Você sempre foi da parentela espiritual de Albert – confirmou o Coordenador. – Acontece que vocês disputam poderes desde épocas remotas.

– Licença, Coordenador – pediu uma bonita moça que, até então, não havia se pronunciado. – Tenho reencarnado com Albert em várias situações, pois somos do mesmo grupo espiritual, ou seja, parentela espiritual.

A moça ergueu-se, passou a mão no cabelo e continuou a falar:

– Ora reencarno como filha, filho, amigo, esposa, namorada e agora não entendo por que pedi para reencarnar como namorada do Hugo, que era o filho único do Albert.

– Eu respondo, Domingos – pediu Albert, erguendo a mão.

O Coordenador sorriu, fitou a Governadora, que se mantinha em silêncio, e com um gesto de cabeça anuiu, permitindo que o homem respondesse.

Silêncio.

– Estamos esperando a sua explicação – disse um dos espíritos, inquieto.

– Foi para mim vencer o ciúme e o orgulho que sempre foram os grandes responsáveis pelo meu fracasso em várias reencarnações – respondeu Albert, com ar sério. – A Carla sempre foi o grande amor de minha vida, em todos os tempos, porém não consigo controlar esses defeitos horríveis, principalmente o orgulho,

– Acho que a causa de todos os meus desencarnes foi o Albert, com essa doença dele de tudo querer dominar, com seu famoso orgulho, que até hoje prevalece – comentou Carla, com um sorriso no belo rosto, brincando com ele.

Todos sorriram como se tivessem ouvido uma piada.

– Como filha do duque fui surrada até a morte do corpo físico só porque fui namorada do seu escudeiro preferido, o Jean, o Hugo de hoje. Depois fui enfermeira numa grande guerra, onde o encontrei como um general feroz, que não deixava ninguém vivo à sua volta. Ele tentou me conquistar para o seu divertimento e eu não aceitei, por isso fui vítima de sofrimentos terríveis, mas nunca deixei de amá-lo.

– Um momento, minha irmã Carla – pediu o coordenador. – Sabemos do grande amor de vocês, que ao longo de várias existências tem vencido o tempo, mas ele não é responsável por tudo que você imputa ao Albert.

– Explique-se, por favor, senhor Coordenador.

– Para não perdermos muito tempo, vamos nos reportar apenas à última encarnação de vocês.

Todos os presentes conheciam Carla e Albert, portanto havia um interesse geral em saber o desfecho daquele assunto tão importante para os demais.

– Em sua última existência você se suicidou, mas não foi porque não pôde casar-se com o Hugo, mas sim por orgulho e porque queria atacar de qualquer maneira o pai dele. Assim você encontrou nos refolhos do coração uma maneira de cravar o punhal no peito de Albert, mesmo que atravessasse primeiro o seu.

A moça sentou-se, passou as mãos no rosto e começou a chorar. Depois disse:

– Não sei se vou agüentar essa nova reencarnação que está prevista para mim.

– Você escolheu, minha irmã Carla – disse o Coordenador, com um sorriso estampado no rosto.

Houve um silêncio muito grande, pois todos estavam pensando no que iria acontecer por ocasião de suas encarnações previstas para breve.

O Coordenador fitou a todos e com voz meiga pediu que prestassem atenção ao que iria falar.

– O assunto a tratar nesta reunião era exatamente esse, a respeito da próxima reencarnação daqueles que estão neste auditório – disse o espírito Domingos. – Aqueles de outras parentelas espirituais, que não quiseram se pronunciar, já está decidido o que resolveram fazer em suas próximas encarnações, incluindo aí suas provações, com a permissão de Deus, é claro.

O Coordenador passou a mão na testa, pensou, simulou tomar um pouco do líquido que estava no copo ao seu lado e falou em seguida:

– Quando vim parar nesta colônia, sofri vários anos tentando expurgar os venenos que ficaram acumulados em meu corpo espiritual. Logo depois voltei à Terra e consegui vencer na minha última encarnação, como já informei a todos.

O espírito fez uma pausa e continuou:

– Retornei ao mundo espiritual, novamente acolhido por esta colônia e aqui fiz um novo tratamento, não tão sério, e comecei a trabalhar com afinco, tentando ajudar meus irmãos a se recuperarem. Um dia o Conselho de Jesus me promoveu Coordenador Geral, e já estou neste cargo há mais de setenta anos, mas agora chegou o momento de pagar uma dívida antiga, a fim de depurar-me dos débitos contraídos num passado remoto.

– E o que está lhe faltando, meu amigo? – perguntou Albert, com o seu jeito de quem ainda não havia aprendido a ser humilde.

– Eu sei que vou sofrer bastante, porque a minha dívida é muito maior do que se possa imaginar, portanto não sei se somente a próxima reencarnação será o suficiente para saldar minhas dívidas.

– Você já conseguiu uma elevação que estamos longe de alcançar, não vejo motivo para ficar temeroso – disse Albert, com ar sério.

O espírito Domingos sorriu, fitando o amigo Albert. Em seguida passou o olhar pelo povo que estava no auditório e parou em Hugo, depois em Carla e comentou como se estivesse falando consigo:

– Se Deus permitisse, eu queria escolher minha mãe nesta próxima reencarnação.

Os espíritos respiraram tensos, ansiosos para saber de quem Domingos estava falando.

– Diga logo, Domingos. Você queria ser filho de quem?

O espírito passou a mão novamente no rosto, como se estivesse nervoso e balbuciou:

– Filho de Carla.

– Eu?

– Sim, pois você tem toda a estrutura para ser a minha mãe, no sentido de me ajudar a vencer.

– Em que você se baseia? – indagou a bela moça.

– No sofrimento que passou em sua última reencarnação, porque você deve ter aprendido o verdadeiro valor de uma existência concedida por Deus – respondeu Domingos com muito cuidado, para não ofender a moça. – Você suicidou-se, levando consigo um irmão que viria ao mundo, ou seja, abortou um de nós, portanto tenho quase certeza que nos uniríamos na próxima encarnação com o objetivo de vencermos nossos resgates.

A moça pensou, passou as mãos nos cabelos, arrumando-os, depois fitou o coordenador e disse:

– Que seja feita a vontade de Deus.

Domingos baixou a cabeça e começou a chorar muito emocionado.

Albert e Carla ergueram-se e foram até a mesa. Abraçaram o elevado espírito, dando-lhe parabéns e desejando-lhe êxito.

Carla fitou o seu próximo filho com carinho e deixou transparecer que queria fazer uma pergunta:

– Faça a pergunta Carla, estou à sua disposição.

– Quem foi você em sua última reencarnação, na qual conseguiu recuperar suas dívidas e voltar à colônia em estado espiritualmente adiantado?

– Fui sacerdote – respondeu o Coordenador, após pensar.

– E o espírito que abortei por ocasião do meu suicídio?

O Coordenador olhou para Hugo, que estava próximo de Viviane.

– Não se preocupe com isso, pois eles receberam o espírito que você abortou – respondeu Domingos, apontando para Hugo e Viviane. – Ele já está voltando para a pátria espiritual com uma bela ficha de serviço. Ele chama-se Albert Júnior.

Carla baixou a cabeça, porém Albert passou a mão em seus cabelos e disse:

– Não esmoreça.

– Veja quem fala, logo o causador de tudo isso – disse Carla com um lindo sorriso, encostando-se em Albert.

O Coordenador olhou para o lugar onde se encontrava Amanda, a Governadora da Colônia Espiritual Caminho da Redenção, e, num gesto discreto, pediu permissão para encerrar a reunião, recebendo um sinal afirmativo, acompanhado de um belo sorriso da veneranda mulher.

– A reunião está encerrada. Preparem-se, pois em breve todos estarão no mundo visível. Obrigado – disse o Coordenador Geral da Colônia, retirando-se do auditório.

Agora, o caro leitor começa a entender a história que ora narramos. Assim, fica a cargo do raciocínio dos amigos que estão lendo esta obra, complemento do livro **VINGANÇA ALÉM DO TÚMULO**, a descoberta da reencarnação dos personagens das duas obras.

Capítulo XIX
Sabrina

Era início de noite quando Sabrina abriu a porta de sua casa. Antes de entrar e atravessar a sala em direção ao pequeno quarto onde dormia, dividindo o espaço com sua mãe, parou na soleira e ficou olhando para o homem que estava sentado numa velha cadeira, escrevendo num caderno novo que havia comprado. A bela mulher ficou em silêncio, enquanto o homem erguia o olhar e fitou também Sabrina, perguntando com um sorriso:

– O que houve Sabrina? Aconteceu alguma coisa?

– Não sei. Não sei mesmo – repetiu a moça esfregando as mãos, numa atitude de quem havia sido flagrada com algo proibido, desconhecido até por ela mesma.

O homem espreguiçou-se, pôs a caneta sobre a mesa e falou em voz alta para se fazer ouvir, pois a moça já havia entrado para o seu quarto:

– Estou voltando a estudar.

– Papagaio velho não aprende a falar – gritou a moça, saindo do quarto e encaminhando-se ao minúsculo banheiro. – Vou jogar um pouco d'água no corpo, porque daqui a pouco voltarei ao hospital.

– Acho que você tem razão, está difícil de compreender este livro de matemática – disse o homem, pensativo. – Como está passando o Alex?

– Não sei não, seu Alberto. Não estou com a menor confiança no tratamento pelo qual ele está passando.

– Vou com você – disse o homem, erguendo-se.

– Não precisa, seu Alberto – disse a moça com voz entrecortada, não se sabe se pela água que caía sobre o corpo ou se estava chorando. – Amanhã você tem que se levantar cedo.

– Não importa. Já decidi; vou passar a noite no hospital com o meu neto e amanhã cedo, de lá mesmo, irei para o trabalho.

– Você é quem sabe – disse Sabrina, saindo do banho com uma toalha velha envolta no corpo, caminhando rápido e nas pontas dos pés em direção ao seu quarto.

Alberto ergueu-se, caminhou até a porta, olhou o tempo e viu a lua subindo lentamente no horizonte, aos poucos tentando vencer a luta contra o rei sol, a fim de iluminar a Terra, com sua luz fria e romântica. "A lua está bonita", pensou Alberto. Com as mãos nos bolsos de uma calça velha, porém limpa, deixou a porta e se sentou novamente, agora no caixote que servia de banco, e cruzou as pernas, enquanto dava asas aos seus pensamentos: "O que está acontecendo comigo, meu Deus?, perguntava-se. Perdi minha família e em vez de sofrer sinto-me conformado com esta vida que levo, principalmente quando estou perto da Sabrina", continuou a pensar o avô do Alexandre.

– Seu Alberto, você quer algo para jantar? – perguntou Sabrina em voz alta, do quarto onde estava se vestindo.

– Obrigado. Já jantei na casa do patrão.

Alberto estava pensando, olhando para o piso de cimento queimado, quando de repente Sabrina apareceu na sala sorrindo e perguntou-lhe de surpresa:

– Como ficou esta roupa em mim, seu Alberto?

A moça havia comprado uma roupa nova, composta de um conjunto de blusa e saia, que apesar de simples e barata lhe caía muito bem, porque ela era elegante de qualquer maneira. O homem não respondeu imediatamente a pergunta dela, disfarçou muito bem sua surpresa e depois comentou:

– Você está linda.

– É verdade o que o senhor disse? – perguntou a moça com a mão na cintura, com ar de quem estava contente com o elogio do avô de seu filho.

– Claro. Nunca vi alguém mais bonita nesta vida do que você, Sabrina.

Sabrina prestou atenção no seu hóspede e notou que ele estava com uma ótima aparência e com um brilho diferente no olhar, denotando otimismo, o que o tornava atraente e carismático.

– Cuidado, seu Alberto. Não tenho namorado e o seu neto não iria gostar de ouvir galanteios do próprio avô à sua mãe – disse a moça, fazendo um gesto com as mãos e rindo com a cara de vergonha que Alberto havia apresentado.

Alberto sentiu o sangue fugir do rosto e desejou esconder-se não se sabe onde. Simulou que tossia e sem saber o que dizer naquele momento crítico, aproveitou a situação e com o rosto sério perguntou:

– Está pronta para irmos ao hospital?

A moça aproximou-se do homem e parou defronte a ele. Sentiu o coração pular dentro do peito, suas mãos ficaram geladas e úmidas, passou-as na saia, fitou o chão, procurando algo que não existia e pensou: "Que coisa estranha! O que será que está acontecendo comigo? Acho que é o cansaço das noites que não consigo dormir, vigiando o sono do meu filho".

– Já, seu Alberto. Vamos? – convidou ela, dirigindo-se à porta e sacudindo a cabeça, como se quisesse espantar algo.

Após uma hora ambos estavam na Unidade de Saúde Infantil da Fundação do Dr. Fernando, em volta da cama de Alexandre, que apesar de muito debilitado demonstrou em seu semblante que estava feliz com a presença da mãe e do avô.

Sabrina notou que o filho estava febril e que suava muito, porém nada podia fazer, pois sabia que ele piorava a cada dia. A Dra. Janine havia informado que Alexandre sentia dores terríveis, causadas pela metástase da doença, porém o próprio menino suplicava que não lhe aplicassem qualquer tipo de medicamento para aliviar suas dores, pois achava que não adiantava desperdiçar aquilo que poderia servir para a cura de outras pessoas.

Conceição voltou para sua residência, assim que fora substituída pela filha e o avô do garoto.

– Cuidado com o Alex, pessoal – recomendou antes de ir para casa, com os olhos cheios de lágrimas, numa demonstração clara de que havia perdido qualquer esperança em ver o neto sarar daquela doença, que ainda era um perigo para a humanidade.

– Vovô!

– Sim, meu filho – disse Alberto, passando a mão no rosto e fazendo o possível para o garoto não notar que estava enxugando uma lágrima rebelde. – Pode falar, estou ouvindo-o.

– Tive um sonho.

Sabrina aproximou-se mais da cama e, enxugando o rosto do filho, curiosa para saber o que ele havia sonhado, trocou um olhar de cumplicidade rápido com Alberto e ficou em silêncio, com o coração batendo acelerado no peito.

– Posso saber o que você sonhou, Alex? – perguntou o avô, com um sorriso no rosto, tentando demonstrar que estava tudo bem.

– Sonhei que estava num grande salão, conversando com várias pessoas – respondeu o paciente. – Fiquei surpreso porque ao acordar lembrei-me de que as pessoas que vi no sonho eram parecidas com meus parentes e amigos.

Sabrina sentiu um aperto de mão e correspondeu encarando os olhos azuis do avô do seu filho.

– Meu filho, você está muito cansado e precisa descansar – disse a moça, tentando disfarçar as lágrimas que teimavam em escorrer pela sua face. – Tente dormir um pouco.

– Vi a minha avó, o meu avô, a minha mãe e...

– Alex, depois você conta esse sonho. Agora, por favor, siga as orientações de sua mãe – pediu o avô, que estava emocionado com a narração do sonho do neto.

– Deixe-me terminar de contar o sonho, por favor?

Alberto notou que a mão de Sabrina, que continuava segurando, estava gelada. Então, olhando para Alex, segurou também a mão dele e disse:

– Continue a contar o seu sonho.

– Vi o Dr. Fernando... Ah, vovô, ele parecia o meu secretário, pois eu falava e ele anotava tudo – disse o menino com dificuldade na voz. – Parecia que todos estavam reunidos para decidir algo muito importante.

Silêncio.

Alexandre fechou os olhos por algum tempo e depois, sem abri-los, continuou a narrar o sonho.

– A Dra. Janine era minha amiga – disse ele.

Alberto ergueu-se e quando se retirava do quarto, talvez para respirar um pouco de ar e se acalmar, o menino o chamou de surpresa:

– Vovô!

Alberto voltou, fitou o neto, depois se sentou e disse, passando as mãos ao longo do corpo do neto:

– Alexandre, você precisa descansar.

– Vou lhe fazer um pedido.

O avô olhou disfarçado para Sabrina, que continuava a enxugar o rosto do filho, e falou:

– Faça o pedido, meu filho.

Esforçando-se, o menino ergueu a mão esquelética e pálida, fez um carinho no braço da mãe e começou a falar em voz baixa:

– Cuide do Dr. Fernando. Ele está sofrendo mais do que todos nós juntos.

Alberto abriu a boca, porém nada disse, pois notou o olhar do neto pedindo que não o interrompesse.

Sabrina também quis falar, mas não teve coragem para pedir ao filho que parasse, pois isso não lhe fazia bem.

– Vocês são amigos e ele adora o senhor – disse o menino, sorrindo e olhando para a parede em frente da cama, como se estivesse vendo alguém. – A provação dele é maior do que a minha.

– Do que você está falando, Alexandre? – perguntou Alberto, com o olhar espantado. – Que provação é essa a que você está se referindo?

O doente apertou com carinho o braço da mãe, como se estivesse sentindo dores atrozes, e com um sorriso que mais parecia um ricto respondeu:

– O senhor conhece a minha amiga Maria do Carmo?

– Conheço.

– Pois ela é espírita – disse o menino. – É ela que me conta coisas que sua religião explica num livro que ela denomina de "O Livro dos Espíritos".

– O que você quer dizer com provação? – perguntou o avô, curioso e surpreso com aquele assunto, abordado pelo neto.

– Ora, vovô! Os espíritas dizem que nós somos imortais e que cada existência nossa, que eles chamam de reencarnação, serve para provar, expiar e aprender a progredir espiritualmente – respondeu o neto, com voz entrecortada pela dor e falta de ar. – Portanto, sinto que a provação, ou seja, o sofrimento do Dr. Fernando é maior do que a minha, que peno porque contraí essa doença, que vai me levar de volta ao mundo descrito pela Maria do Carmo.

"Não consigo acreditar nessas coisas", pensava o avô, fitando o neto, em silêncio.

– Diz a religião espírita que sempre estamos aprendendo com a finalidade de podermos caminhar para Deus – continuou a explicar Alex. – Acho que é verdade.

Alberto e Sabrina entreolharam-se, como se estivessem conversando através de uma linguagem muda, e não interroperam Alexandre, que fazia um esforço muito grande para continuar falando.

– Mãe!

– Sim, meu filho.

– Se não estou enganado, parece-me que o meu nome era Domingos na reunião em que eu participava no sonho. Engraçado, não é? Logo Domingos, um nome que sempre gostei.

– Meu filho, por que você acha engraçado isso? – perguntou o avô, demonstrando inquietação e ao mesmo tempo certa curiosidade no assunto.

– Porque tudo indicava, e se não estou enganado, eu era alguém que parecia ser uma espécie de diretor ou coisa parecida.

– E por que você diz que o Dr. Fernando, um homem rico e influente, gosta muito de mim? – perguntou o avô, cruzando os braços num gesto orgulhoso.

– Não sei, mas que eu tenho certeza do que estou dizendo, isso é verdade.

Silêncio.

Neste momento o Dr. Almeida e a Dra. Janine entraram no quarto e, como de costume, aproximaram-se do paciente, cumprimentaram Sabrina e Alberto.

O Dr. Almeida verificou o soro ministrado ao menino via endovenosa, enquanto a Dra. Janine tentava brincar com o menino, passando as mãos em sua cabeça.

– Como vai esse rapaz? – perguntou a moça, com voz insegura, tentando ao máximo passar para o paciente e seus familiares otimismo e uma confiança que estava longe de sentir.

– Muito bem – respondeu Alexandre, surpreendendo a todos com aquela resposta.

A médica olhou rápido para o seu chefe, que não perdia nenhum detalhe da conversa, e ficou em silêncio por alguns segundos.

Num gesto decidido, o Dr. Almeida sentou-ser ao lado de Alexandre e perguntou, fitando os seus olhos:

– Alexandre, você sabe a sua real situação em relação a essa doença?

O menino olhou para o avô, que estava em pé, depois fixou a mãe, que também estava em pé junto a Alberto, e respondeu fitando os médicos:

– Claro que sei, doutor.

Houve um silêncio incômodo entre os presentes, deixando os médicos inquietos.

– Então chegou o momento de explicar aos seus familiares alguns detalhes julgados importantes, do ponto de vista médico – disse o médico, com firmeza na voz.

Num gesto instintivo, Sabrina abraçou Alberto, enxugando as lágrimas que inundavam seu rosto, e perguntou-lhe em voz baixa:

– E agora, seu Alberto?

– Vamos ouvir o que os médicos têm a informar – respondeu o avô do paciente, sussurrando no ouvido da moça.

– Ainda tenho muito tempo de vida neste abençoado planeta?

Os médicos se entreolharam, surpresos com aquela pergunta, pois não estavam entendendo absolutamente mais nada.

– Que planeta é esse ao qual você está se referindo, Alexandre? – perguntou o Dr. Almeida, com os olhos fixos no menino.

– Ora, o planeta Terra, pois...

– Continue, Alexandre.

– Agora me recordo. Fui eu que pedi para voltar a este bendito mundo.

– Você está falando exatamente de que, meu amigo? – perguntou o médico, totalmente confuso.

O Dr. Almeida sentiu uma pressão no braço e notou que era a Dra. Janine, que pedia autorização para intervir na conversa.

A médica continuou fazendo um carinho no garoto, mas não demonstrava nenhuma pena. Parecia que estava contente com aquela conversa.

– Pessoal, o Alexandre está se referindo a este mundo como o mundo corporal que todos nós encarnamos, com o objetivo de pagar ou provar algo e, com isso, progredir na escala espiritual – comentou a moça, com um sorriso nos lábios. – Em breve, o nosso Alexandre voltará ao mundo de onde veio, ou seja, o mundo invisível ou espiritual. Sendo assim, não devemos ficar com medo de nada, porque a morte não existe, assim diz uma Doutrina codificada por um cidadão conhecido como Allan Kardec.

A moça respirou profundamente e prosseguiu:

– Sei que vocês não estão entendendo o que digo, porque falo em uma Doutrina que prega a imortalidade do espírito e, principalmente, porque sou uma médica, uma mulher da ciência.

Ninguém naquele momento ousou interromper a linda e simpática médica, que cuidava daquele garoto doente.

– Sou espírita, portanto conheço os dois lados da moeda: da ciência e da religião. Estudo bastante essa Doutrina e o meu raciocínio lógico me diz que esse cidadão que codificou a Doutrina Espírita tem razão.

A moça baixou a cabeça, como se estivesse a fazer uma prece, depois a ergueu e disse, como se fosse uma ordem:

– Agora nós iremos deixar o Alexandre descansar e depois voltaremos a conversar sobre esse assunto.

– Mas... – quis falar o Dr. Almeida, porém ele encontrou o olhar da médica e desistiu.

– Seu Alexandre, agora você vai descansar. E isto é uma ordem de sua médica e amiga, entendeu?

O menino sorriu e fechou os olhos, como se suas dores tivessem desaparecido.

Capítulo XX
Eduardo e os traficantes

Era quase meia noite. Fernando trabalhava até aquela hora em seu escritório residencial. Ele tirou os óculos, passou a mão no rosto, ergueu-se e foi até uma garrafa térmica, pondo café numa xícara, acompanhado de uma gota de adoçante. Em seguida sentou-se numa confortável poltrona, cruzou as pernas e ficou a pensar nos negócios e na família, principalmente no filho Eduardo. "Por onde anda esse rapaz, meu Deus?", perguntou-se. Após tomar o café o empresário falou em voz baixa, como se estivesse conversando consigo:

– Vou tentar dormir um pouco. Amanhã tenho várias reuniões de negócios.

Mas antes que deixasse o escritório ouviu alguém bater na porta. "Quem será?", pensou.

– Entre!

A porta abriu-se e Pedro, chefe de seus seguranças, pediu licença e com muita cautela, com receio de incomodar o chefe, entrou.

Fernando ergueu os olhos, fitou o homem e esperou em silêncio ele dizer o que queria àquela hora da noite.

– Patrão, um carro parou em frente da casa e jogaram um homem na calçada.

Fernando deu um salto do sofá, aproximou-se do segurança, segurou em seus braços e perguntou:

– Você sabe quem é esse homem?

– O Dr. Eduardo – respondeu Pedro, com um gesto de desalento. – Já o recolhemos e o conduzimos para o quarto dele.

– Ele está morto? – perguntou o empresário, caminhando a passos rápidos em direção ao quarto do filho, pensando no pior.

– Não, porém está bastante ferido.

– O que? Ferido?

– Ferimentos provocados por uma surra.

O empresário, que até então caminhava apressado, começou a correr pelos corredores da mansão. Ao abrir a porta do quarto do filho notou que a sua enfermeira particular estava fazendo uma assepsia no rapaz, que parecia desacordado.

Sem saber o que fazer naquele momento, Fernando limitou-se a ficar observando o estado do filho, o que lhe causava uma mistura de piedade e ódio do mundo, de si, da fraqueza do Eduardo e, principalmente, do traficante que fizera aquilo, pois sabia perfeitamente que fora o mesmo bandido informado por seu detetive particular que mandou conduzir o filho até a sua casa, após surrá-lo, quase até à morte, com o propósito de passar uma mensagem ameaçadora.

O homem que estava deitado naquela luxuosa cama não parecia nem de longe Eduardo, filho de um empresário rico e poderoso. Era um trapo, acabado pelo vício em drogas pesadas.

"Não posso acreditar no que vejo, assim como não sei o que pensar neste momento. Minha vontade divide-se em ver o meu filho se curar definitivamente e mandar acabar com a vida daquele bandido e toda sua geração", pensava o pai encostado numa parede perto da cama.

Eduardo estava sujo, com os cabelos grandes e desgrenhados, a roupa suja e de péssima qualidade, os pés descalços e imundos, macérrimo e pálido. A enfermeira limpava o sangue coagulado ao redor do nariz dele. Notou que o rapaz tremia e tinha espasmos. Estava com vários hematomas espalhados por todo o corpo, principalmente no rosto, quase desfigurado, porém ainda estava vivo.

"E agora, meu Deus? O que devo fazer?", perguntou-se intimamente, enquanto olhava de vez em quando para o seu segurança de confiança. Caminhou pelo amplo quarto, com as mãos na cintura, fazendo gestos com a cabeça, como se os gestos estivessem acompanhando os pensamentos, dor ou sentimentos desencontrados naquele momento crucial de sua vida.

Fernando aproximou-se do rapaz, segurou sua mão e nada falou, pois não adiantaria, porque o mesmo estava desacordado.

A enfermeira fitou o patrão num olhar de quem perguntava o que fazer e recebeu imediatamente a resposta:

– Mande chamar a Dra. Janine, urgente.

– É melhor levá-lo ao hospital, doutor – aconselhou a enfermeira particular do empresário.

– A Dra. Janine sabe perfeitamente o que fazer, Luzia – rebateu o empresário imediatamente, com voz firme. – Novamente o Eduardo vai se safar de mais uma. O meu problema é outro, entendeu?

A mulher baixou a cabeça, enquanto um dos empregados que estava junto à enfermeira foi ao telefone do quarto de Eduardo e fez uma ligação para a Dra. Janine.

– A médica já está vindo para cá – informou o empregado que havia telefonado para a doutora.

Fernando ergueu-se, olhou para o seu segurança e fez um leve sinal e ambos se encaminharam para fora do quarto.

Enquanto o empresário rumava em direção às escadas, parcamente iluminado por algumas lâmpadas, o segurança caminhava ao seu lado em silêncio, tenso.

Pedro, que trabalhava há muito tempo com o pai de Eduardo, conseguiu ao longo dos anos e muito trabalho ser o homem de confiança do patrão, portanto, naquele momento crítico, sabia ler exatamente o que o empresário estava pensando e tinha medo.

Fernando desceu as escadas e, em passos rápidos, encaminhou-se ao seu carro. Entrou e sentou-se no lugar do motorista, olhou de lado e viu o segurança observando-o.

– Entre! – ordenou o patrão.

Pedro entrou no carro, sentou no banco do carona e perguntou com voz calma, para não irritar o patrão:

– Para onde vamos, patrão?

– Dar umas voltas por aí.

– O senhor sabe que já é madrugada?

– Sei.

O carro começou a funcionar, indicando que quem iria dirigir era o próprio Fernando.

– Posso chamar mais seguranças, com o outro carro, senhor?

– Não – respondeu o patrão, em tom seco. – Vamos, Pedro, e fique calado, pois preciso pensar.

O carro deslizou lentamente pelo piso que ficava entre o jardim, parou, o portão se abriu automaticamente e começou a rodar em direção ignorada. Rodaram vários minutos em silêncio.

Pedro não tinha coragem de perguntar ou conversar absolutamente nada com o empresário. De repente o patrão estacionou o carro perto de um supermercado aberto vinte e quatro horas e fingiu que olhava algo na frente do carro.

– Você conhece esse endereço? – perguntou o patrão, estendendo um papel escrito ao segurança.

Pedro olhou o endereço, observou também a frente do carro, como se estivesse vendo algo e respondeu:

– Conheço. Esse bairro é barra pesada – o segurança completou a informação. – Lá tem de tudo, principalmente pontos de vendas de drogas.

Fernando baixou a cabeça, encostando-a no volante, como se estivesse cochilando, depois ligou o carro que começou a movimentar-se.

– Vamos por onde para chegar até lá, Pedro?

– Continue até o final desta avenida, depois irei informando o lugar que o senhor procura.

Após um tempo o empresário estacionou o carro perto de uma comunidade pobre e perguntou, sem olhar para o seu segurança:

– Você tem certeza de que é aqui?

– Absoluta, doutor.

Fernando ficou em silêncio, refletindo sobre várias coisas ao mesmo tempo, e uma delas era mandar acabar com os traficantes de surpresa, embora soubesse que a sua vida e a de seu segurança estavam correndo perigo.

– Você conhece alguém disposto a subir esse morro e ir buscar em sua toca um determinado cidadão? – perguntou o patrão, apontando com o queixo um morro onde se concentravam várias moradias miseráveis.

– Não adianta, patrão. No momento seguinte ele estará solto – respondeu Pedro, suando frio, pois sabia do perigo que estava correndo. – Além disso, esse trabalho é da polícia.

Fernando olhou para o alto do morro e observou que, apesar da iluminação pública ser de péssima qualidade, havia vários barracos amontoados, sem nenhuma estrutura. "Não posso acreditar que alguém consiga viver nesse lugar, pensou. Mas acho que a culpa dessa pobreza é nossa. Esse povo precisaria ter uma vida digna, com trabalho honesto, com o objetivo de fazer face às suas necessidades básica, a fim de não cair nas mãos desse pessoal que vive explorando a situação precária dessa gente. Sim, somos responsáveis, porque colocamos gente desonesta, verdadeiros bandidos, para cuidar daquilo que é nosso, conforme as informações da mídia", continuou a pensar, sem ser interrompido pelo segurança.

– Pedro...

– Sim, patrão.

– Quem lhe disse que o cidadão do qual falei tem que descer vivo? – perguntou o empresário, com a cabeça para fora da porta do carro.

– O senhor quer dizer que o tal homem deve morrer? É isso?

Fernando não respondeu, porém fez um sinal de cabeça, anuindo à pergunta do homem.

– Por que o senhor quer detonar esse cara, doutor?

Fernando ficou um minuto em silêncio. Depois narrou toda a história que o detetive havia descoberto, envolvendo sua ex-mulher e o filho.

– Ah! Agora entendo porque o Dr. Eduardo foi jogado daquela maneira na calçada de sua casa – disse o segurança com a mão no queixo. – Ele mandou um recado para o senhor, talvez avisando que mais tarde vai mandar pedir dinheiro em troca da vida da dona Angélica e do próprio Dr. Eduardo.

– Acertou em cheio, meu caro.

Ambos ficaram em silêncio, cada qual com seus pensamentos.

– Pedro, você não respondeu a pergunta que lhe fiz, em relação se conhecia gente disposta a matar ou morrer, contanto que me traga o sujeito que está tentando me afrontar – o empresário rompeu o silêncio, com o olhar fixo no seu empregado.

– Conheço gente que faz esse tipo de trabalho – respondeu o segurança. – Mas ele sairá muito caro.

O empresário ficou em silêncio.

– Bem, Pedro, já conheço o endereço, agora vamos voltar e pensar numa maneira de acertar as contas com esse traficante sujo – disse o pai do Eduardo, dando partida no carro e tomando a direção de sua mansão.

Pontualmente às nove horas e trinta minutos Fernando estava pronto para ir ao escritório central. Entrou no quarto do filho, sentou-se na borda da cama e ficou olhando aquele rapaz para o qual tantos planos fizera, mas a fraqueza daquela alma era muito grande.

Eduardo tentou abrir os olhos, que estavam cheio de hematomas, pegou na mão do pai e disse com voz trêmula:

– Olá, pai...

Fernando ergueu-se e apenas disse, sem responder ao cumprimento do filho, com voz calma:

– Eduardo, esta casa ainda é sua. Venha para cá quando quiser; quanto ao que você faz, a partir de agora, é um problema seu.

– Pai, sei que o senhor não está com raiva de mim, porém sinto em suas palavras que se cansou dos problemas que tenho lhe trazido – disse o filho, tentando enxugar as lágrimas com a ponta do lençol. – O senhor tem inteira razão para pensar e agir assim.

Fernando fitou o filho e, sem nada dizer, retirou-se do quarto e dirigiu-se ao carro que o levaria ao seu escritório.

No trajeto de casa ao escritório, no centro da cidade, Fernando ia pensando: "Estou muito cansado. Estou quase perdendo as forças. A qualquer momento entregarei a presidência das empresas e também vou viver a minha própria vida, enquanto puder". Ao entrar no escritório a secretária o acompanhou e ficou em pé, junto à sua mesa, esperando que ele se acomodasse.

– O que houve, Isabel? – perguntou o patrão. – Pelo amor de Deus, não me traga notícias ruins, pois hoje a minha cota já se esgotou.

A secretária permaneceu em silêncio.

Ao sentar-se, Fernando recostou-se no espaldar da luxuosa cadeira, afrouxou o nó da gravata, respirou profundamente e perguntou, com um gesto irritado, porém controlado:

– Como é? Vai falar ou não?

– O Alexandre não está bem – disse a moça, passando a mão nos olhos, surpresa com o tratamento do patrão, que nunca ergueu a voz para falar com ela.

– O que? – surpreendeu-se o empresário, erguendo-se imediatamente. – Eu sei que a saúde dele é muito frágil, mas pela maneira como você está me dando essa informação a impressão é de que o menino está morrendo.

– É o que deixou transparecer o Dr. Almeida, ao telefone, quando perguntou se o senhor havia chegado.

Fernando baixou a cabeça, encostando a testa na mesa, e bateu com a mão direita numa pasta, talvez desabafando um pouco sua tensão.

– Estou perdendo o pouco de paciência que ainda me resta, com tudo que está acontecendo comigo – balbuciou o homem.

– O senhor falou, Dr. Fernando? – perguntou a secretária, que estava receosa da atitude do patrão.

– Não.

– Hoje, o senhor tem quatro reuniões: uma até o meio-dia e três à tarde – disse a secretária, com uma agenda na mão. – Os empresários franceses já estão no hotel, esperando pela reunião, que está marcada para hoje, às dezoito horas.

O homem parecia que não ouvia as informações da funcionária, pois começou a andar em direção à saída do escritório, forçando Isabel a caminhar rápido atrás dele, enquanto perguntava:

– O que faço, doutor?

– Vou ao hospital visitar o Alex e volto dentro de uma hora, caso ele esteja bem. Do contrário, não voltarei mais, pelo menos hoje, e as reuniões que se danem.

– Mas, doutor...

– Isabel, você é paga para obedecer e não para dizer o que tenho que fazer ou não, entendeu?

– Sim, senhor.

A moça ficou em pé, observando o patrão entrar no elevador, enquanto pensava: "O meu patrão está mudando. Ele não é mais aquele homem educado, simples e calmo, que emitia bondade até no olhar". A mulher fez um trejeito com a boca e falou em voz baixa, ao fechar a porta do escritório: "Acho que o Dr. Fernando tem razão. Talvez eu não suportasse a metade das aflições que ele tem passado".

Trinta minutos depois o empresário encontrava-se sentado ao lado do menino, segurando a sua mão pálida e quente. De repente ele sentiu uma mão leve e carinhosa sobre o seu ombro. Era a Dra. Janine, que foi informada de que o chefe estava na Unidade de Saúde visitando o Alex.

– O senhor vai vencer, se Deus quiser – disse o menino com dificuldade, abrindo os olhos por um segundo e fitando com um sorriso o homem que lhe era muito caro naquela vida.

O empresário não tirava os olhos do menino, porém não respondeu, porque sentiu a voz embargada. Para disfarçar, ergueu-se e fez um sinal para a médica, que o acompanhou ao corredor. Ele encostou-se na parede e foi direto ao assunto, encarando a doutora:

– Ele está morrendo?

A médica não respondeu e nem precisava, pois naquele momento ela enxugava o rosto com a manga do avental.

O telefone móvel do dono da fundação tocou e ele atendeu. Na medida em que ele ouvia quem estava falando, ia empalidecendo. Depois guardou o telefone e ficou em silêncio.

– Posso saber o que aconteceu, doutor Fernando?

– O meu advogado ligou informando que a Angélica foi presa após uma blitz no morro onde ela vivia com um traficante.

A médica aproximou-se e, num instinto, segurou a mão do dono da fundação e apertou-a, como se quisesse injetar forças naquele homem que, apesar de poderoso e rico, sentia-se impotente para gerir tanta desgraça que acontecia consigo.

– Quanto tempo de vida o Alex ainda tem?

– Não sei, doutor – respondeu a médica, apertando a mão do homem. – Mas, segundo minha experiência, com esse tipo de doença, talvez o Alexandre não agüente mais quarenta e oito horas vivo.

– Tem certeza?

– Não. Não tenho certeza, porque determinadas coisas já fugiram ao meu parecer de médica.

Fernando ficou pensando. Em seguida olhou a médica, que estava encostada na parede do corredor, pegou em suas mãos, levou-as aos lábios, beijou-as e disse:

– Vou tentar resolver meus negócios e problemas. Depois voltarei ao hospital e passarei a noite com o Alexandre.

– Vá. Qualquer novidade ligarei para o seu celular imediatamente.

Com todas suas amarguras, Fernando sorriu ao sentir o carinho que a bela médica de olhos verdes lhe dispensava.

Capítulo XXI
Angélica na prisão

Vinte uma horas. Fernando, que ainda continuava trabalhando em seu escritório central, ergueu-se, caminhou até a parede de vidro blindado do edifício e ficou observando a cidade iluminada artificialmente. Não pensava, não queria pensar, simplesmente desejava um pouco de paz. Voltou à sua mesa de trabalho e apertou um botão do aparelho de comunicação sobre a mesa. Imediatamente apareceu Isabel e ficou em silêncio defronte ao homem.

– Tem mais alguma coisa para se resolver hoje? – perguntou o chefe.

– Não, senhor.

– Então ligue para o meu advogado e pergunte como vai a situação da Angélica, e depois para a minha casa, para saber como vai o Eduardo, se ele ainda está por lá ou já foi embora – ordenou o empresário, recostado no espaldar da cadeira, de olhar fixo numa caneta com que brincava na mão e o pensamento longe, muito longe daquele luxuoso escritório.

– Sim, senhor – anuiu a secretária, dirigindo-se rapidamente para sua sala.

Após uns três minutos Isabel entrou na sala do patrão e disse, ao parar na frente dele:

– O seu advogado disse que a dona Angélica continua presa.

– E o meu filho?

– Ainda está em casa, deitado em seu quarto.

O homem respirou como se tirasse um peso enorme de suas costas. "Graças a Deus que o Eduardo ainda não foi para as ruas", pensou, parando de brincar com a caneta.

– Quanto ao advogado que está acompanhando a dona Angélica, ele mandou perguntar se deve soltá-la – informou a secretária, tentando não irritar o chefe.

– Não. É melhor que ela fique onde está por um bom tempo, a não ser que a mesma consiga se libertar com os seus próprios meios.

– Sim, senhor.

O homem ergueu-se, vestiu o paletó com o auxílio da secretária, depois foi até o banheiro particular e quando voltou já estava pronto para sair.

– Vou para casa e depois passarei a noite no hospital, fazendo companhia ao Alexandre – informou ele à secretária.

Vinte e duas horas. Fernando estava sentado na cama ao lado do filho, fitando-o, sem nada falar. Eduardo estava de olhos fechados, dormindo ou fingindo que dormia. Após um bom tempo observando o filho, o mega empresário fez menção de se erguer, quando de repente ouviu o filho falar:

– Oi, pai.

– Olá, filho. Como vai?

– Um pouco melhor – respondeu o rapaz, com as mãos comprimindo o estômago. – Pai, ajude-me, por favor.

– Eduardo, você sempre pode contar comigo.

– A ajuda que estou lhe pedindo é outra, diferente da que o senhor pensa.

Ambos ficaram em silêncio por alguns minutos. Fernando estava bastante emocionado com a maneira que o filho estava se portando, principalmente com o pedido de ajuda que nunca ouvira da boca dele daquela maneira, demonstrando que realmente queria auxílio.

– Como posso ajudá-lo, Eduardo?

– Sinto dores terríveis em todo o corpo, além de uma profunda depressão que me deixa preso a algo que não sei explicar.

– Preso à vontade de se drogar... É isso que você quer dizer? – perguntou o pai, enquanto passava a mão nos cabelos do rapaz.

– Não. Não é isso.

– E o que é, meu filho?

– Não sei explicar, pai – respondeu o filho, apertando a cabeça, como se estivesse desesperado. – É a falta de algo que pertence a mim e me tiraram.

"O Eduardo está muito doente. Noto que ele já não está concatenando as idéias", pensava o pai, enquanto prestava atenção ao que o filho falava.

O rapaz fez um esforço muito grande para se virar e ficar de lado para melhor conversar com o pai.

– Não sinto nada. Nem vontade, nem tristeza, nem alegria, nem amor, nem raiva, só sinto dores misturadas a um vazio de dar medo em qualquer ser humano – o filho continuou a falar, após respirar profundamente. – Às vezes sinto que me fugiram todas as idéias e que fiquei sem pensar ou saber pensar. Entende, pai?

Fernando não tinha coragem de interromper a narração do filho, pois sua voz estava presa na garganta, entendendo perfeitamente o que o rapaz lhe falava.

– Observo um mundo virtual, muito feio, talvez produto de minha mente – disse o rapaz. – Tenho medo, muito medo. Neste quarto vejo monstros tentando me agarrar, além de enxergar próximo às minhas mãos todo tipo de droga que o senhor possa imaginar.

Fernando passava a mão no rosto, visivelmente ansioso e com piedade daquele rapaz que tanto sofria com o assédio de inteligências invisíveis do mundo extrafísico, conforme informações da Doutrina Espírita, conhecido como obsessão. Ergueu-se, foi até a porta, deu um soco na parede, tentando extravasar toda a tensão que acumulara durante aqueles dias horríveis, e voltou a sentar-se na borda da cama, em silêncio.

– Sabe, pai... Hoje lutei muito para não ir embora e fumar, beber e usar todo tipo de droga que eu poderia encontrar – disse o filho, suando frio e tremendo os lábios.

– E como você fez para se controlar? – o pai perguntou com muito cuidado.

Eduardo, que estava suando e com as mãos trêmulas, praticamente perdendo o controle total de seu corpo, respondeu com voz entrecortada:

– Entrei no banheiro, tranquei a porta e joguei a chave pela janela.

– O que? – espantou-se o empresário, erguendo-se de surpresa. – E o que houve no banheiro após você jogar a chave fora?

– Vi o demônio, porque me senti dentro do próprio inferno – respondeu o filho. – Chorei, gritei, quebrei todo o banheiro com chutes e socos, até que aos poucos fui me acalmando, saindo do mundo que eu sei que existe, porque já pertenci a ele.

– Como você foi socorrido?

– Os empregados ouviram os meus gritos e arrombaram a porta.

– Por isso é que estou vendo várias ataduras enroladas em suas mãos – comentou o pai, abraçando o filho e fazendo carinho nele como se o mesmo fosse uma criança.

Fernando ergueu-se e foi até a janela, fitou o céu estrelado e balbuciou algo ininteligível, como se estivesse a fazer uma prece ao Criador. Voltou ao leito do filho e sentou-se novamente ao seu lado. Ficou em silêncio, observando-o, enquanto pensava que naquele momento ele deveria estar sofrendo muitas dores. Dedução dele, porque notava que o rapaz tremia, os lábios estavam ressecados e quando passava a mão no nariz esta vinha manchada de sangue. Eduardo continuava apertando o estômago, o que fazia Fernando sentir que ele estava tentando vencer aquela aflição.

– Filho, eu vou chamar um médico ou conduzi-lo a um hospital – disse o pai, segurando a mão pálida e esquelética do rapaz.

– Não, pai. Por favor, não faça isso – suplicou Eduardo, como se estivesse com muito medo. – A Dra. Janine já esteve aqui e foi muito atenciosa, mas não aceitei a sua ajuda, então ela foi embora.

O empresário ficou surpreso com a atitude do filho. Ele não esperava que Eduardo tivesse essa reação quando a médica quisesse ajudá-lo.

– Não quero médico e nem ir para nenhum hospital – continuou a falar o filho, com dificuldade. – Meu caso não é de médico e nem de hospital.

– Posso saber como você vai ficar bom?

– Tenho que resistir a essa vontade sobre-humana de usar entorpecentes, sem ajuda de médico ou de medicamentos, senão jamais conseguirei sair desse inferno.

Fernando sentiu uma alegria invadir-lhe o ser. Sorriu, passou a mão no rosto do filho e disse em voz baixa: "Graças a Deus que você está disposto a vencer esse maldito vício".

– Eduardo, será que você está em condições de me responder uma pergunta indiscreta?

– Pergunte, meu pai.

– Você falou que após a crise da síndrome de abstinência que você teve, saiu de um mundo que já conhece, porque já pertenceu a ele – disse o pai, com voz calma, para não espantar ou perder a confiança do rapaz, que pela primeira vez se abria com ele. – Posso saber que mundo é esse?

O rapaz, que estava de olhos fechados, permaneceu ainda um tempo em silêncio, depois fitou o pai e respondeu:

– Esse mundo não fica aqui e nem sei onde ele se localiza. Só sei que vivi lá por muitos anos e fui companheiro de verdadeiros bandidos.

Fernando ficou em silêncio, evitando interromper aquela narrativa que mais parecia uma história de ficção. "Será que o mundo ao qual o Eduardo se refere é uma cidade umbralina, assim como explica a Doutrina Espírita e as obras subsidiárias psicografadas por médiuns espíritas?", questionava-se, ajeitando-se na cama para melhor entender o que o filho lhe contava.

– Sei que me lembro da roupa que eu usava nesse mundo ao qual me referi. Era uma indumentária de época e eu carregava uma espada que não se usa mais – disse o rapaz. – Eu já conheço o senhor, mas não me pergunte de onde porque não saberia responder.

– Ora, Eduardo, eu sou o seu pai! É claro que você me conhece.

– Não é isso, pai – rebateu o rapaz meio aborrecido – O senhor pensa que sou maluco, mas afirmo que a minha mente funciona muito bem.

– Então prossiga com sua história.

– Eu já o conheço de algum lugar, antes de ser o meu pai, mas não se impressione com isso, porque na palavra de um drogado não se pode confiar.

Fernando ficou em silêncio, talvez para não cansar o filho, que estava narrando coisas que, por enquanto, algumas pessoas não conseguem entender, principalmente o que acontece com a mente de quem usa entorpecentes pesados.

– Filho, vou deixá-lo por enquanto. Passarei a noite no hospital fazendo companhia para aquele garoto que você já conhece.

– O Alexandre?

– Sim. Ele não está passando bem e preciso passar a noite com ele.

– Pai...

– Sim, filho – disse o pai, antes de retirar-se do quarto.

– Providencie um quarto sem móveis, somente com um colchão estendido no chão – disse ele, enxugando o rosto com o lençol. – Mande trancá-lo com chave por fora.

– Para que? – perguntou o pai, curioso.

– Porque quero viver lá até que eu fique melhor dessa doença.

Fernando cruzou os braços, pensou e concluiu que o filho estava disposto a enfrentar de frente a temida síndrome da abstinência e tentar se livrar do vício das drogas.

– Eduardo, cuidado com o que vai fazer. É muito arriscado, inclusive você pode fazer alguma loucura contra o seu próprio corpo.

– Eu sei disso, pai. Porém se não tentarmos jamais voltarei a ser eu novamente e aí, então, a minha volta ao mundo que aquele seu amigo espírita disse existir estará decretada.

Fernando pensou, passou a mão na cabeça e, com um gesto, anuiu:

– Daqui a pouco você será transferido para o quarto que você pediu.

– Obrigado, meu pai.

Fernando beijou a testa do filho, fez um carinho no rapaz e saiu do quarto. Olhou o relógio e viu que já era tarde, quase meia-noite. "Estou atrasado", pensou. Vou tomar um banho rápido e ir para o hospital. Após alguns minutos, o empresário começou a se vestir, quando de repente o celular tocou e ele atendeu.

– Dr. Fernando? – perguntou alguém do outro lado da linha.

– Sim, sou eu.

– Sou o delegado da delegacia onde a dona Angélica está presa – disse um homem com voz educada, demonstrando conhecer que o ex-marido da traficante era um mega empresário muito influente.

– O que o senhor deseja, delegado? – perguntou o empresário, com voz ansiosa.

– A dona Angélica enlouqueceu e fomos obrigados a tomar algumas providências rígidas até que o senhor decida o que fazer com ela.

"A Angélica teve também uma crise por falta de substâncias químicas", pensou o empresário.

– E que providência vocês tomaram?

– Colocamos sua ex-esposa numa cela, mas estamos com medo de que a mesma cometa um ato contra si.

Fernando ordenou:

– Deixe que ela continue na cela, mas ponha um de seus homens de plantão lá.

– Doutor, custa caro pôr um homem de plantão para vigiar apenas um preso.

– Tem preço? – perguntou o empresário diretamente.

– Bem...

– Tem ou não tem preço? – perguntou novamente o empresário, irritado.

– Deixe comigo, patrão. A dona Angélica terá alguém de plantão na cela vinte e quatro horas por dia.

– Obrigado. Depois passarei por aí – disse o empresário, desligando o telefone.

Assim que Fernando terminou de atender ao telefone, dirigiu-se correndo ao seu automóvel e ordenou ao motorista:

– Vamos rápido ao hospital de Alexandre.

– Sim, senhor.

Após trinta minutos o empresário entrava na Unidade de Saúde Infantil, quase correndo, dirigindo-se imediatamente ao quarto do Alexandre. Quando abriu a porta, notou que ao redor da cama do garoto se encontravam a Dra. Janine, o Dr. Almeida, Sabrina, Conceição, Alberto e uma enfermeira que se mantinha discretamente num canto do quarto.

Os médicos foram recebê-lo na porta do quarto e nada disseram a respeito do menino, apenas se limitaram a cumprimentá-lo.

– Como está o Alexandre? – perguntou o chefe, com voz ansiosa.

– Agora está nas mãos de Deus – respondeu o Dr. Almeida, acompanhado de um gesto nos ombros, dando a entender que não havia mais o que fazer.

– E você me diz isso com a maior naturalidade do mundo, doutor? – questionou rispidamente o empresário.

– E que o senhor queria que nós fizéssemos? – perguntou a Dra Janine, intrometendo-se na conversa, irritada com o tratamento daquele homem que, apesar de todo sofrimento que trazia estampado no rosto, era forte e decidido, todavia não justificava sua maneira indelicada de tratar o diretor daquela Unidade de Saúde Infantil.

Fernando fitou-a e nada respondeu, girou nos calcanhares e dirigiu-se à cama de Alexandre.

Duas pessoas afastaram-se para que o empresário se aproximasse do doente.

Fernando tomou a mão febril e esquelética do menino e a levou à boca, beijando-a, enquanto perguntava:

– Você vai mesmo me deixar? – perguntou ele. – Pense bem...

O pessoal presente se entreolhou e não sabia o que dizer com aquela manifestação extrema de amor e carinho daquele homem poderoso e influente por aquela criança.

O menino abriu os olhos num esforço acima de suas forças, fitou o homem e de seus olhos escorregaram duas lágrimas, aparadas pelos lençóis.

Capítulo XXII

A luta de Eduardo

Quando a madrugada chegou, encontrou Fernando sentado numa sala ao lado do quarto de Alexandre. Ele já havia tomado várias xícaras de café, ora para espantar o sono, ora para tentar esquecer tudo que lhe acontecera nos últimos dias. O homem não conseguia desanuviar a mente, não queria pensar, não queria se lembrar de tudo que estava lhe acontecendo, mas o pensamento, sem pedir licença ao dono, corria em várias direções e sentidos, buscando a realidade, a ficção, o nada, a tristeza, a prece, os santos, o milagre, Deus. Aquele homem atormentado fazia-se várias perguntas e não encontrava as respostas, erguia-se e caminhava inquieto pela pequena sala, que fora preparada para ele, quando avisou que iria passar a noite no hospital, pois tinha a intuição de que o garoto não teria muito tempo de vida na Terra. Ainda no escuro, desceu em direção ao jardim em busca de ar fresco, de espaço, para ver o céu. Ao chegar, ficou em pé com os braços cruzados, sentindo frio. Fitou o pequeno e bem cuidado jardim que havia ao lado do prédio, ergueu a vista para o céu, observou que algumas estrelas aos poucos desapareciam, apenas permanecendo, bem nítida, uma estrela que também ia desaparecendo no horizonte. "É tarde. O dia está chegando", pensou. O homem ouviu alguns passos atrás dele e alguém chamá-lo:

– Dr. Fernando!

O empresário não respondeu e nem se virou para saber quem estava falando consigo.

– Dr. Fernando! – insistiu a pessoa, parada a certa distância.

– Aproxime-se – ordenou ele.

Era seu motorista quem o chamava. Ele aproximou-se do patrão e disse, com voz quase sumida:

– Recebi um telefonema de sua casa, avisando que o Dr. Eduardo enlouqueceu e está feito um leão enraivecido numa jaula.

O empresário permaneceu quieto, com o olhar perdido na última estrela que havia recebido ordens de deixar o planeta, porque a casa do Criador do Universo começaria a ser iluminada pela estrela que comandava aqueles planetas da qual fazia parte a nossa abençoada Terra.

– Disseram que ele está com o demônio – o motorista Jorge tentou passar mais informação ao patrão. – Quebrou a cama, o único móvel do quarto, como se fosse confeccionada de isopor.

O empresário já não sabia o que pensar e nem o que responder naquele crucial momento de sua vida. "E agora? Vou fazer o quê?", pensou ele.

O motorista notou que o patrão descruzava os braços e fechava as mãos, apertando-as. Ele voltou-se para o lado onde estava o empregado, fitou-o por alguns minutos, em silêncio, e depois perguntou:

– Ele fugiu?

– Não, senhor – respondeu o Jorge. – A porta estava fechada por fora, como o senhor ordenou.

– Graças a Deus! – balbuciou o empresário.

"Esse homem é muito estranho, pois mesmo após receber uma informação triste, ainda tem a coragem de agradecer a Deus", pensou Jorge. "Mas esse pessoal rico tem comportamento extravagante, portanto é melhor ficar quieto, porque sou muito ignorante para entender esse tipo de comportamento humano"

– Como está o meu filho?

– Informaram que ele está sentado num canto do quarto, como se estivesse desfalecido.

Fernando fitou os degraus que terminavam na portaria da fundação, tirou o paletó e sentou-se num deles, em silêncio.

– O que devo informar para o pessoal da mansão, patrão?

– Nada – respondeu secamente o patrão.

O motorista achou estranha aquela resposta, mas afastou-se pensando: "Bem, não tenho nada ver com isso. Sou um pobre motorista e o patrão deve saber o que está fazendo".

Fernando apoiou os cotovelos nos joelhos, pois as pernas estavam dobradas, e entrelaçou as mãos e começou a falar para si ou, quem sabe, para alguém que estava presente e ninguém conseguia enxergar.

– Acho que o Eduardo tem razão. Se ele não vencer seus próprios bichos, buscando fé em si e pedindo a ajuda de Deus, será difícil a sua recuperação.

O homem respirou profundamente, quando ouviu alguém chamá-lo:

– Dr. Fernando...

Ele olhou de lado e observou que quem havia falado era a Dra. Janine, descendo os degraus e ficando de frente para ele.

– O que houve doutora?

– Já é tarde e o sol começou a aparecer. O senhor já percebeu?

O homem não respondeu, permaneceu em silêncio, olhando agora o horizonte, voltando sua atenção para aquele clarão que piscava, indicando um novo dia. Ergueu-se, espreguiçou-se, olhou a médica, passou as mãos no rosto e disse:

– Estou um lixo.

– O senhor está bem, mas precisa dormir um pouco.

– Como vai o Alexandre?

– Esperando a hora.

O telefone celular do empresário tocou.

– Fale. Sou eu, Fernando.

Daí para frente o empresário nada mais disse, somente ouvia a voz do outro lado. Depois resolveu dizer:

– Daqui a pouco passarei por aí.

O empresário desligou o celular e ficou com ele na mão, enquanto mantinha o olhar perdido num ponto qualquer do pequeno jardim.

– O que houve Dr. Fernando? Posso saber?

– A Angélica tentou o suicídio em sua própria cela.

– Como aconteceu isso?

– Ela conseguiu, não se sabe como, uma lâmina de barbear e cortou os pulsos.

Surpresa, a médica levou a mão à boca, mas se recompôs imediatamente e perguntou:

– Ela já foi socorrida?

– Sim. Foi para o hospital e continua em observação, inclusive manietada à cama para não realizar outra tentativa de suicídio.

Ambos ficaram em silêncio.

Num impulso, a médica tomou a mão do homem e apertou-a, enquanto dizia:

– O senhor vai vencer.

O empresário passou a mão no rosto, enxugando não se sabe o que, se suor, lágrima ou algo que somente ele sabia.

– Janine, a partir de agora, não me chame mais de "doutor".

– Mas...

– O meu nome é Fernando. Entendeu ou quer explicações?

– Não.

A médica puxou a mão do empresário, aproximou-se mais do homem, passou a mão em sua cintura e, com um sorriso, demonstrando um carinho que dava a entender vir de muito tempo, disse como se estivesse ordenando:

– Fernando, vamos melhorar um pouco essa aparência.

O homem olhou a mulher e docilmente obedeceu-a, começando a caminhar na direção indicada por ela.

– Daqui a pouco os funcionários da fundação começarão a chegar e não é aconselhável eles encontrarem o chefe nessa situação – disse a médica, conduzindo-o em direção ao banheiro.

Fernando parou no corredor e por um tempo ficou observando o rosto daquela bela mulher. Ele pensou: "Estranho, muito estranho o que estou sentindo, mas não posso acreditar".

– Alguma coisa, Fernando? – perguntou a médica.

– Não. Deixe pra lá. Mas me parece que já convivemos em outros tempos – respondeu o homem. – Temos que tomar cuidado com a nossa mente, principalmente quando pertencemos a uma religião que prega a imortalidade dos espíritos.

– Pois eu não tenho nenhuma dúvida de que o conheço de outros tempos, inclusive as suas manias – disse a mulher sorrindo.

O homem olhou dentro dos olhos verdes daquela mulher e pensou: "Não acredito muito nessas coisas, apesar de freqüentar um centro espírita. Só sei que tenho fé em Deus e neste momento estou muito feliz, apesar de tudo que está acontecendo comigo. Não sei o porquê, mas estou".

Após trinta minutos as atividades na fundação já retornavam à rotina normal.

Fernando já havia se recomposto e estava sentado ao lado do menino, conversando com ele, embora não recebesse resposta.

– Alex, quando você ficar bom, nós iremos fazer uma longa viagem e conhecer uma linda cidade que irei mostrar-lhe – dizia o empresário, fazendo gestos com as mãos.

O menino olhou-o e se limitou a sorrir, ou pelo menos parecia um sorriso estampado naquele rosto pálido, encovado, com os olhos sem brilho.

Fernando sentiu no olhar da criança um vazio imenso, como se ele quisesse lhe dizer: "Não há mais tempo para isso".

O empresário ergueu-se e beijou o rosto do doente. Como se estivesse falando com outra pessoa, disse:

– Não me deixe só neste mundo.

Alexandre fitou-o com seus olhos azuis, mas já perdendo a luz da vida do mundo corporal, abriu a boca com dificuldade e disse-lhe:

– Secretário, vou guardar um lugar para você.

O pessoal que estava ao redor da cama ficou surpreso com aquele tratamento, todavia todos começaram a entender que aquele menino de olhar manso e bom realmente estava se referindo alguma coisa desconhecida para eles.

A médica tentava ser forte, a fim de evitar chorar, pois não ficava bem para uma profissional da área de saúde ter ataques de pieguice naquele momento, diante de um paciente que morreria por a ciência não conseguir encontrar a solução para sua moléstia. Ela apertava a mão do empresário no momento em que o doente abriu os olhos e a fitou com um sorriso nos lábios.

As lágrimas rolavam dos olhos do Alexandre. As dores que sentia em todo corpo não poderia ser descrita, porém, quem fosse perspicaz, notaria que através do suor, lágrimas e ricto no rosto, ele demonstrava muito sofrimento.

Alberto, que nada falava, acompanhava tudo que acontecia com o neto. Ergueu-se, saiu do quarto e foi ao corredor. Ficou de frente para a parede e começou a esmurrá-la, deixando extravasar a dor que lhe ia na alma. De repente ele sentiu alguém lhe abraçar por trás, olhou de lado e viu Sabrina apertá-lo num abraço, enquanto dizia:

– Tenha coragem e força para suportar mais esse golpe, Alberto.

O homem se sentiu bem, mas o coração lhe apertava quando se lembrava do rosto do neto, demonstrando a dor que sentia naquele momento.

– Sabrina, sou muito grato ao meu filho, pois sem ele não teria tido a oportunidade de conhecer o meu querido neto e principalmente você.

– Calma, Alberto, calma.

– Sabrina, você está me pedindo algo impossível – disse o homem. – Você sabe muito bem que a única pessoa neste mundo maldito que ainda leva o meu sangue é o meu neto, que está se despedindo e indo não sei para onde.

– Não diga isso, Alberto. Você não sabe a blasfêmia que está cometendo para com o Nosso Pai.

– A verdade é que ele vai morrer, ser enterrado e pronto – comentou o homem, voltando-se e olhando o rosto da moça.

– Cuidado, Alberto. Muito cuidado para não ofender a Deus – ela chamou a atenção do homem. – Parece-me mesmo que você não tem mais jeito.

– Sabrina, você sabe que ainda vou ser muito rico e comprar tudo? – perguntou ele, com a voz revoltada.

– Eu só quero ser feliz e ter a certeza de que o meu filho vai acabar com esse sofrimento e voltar sabe-se lá para onde com o seu dever cumprido.

– Até você acredita nesse pessoal que prega a vida após a morte?

– Vocês dois. Entrem no quarto que o Alex quer vê-los – disse Conceição com lágrimas no olhar nada amistoso, parada no corredor observando aquela cena, que tudo indicava um idílio.

– Já vamos, mamãe.

– Não demorem.

Enquanto isso, no hospital, Angélica acordou do coma induzido, a fim de suportar o tratamento com a finalidade de ajudar na cirurgia que havia feito nos pulsos, quando tentou o suicídio. Ela ainda estava sob o efeito de medicamentos, mas mesmo assim começou a gritar, fazendo com que os médicos e enfermeiras do hospital ficassem apavorados, sem saber o que fazer.

– Não há jeito, doutor. Ela tem que voltar a dormir – aconselhava uma enfermeira, com voz firme.

– Não. Vamos esperar mais um pouco – disse um dos médicos que estava parado em frente ao leito da mulher, completamente indeciso – Não esqueçamos de que além dessa mulher ser traficante e viciada em drogas, é também ex-mulher do homem mais rico e poderoso desta cidade.

– Então, o que vamos fazer? – perguntou outra enfermeira.

– Calma!

Angélica parecia uma louca, pois gritava mexendo com o corpo, tentando se livrar das presilhas que seguravam os seus braços e pernas ao leito, a fim de evitar que ela cometesse um ato mais perigoso que viesse a comprometer a sua vida.

– Doutor, telefone para o ex-marido dela – aconselhou a enfermeira que estava aflita com aqueles gritos. – O senhor sabe muito bem que o lugar dessa louca não é nesse hospital.

– Você parece ingênua.

– Por que, doutor?

– Essa mulher é protegida do todo poderoso, o empresário Dr. Fernando – respondeu o médico, ríspido, como se não aceitasse aquela discriminação. – Se alguma coisa acontecer de errado com essa mulher, você já imaginou o que poderá acontecer conosco?

O médico que havia terminado de falar, mesmo receoso de estar incomodando o ex-marido de Angélica, já estava com o celular na mão ligando para o Dr. Fernando.

– O telefone não atende – disse ele.

– Ligue para a residência do Dr. Fernando – sugeriu a mesma enfermeira.

Após alguns minutos, o médico foi informado de que o empresário se encontrava na sua fundação, ao lado de uma criança que estava perto de ir a óbito.

Com o celular na mão, o médico passeava ao redor da cama da mulher, que continuava gritando. De repente apareceu um médico de baixa estatura e cabelos brancos, que ficou olhando para a paciente. Era o diretor do hospital.

– O que vocês estão esperando para calar essa senhora, ou melhor, dar um jeito para ela não gritar mais?

– O senhor sabe quem é essa mulher, doutor? – perguntou alguém que se aproximava.

– Quem é o senhor?

– Sou policial – disse o homem, com uma carteira aberta. – Estou aqui para não deixar que nada de mal aconteça a essa senhora.

O diretor do hospital ficou vermelho, não se sabe se de raiva ou medo. Olhou para o médico que estava próximo da cama e ordenou:

– Doutor, transfira imediatamente essa senhora para um manicômio.

– Um momento, doutor. Nós veremos se encontramos o Dr. Fernando e o avisamos que o senhor está transferindo a ex-mulher dele para um manicômio – avisou o policial.

– Quem é o Dr. Fernando? – perguntou o diretor do hospital.

– Um dos maiores empresários do país, que tem residência fixa nesta cidade.

O diretor ficou em silêncio, como se estivesse engasgado com algo que não existia. Ele baixou a cabeça e pensou: "Agora, a coisa muda de rumo. É melhor ter paciência com essa mulher do que mexer com o ex-marido dela".

– Dê uma pequena dose de medicamento para que ela possa se acalmar, enquanto falamos com o Dr. Fernando – ordenou o diretor ao médico.

– Sim, senhor.

O mundo sempre foi assim, quem não tem nada, ou seja, poder ou dinheiro, nada vale. Diariamente morrem milhares de pessoas no mundo porque são pobres diabos, vistos como gente que não faz falta a ninguém, a não ser, na hora de votar, para alguém se perpetuar no poder.

Capítulo XXIII
Governadora da Colônia

Convidamos o caro leitor a fazer uma visita à Colônia Espiritual Caminho da Redenção, onde os protagonistas de nosso romance estagiaram, com o objetivo de retornarem à Terra e continuarem o aprendizado, agora muito mais difícil porque todos estão vestidos com um corpo material – encarnados.

Num lugar semelhante a uma sala de lazer, ao lado do consultório do espírito Dra. Cristina Cris, diretora da maior enfermaria do hospital da colônia, reuniam-se uns dez espíritos que, sentados em confortáveis cadeiras formando um círculo, conversavam sobre vários assuntos de cunho importante para a própria colônia. Uma bela senhora de aspecto calmo, parecendo comandar aquela reunião, pronunciou-se:

– Meus irmãos, antes dos assuntos que iremos tratar nessa pequena reunião, nos preparemos para receber o nosso querido amigo e ex-Coordenador Geral da Colônia, que está prestes a voltar à nossa convivência com o seu dever cumprido, além de ter vencido mais uma provação de seus débitos perante a Lei Divina.

– Esperamos que seja a última provação do Domingos em mundos inferiores – disse um dos presentes, rindo e fazendo um gesto com as mãos, em atitude de alegria.

Todos demonstraram surpresa e ao mesmo tempo alegria, pois Domingos era muito querido pelos habitantes daquela colônia abençoada, que dava abrigo àqueles espíritos sofredores quando se encontravam em estado errante.

– Minha irmã Amanda, nós sabemos da grande responsabilidade que o nosso ex-Coordenador Domingos tem em conseguir vencer essa etapa de sua existência com êxito, e, quem sabe, tornar-se isento de reencarnar em mundos inferiores como a Terra – comentou um espírito, com voz calma e pausada. – Mas eu tenho uma curiosidade muito grande sobre o irmão que coordenou até pouco tempo a nossa colônia.

Amanda, que estava sentada com as mãos descansadas sobre as pernas, fitou o espírito com amor e carinho e permaneceu em silêncio, pois o venerável espírito, que como governadora da colônia à qual nos referimos era muito ligado ao espírito Domingos, que ora se encontrava encarnado como Alexandre.

– Dra. Cristina Cris, fique à vontade para tirar a sua dúvida, pois se eu não souber respondê-la temos amigos neste conselho que estarão aptos a falar sobre qualquer assunto que venhamos a ter dúvidas.

A diretora da enfermaria, que também era um espírito de um grau elevado, respirou profundamente e alertou:

– Informo aos queridos irmãos que parte da resposta eu já sei, porém precisamos esclarecer alguns pontos que servirão de estudos aos que ainda se encontram encarnados em mundos inferiores como a Terra.

A simpática médica fez uma pausa e perguntou, olhando a todos com um sorriso iluminando o seu belo rosto:

– Se o nosso querido irmão Domingos já é um espírito bastante elevado, por que então ainda é obrigado a sofrer determinadas provações como a que ele está passando?

Todos os espíritos presentes voltaram seus rostos em direção ao lugar onde Amanda estava sentada, como se obedecessem a um comando invisível, esperando a resposta da querida médica.

– Sou a Governadora desta colônia porque fui convidada pelos nossos dirigentes maiores e aceitei o desafio. Todavia, aqui nesta sala existem amigos que poderão dirigi-la com mais sucesso do que eu – disse Amanda, observando seus amigos. – Estamos vivendo num mundo espiritual – lugar dos espíritos errantes –, destinado a receber os espíritos sofredores e que ainda necessitam reencarnar, principalmente em mundos inferiores.

A mulher fez uma pequena pausa e continuou:

– Há mais ou menos vinte séculos eu contraí várias dívidas terríveis numa única existência, porém a misericórdia do Nosso Pai nos concedeu as condições necessárias para pagar esses débitos por etapas. Pelas minhas contas ainda falta muita coisa a ressarcir, pois, ao longo de minha existência em mundos inferiores, contraí mais dívidas, até que um dia a minha consciência e o meu coração se abriram para receber os ensinamentos do Nosso Mestre Jesus e praticá-los, porque sentíamos que estávamos dominando o nosso maior algoz – a matéria.

A mulher baixou a cabeça, como se estivesse a pensar num passado remotíssimo, e prosseguiu:

– Uma das etapas que paguei dessa dívida foi há mais ou menos dois séculos, quando tive uma existência como cega, surda e leprosa. Para completar, desencarnei de fome e sede, pois naquela época a hanseníase era morte certa, e quem a contraía era relegada a viver longe da cidade, sem recursos básicos para sobreviver e sem a ajuda de ninguém.

A mulher passou a mão no rosto, talvez enxugando uma lágrima ou lembrando o sofrimento que passou ao infringir as leis de Deus, na época em que fora imperatriz de Roma.

– Ainda tenho de reencarnar algumas vezes e tentar resgatar o restante de minhas dívidas – disse ela com o aspecto sério, olhando para o teto da sala. – Mas aqui estou eu como governadora de uma colônia, porque me conscientizei, embora tardiamente, de duas coisas importantes em nossas vidas: Deus e o amor ao próximo. Estes devem estar acima de qualquer coisa para aqueles que desejam um dia chegar ao reino do Senhor, como afirmam os evangelistas.

– Será que respondi sua pergunta, doutora? – a governadora perguntou com voz paciente e calma.

– Sim. E desculpe-me, Amanda.

Todos estavam em silêncio, pois ninguém tinha coragem de se manifestar a respeito daquele assunto tão delicado, com exceção do Coordenador Geral da colônia que havia assumido a função do espírito Domingos.

– Amanda, por que quando nos conscientizamos de que Deus deve sempre estar acima de qualquer coisa, ficamos com medo de fracassar em nossas provações? – perguntou um homem de cor morena, altura mediana, com cabelos cacheados e longos e de olhar doce.

– Nobre Rodolfo, fui a esposa de um dos imperadores mais ferozes da história da humanidade, no entanto, ele já se recuperou, porque parte do mal que fizera ao próximo foi influenciado por mim e pela sua ignorância a respeito das leis divinas – explicou a Governadora, fixando o olhar numa janela da confortável sala onde estavam reunidos. – Ele já conseguiu, através de muito sofrimento, fé em Deus e trabalho no bem ao próximo, a condição de espírito de segunda ordem, o que lhe permitiu reencarnar em outros mundos mais adiantados do que a Terra. Quanto a mim, eu ainda estou aqui tentando lentamente pagar o que devo, exatamente porque tenho medo de fracassar em minhas provações.

A mulher respirou e completou:

– Quando estamos nas colônias, vislumbramos tudo que possa atrapalhar o nosso progresso espiritual e quase não cometemos tantos erros, porém, quando estamos presos ao corpo material, não conseguimos enxergar nada além da matéria, que se transforma numa barreira quase que intransponível.

– Por isso temos medo de fracassar e piorar nossa situação espiritual? – perguntou Rodolfo.

– Não é isso – rebateu educadamente a Governadora, com um sorriso. – Afinal, todos sabem que não regredimos.

– Então, o que nos dá tanto medo de voltar ao mundo corporal? – o Coordenador reiterou a pergunta.

– O medo de saber se temos ou não certeza absoluta de que a nossa consciência já está realmente pronta para enfrentar as investidas do mal, isto é, manter nossa consciência firme em Deus, assim como nos ensinaram os patriarcas enviados a esse mundo, quando ainda era primitivo – explicou a veneranda mulher.

Todos se calaram, até que alguém ergueu timidamente a mão e perguntou:

– O Domingos está atravessando esse problema na Terra?

– Sim – respondeu Amanda.

– Explique-se, nobre Governadora, por favor – pediu outro espírito, com traços belos e olhar calmo.

– Meu amigo Vinícius, até a presente data não foi registrada qualquer reclamação ou blasfêmia que ele tenha dirigido ao Nosso Criador – explicou a Governadora. – Ele tem lutado bravamente para não sofrer influência e nem se apegar à matéria, o que poderia anular por completo a sua provação.

– A senhora poderia nos dar um exemplo? – pediu um dos espíritos presentes.

Amanda olhou diretamente nos olhos daquele que fizera a pergunta e questionou, em vez de responder:

– Meu querido amigo, você se lembra dos espíritos que reencarnaram juntos com o Domingos?

– Lembro, Amanda.

– Conhecia o estado deles?

– Sim.

– Pois foi no meio deles que o nosso amigo Domingos reencarnou – disse a bela mulher pensativa.

– Ainda não entendi.

A governadora sabia perfeitamente que aquele espírito conhecia a resposta, porém ele queria ouvir a opinião dela, para ter certeza de que quando voltasse ao mundo corporal não falharia em sua provação.

– Nobre Vinícius, você, como diretor desse hospital, é conhecedor profundo dos vários estágios dos espíritos – afirmou a governadora. – Portanto, não fique com medo de um dia se predispor a reencarnar, porque quem vai construir seus méritos e deméritos é você.

A mulher respirou e disse, olhando para todos:

– O nosso querido Domingos, nessa existência que ora se extingue, foi testado em todos os sentidos, porém não se deixou vencer, pois foi ao mundo corporal disposto a sair vitorioso dessa sua provação, que talvez seja a última na Terra.

A mulher fez uma pequena pausa e continuou sua explicação:

– Ainda ontem estive no quarto onde gradativamente ele se despede do mundo material, juntamente com seus familiares e amigos, todos estagiários desta colônia antes de descerem ao mundo e vestirem o corpo que os animam. Sondei seu corpo físico e observei que ele sente dores terríveis. Ninguém consegue saber a sua real situação, porque ele não demonstra, em virtude de sua fé inabalável em Deus.

– Será que conseguiremos agir como o nosso estimado Domingos? – perguntou Vinícius, demonstrando em suas feições que aquela reunião o havia abalado.

– Não sabemos – respondeu a diretora da enfermaria. – Acho que essa resposta pertence a cada um de nós.

– Meus amigos, lembrem-se de que o Domingos recentemente cumpriu com uma missão que os nossos superiores lhe confiaram – lembrou a Governadora. – Além disso, ele foi um grande guerreiro na antiguidade, o que lhe temperou a força de vontade para suportar as maiores agruras que a vida pode nos apresentar do ponto de vista material.

– O maior mérito de Domingos, arquivado em nosso departamento confidencial e privativo, não foi ele ter vencido com estoicismo a batalha contra a peste de varíola que travou em sua existência como sacerdote – disse a Dra. Cristina Cris. – Na época, eu me encontrava reencarnada na Terra e observei com muito cuidado que o grande mérito dele foi não ter seguido as ordens de cunho material da casta eclesiástica à qual pertencia.

– Explique-nos, Dra. Cristina Cris, com mais detalhe? – perguntou um dos espíritos do conselho. – Isso é muito importante para nós, espíritos errantes, pois me parece que o ex-Coordenador cometeu uma indisciplina.

– Domingos, enquanto sacerdote, renunciou tudo que lhe proporcionasse bem-estar, o normal na maioria da casta sacerdotal, pois ela acredita que é representante do Criador perante o homem comum – respondeu a médica. – Ele realmente foi um servidor da seara do Mestre Jesus, demonstrado através de relevantes trabalhos aos irmãos necessitados, esquecendo-se de si em prol do bem de muitos, que ainda o veneram como um santo, embora não tenha sido canonizado pelo Vaticano.

– Meus amigos, o Domingos já havia reencarnado na Idade Média como sacerdote e entregou o seu corpo físico, com resignação, aos horrores da Santa Inquisição, porque não aceitou suas regras – completou a Governadora, com um sorriso de alegria estampado no rosto belo. – E no caso de sua última reencarnação na Terra, como sacerdote, o que lhe deu crédito suficiente para progredir ante os olhos dos nossos superiores, foi ter exposto seu corpo físico ao contágio de uma doença, em prol do povo que ele ajudou, consolou, medicou, cobriu o corpo daqueles que estavam voltando à pátria espiritual com suas próprias vestes, beijou crianças que estavam morrendo e entregou tudo o que possuía em benefício daqueles que sofriam os horrores da peste que avassalou um canto do litoral de um belo país.

Houve um silêncio estratégico a fim de que os espíritos que participavam da reunião pudessem tratar de outros assuntos inerentes àquele grupo de espíritos que havia reencarnado para dar abrigo, em seu seio, ao ex-Coordenador Domingos.

– Minha querida Amanda, a senhora pode nos dar notícias dos outros amigos que reencarnaram antes do Domingos? – perguntou um dos espíritos.

– Todos estão se conduzindo conforme o proceder de cada espírito imperfeito.

– O que a senhora quer dizer com isso? – perguntou outro espírito.

– Que alguns estão conseguindo vencer o longo caminho e outros estão caindo, por falta de força e fé em Deus, pois se deixaram envolver pela vontade dos espíritos sofredores que os influenciam dia e noite.

– Por favor, Governadora, nós poderíamos saber quem está se deixando envolver pela força da matéria?

Amanda pensou, fez um gesto com a mão, como se estivesse pedindo tempo para responder a pergunta, depois começou a falar em seu ritmo pausado:

– Eduardo, o nosso Louis, e Angélica, a nossa Lucélia, que pediram ajuda e apoio do nosso Hugo, atualmente Fernando. Esses dois não estão conseguindo vencer suas batalhas, mas ainda está cedo para sabermos o final de suas existências. – Quanto à Ana Lúcia, o espírito que pediu o Hugo ou Fernando para recebê-la, como filha, fracassou e já voltou à pátria espiritual e até o presente momento continua perambulando pelas cidades umbralinas, pois ainda não conseguiu forças suficientes para se deixar socorrer pela nossa equipe.

A mulher baixou a cabeça, como se estivesse sentindo uma dor superlativa e prosseguiu, olhando as feições dos presentes:

– Quanto ao Hugo, atualmente Fernando; Albert, hoje Alberto; Iolanda, a atual Conceição; a nossa querida Carla, encarnada como Sabrina; Albert Júnior, que resolveu reencarnar junto do pai de então, como o motorista Jorge; a nossa simpática Viviane, atualmente a Dra. Janine, e outros, estes estão conduzindo suas novas existências sem grandes novidades, a não ser as provações que cada um tenta vencer.

– E o que foi feito daquele amigo, conhecido como Gordo, por causa de seu jeito bonachão? – perguntou Vinícius.

– Ele está encarnado como o Dr. Almeida, médico e amigo da Dra. Janine, antiga tia Viviane, que tanto o amava na encarnação anterior.

– Não é possível que o Gordo esteja convivendo profissionalmente com a Viviane – espantou-se um espírito.

– Claro que está – confirmou a Governadora. – Eles continuam sempre unidos, e a palavra da Dra. Janine é lei para ele, que é médico chefe de uma das fundações pertencentes ao nosso Hugo, hoje o empresário Fernando.

Com essas palavras, a Governadora ergueu-se e deu a reunião por encerrada.

– Que pena – lamentou-se um dos espíritos.

– Por que você lamenta, Rodolfo? – curiosa, perguntou a Dra. Cristina Cris.

– Ora, porque eu queria saber como anda a vida do todo poderoso Albert.

– Outra dia conversaremos mais a respeito daqueles que retornaram ao mundo corporal, com o objetivo de aprender, provar e expiar. Agora, por favor, vamos ao trabalho – ordenou a Governadora, desaparecendo da sala como num passe de mágica.

Capítulo XXIV

Piora o estado de saúde de Alex

Médicos e enfermeiras caminhavam em seu ritmo ligeiro a fim de atender os doentes, principalmente aqueles que necessitavam de mais cuidado. O vai-e-vem das pessoas que faziam parte do quadro de médicos, enfermeiros e funcionários, era intenso dentro do pequeno hospital. A rotina havia retornado ao normal. Alguns se cumprimentavam, outros paravam e faziam comentários a respeito deste ou daquele doente, indicando que a vida continuava, apesar da tristeza que geralmente abraça um hospital, lugar de pessoas que estão em busca de saúde e até mesmo de sobrevivência.

Por alguns instantes Fernando havia deixado Alex aos cuidados do Dr. Almeida. O menino era acompanhado pelos familiares, como se todos estivessem prevendo a morte do menino. Fernando preferiu afastar-se um pouco para pensar no que deveria fazer naquele dia atípico, se ia para casa preparar-se para o trabalho no seu escritório, se naquele dia permaneceria ao lado do amigo, que estava morrendo, ou se fazia uma visita rápida ao filho e à ex-esposa, enfim, pensava inclusive nos negócios importantes que tinha para resolver. "Devo tomar muito cuidado, senão vou terminar enlouquecendo, ou no mínimo tendo um sério problema de saúde", pensou o homem, no momento em que seu celular tocava.

– Alô!

– Dr. Fernando?

– Sim.

– Aqui é do hospital onde a dona Angélica está hospitalizada – informou a pessoa do outro lado da linha. – Sou médico e cuido da dona Angélica.

– O que houve, doutor?

– Ela teve uma crise muito grande, beirando a loucura – disse o médico que havia feito a cirurgia nos pulsos da mulher.

– E daí, doutor?

– O diretor do hospital quer transferi-la para um nosocômio ou uma clínica de repouso, indicada para esse tipo de paciente.

– A que tipo de "paciente" o senhor se refere?

– Bem...

– Não precisa explicar, doutor – disse em voz baixa o empresário. – Avise o diretor desse hospital que cumpra a obrigação dele.

– Mas...

– Esperamos que essa interferência não piore o estado de saúde da Angélica, a fim de não ser necessário instaurar um inquérito para descobrir de quem seria a culpa – disse o empresário, sem ouvir mais o médico.

– Mas...

Fernando desligou o celular e depois o colocou no bolso, porém, como se tivesse esquecido de algo, pegou o aparelho novamente e desligou-o completamente, enquanto pensava: "Coisinha mais chata. Já tenho problemas demais". Ele fez um sinal para a Dra. Janine e logo em seguida ambos conversavam no corredor.

– Janine, preciso sair para resolver alguns problemas.

– Por que você está me dizendo isso?

– Porque não quero ter uma surpresa.

– Que surpresa, Fernando?

– De encontrar o Alex sem vida quando eu voltar.

A médica consultou o relógio de pulso, depois pensou e disse, olhando para o homem:

– Não tenho certeza, mas ele ainda deve resistir algumas horas, segundo a nossa experiência e os exames que terminamos de fazer – disse ela com voz pausada, como se estivesse com muito cuidado com o que estava dizendo. – Vá, pois ficarei atenta ao menor detalhe do estado de Alexandre e o avisarei imediatamente se notar algo no quadro clínico do nosso garoto.

O homem fitou a mulher, sorriu e pensou: "Acho que encontrei alguém que me faz feliz. Espero não estar enganado".

O homem se despediu e caminhou rápido em direção ao seu carro, enquanto os seguranças também entravam em seus carros e arrancaram em direção ao endereço que o patrão havia lhes informado.

No hospital onde Angélica se encontrava internada, alguém bateu à porta de um consultório e ouviu uma voz irritada ordenar:

– Entre!

– Diretor, um homem acompanhado de seguranças estacionou o carro no pátio e se encaminha para a enfermaria onde se encontra internada a dona Angélica – informou uma enfermeira, com o rosto vermelho, talvez de medo ou nervoso. – Acho que é o Dr. Fernando, o poderoso empresário, ex-marido dela.

– É melhor que seja ele, pelo menos ficaremos livre dessa mulher perigosa e louca – respondeu o médico diretor do hospital. – Você sabia que essa senhora é traficante e que está presa?

– Doutor, não me interessa a vida particular dos nossos pacientes – respondeu a enfermeira, dando a entender que não queria se intrometer no assunto particular da paciente.

– Bem, já cumprimos o nosso dever – disse o diretor, despachando a enfermeira.

A moça fez um gesto com a cabeça, como se estivesse a dizer: "Fiz a minha parte, agora quem quiser que agüente as conseqüências".

Ao chegar à enfermaria, Fernando ficou parado ao lado do leito em que se encontrava a sua ex-esposa, fitou-a com um gesto de piedade no olhar e pensou: "Não posso acreditar no que estou vendo. Nem de longe esta mulher se parece com a Angélica". Olhou de lado e observou que havia um homem e uma mulher, ambos vestidos de branco. Encostado na parede estava um homem vestido displicentemente, que se poderia adivinhar ser o policial que estava de plantão, pois, afinal de contas, a paciente era considerada uma pessoa de alta periculosidade e estava sob o controle da justiça.

– O senhor é o ex-esposo da dona Angélica? – indagou o homem vestido de branco.

– Sim.

– Muito prazer – disse o homem estendendo a mão. – Sou o Dr. Marcos, cirurgião, e por enquanto o médico que acompanha o estado de saúde da dona Angélica.

– Muito prazer, doutor – cumprimentou o empresário, apertando a mão do médico, demonstrando na voz simpatia pelo médico. – Foi o senhor que atendeu a Angélica por ocasião da tentativa de suicídio?

– Sim, senhor.

– Como ela está passando?

– Por enquanto está sob o efeito de tranqüilizantes, mas não sabemos até quando esse medicamento vai mantê-la calma.

– Quem queria interná-la num manicômio?

– O diretor do hospital, pois ela estava enlouquecida e perturbando o ambiente.

– Mande chamar o diretor deste hospital, por favor.

– Ele já foi informado – disse a enfermeira.

– O que ele disse? – perguntou o empresário, pálido e tentando se controlar, pois não era acostumado a ser tratado daquela maneira.

A enfermeira baixou a cabeça e ficou em silêncio.

Fernando entendeu o silêncio da moça e não quis constrangê-la. Olhou para o Dr. Marcos e o convidou:

– Vamos ao gabinete do diretor?

Fernando, o médico e a enfermeira se encaminharam em direção ao gabinete do responsável pelo hospital.

A enfermeira bateu na porta e ouviu a voz do diretor, dizendo:

– Entre!

A moça entrou e ficou olhando para o médico, sem nada dizer.

– Fale logo e desapareça, pois estou muito ocupado e não posso perder tempo com bobagens.

– Deixe, enfermeira. Eu falo pessoalmente com o senhor diretor – disse o empresário, entrando no gabinete, acompanhado do Dr. Marcos.

– Bom dia, diretor. Desculpe-me aborrecê-lo a esta hora – disse Fernando, estendendo a mão ao homem que estava sentando atrás de uma mesa.

O homem tentou se erguer, porém ouviu o empresário dizer calmamente e com educação:

– Não precisa se incomodar, senhor diretor.

– Mas...

– Arranje um bom apartamento para a dona Angélica, até que ela se recupere, sem precisar ser internada num manicômio ou coisa parecida – disse o empresário, como se estivesse ordenando.

– Senhor...

– Faça o que pedi o mais rápido possível, por favor, senhor diretor – disse o empresário, caminhando em direção à saída.

Antes de deixar o gabinete do diretor, num gesto educado e de agradecimento, o empresário pôs a mão no ombro do médico que acompanhava sua ex-esposa e disse:

– Dr. Marcos, a partir de hoje o senhor será o responsável pela dona Angélica, até que ela seja julgada e enviada a uma penitenciária ou quem sabe ser libertada.

– Sim, senhor.

– Qualquer problema, ligue imediatamente para minha residência, que lhe informarão onde estarei.

– Sim, senhor.

– Assim que ela estiver fora de perigo mandarei providenciar que seja imediatamente removida para um hospital particular – disse o empresário, olhando com simpatia para o Dr. Marcos. – Por enquanto só não mando transferi-la porque ela estará melhor em suas mãos, e, além disso, há os protocolos da justiça que precisam ser respeitados.

Fernando saiu do consultório em direção ao seu carro, acompanhado do Dr. Marcos, que naquele momento se sentia prestigiado por um homem que tinha poder. Ele já pensava no que iria dizer ao seu chefe, o diretor do hospital.

Assim que o Dr. Marcos despediu-se do empresário, encaminhou-se para remover Angélica para um apartamento, porém neste momento a enfermeira foi ao seu encontro e lhe disse, com a feição contraída:

– Dr. Marcos, o diretor quer falar com o senhor urgente.

– Já estou indo – disse o médico, caminhando em direção ao gabinete do diretor.

Após alguns minutos se encontravam sentados o Dr. Marcos e o diretor, ambos em silêncio.

– Dr. Marcos, este hospital tem um responsável nomeado pela Secretaria de Saúde do Estado, portanto não cabe a você tomar determinadas medidas sem o meu consentimento – disse o diretor do hospital, em voz pausada, mas firme, tentando controlar-se.

– Não tomei nenhuma decisão sem a sua autorização, senhor diretor – rebateu o Dr. Marcos.

– Esse tal de Fernando não pode chegar aqui distribuindo ordens, como se fosse sua propriedade – disse o diretor. – Ele está pensando que este hospital é uma de suas lojas, que qualquer pessoa pode dirigir.

O Dr. Marcos ergueu-se, pôs as duas mãos sobre a mesa do diretor e disse:

– O Dr. Fernando apenas pediu que eu tratasse de sua ex-esposa enquanto providenciava sua transferência para um hospital particular, mesmo assim só após resolver os problemas com a justiça.

– Está errado. Eu tinha que autorizar tudo que ele ordenou a você.

– Por que o senhor não falou tudo isso enquanto ele estava no seu gabinete?

– Porque...

– Não precisa responder, eu já sei porque o senhor nada disse.

– E por que foi?

– Porque o senhor não tinha razão para ponderar, pois errou a partir do momento que desejou se livrar da paciente, que além de se recuperar de uma tentativa de suicídio também sofre os horrores da síndrome de abstinência – disse o Dr. Marcos, calmo e com voz enérgica. – Nosso dever é curar as pessoas doentes, o restante não é conosco.

– Mesmo assim...

– Doutor, não tenho mais tempo para ouvi-lo. Sendo assim, vou ligar para o Dr. Fernando e dizer que o senhor não permite que a ex-esposa dele fique internada no hospital nem mais um minuto, porque o senhor não autorizou.

O diretor deu pulo da cadeira e gritou:

– Eu não disse isso!

– Então vamos parar com esse teatro, porque o senhor sempre quis ser o todo poderoso deste hospital, mandando, desprezando os funcionários e obrigando-os que façam o que o senhor manda.

– E daí?

O Dr. Marcos, que ainda continuava de pé, pensou, foi até a porta, abriu-a certificando-se de que não havia ninguém ouvindo, aproximou-se novamente da mesa do chefe e respondeu-lhe:

– E daí é que o senhor encontrou alguém que tem realmente poder e autoridade, constituída pelo seu esforço e trabalho, e que tem influência suficiente para mandar exonerar qualquer um de nós.

– Dr. Marcos, respeite-me, senão serei obrigado a pedir sua transferência deste hospital.

– Faça isso, pois é melhor para mim – rebateu o médico. – Agora, por favor, dê-me licença que tenho muito que fazer.

Enquanto o Dr. Marcos se retirava do gabinete, o diretor ficou sentado, pensando na vergonha que havia passado ao ser desautorizado. “Preciso me cuidar, senão daqui a pouco quem vai ser exonerado do cargo sou eu”.

Enquanto isso o empresário chegava à sua residência e se encaminhava a passos rápidos em direção ao quarto do filho, quando ouviu alguém chamá-lo. Ele parou e olhou para trás e observou que quem lhe chamava era Alberto. Assim que o homem aproximou-se, ele perguntou, pondo a mão no ombro do jardineiro:

– O que houve, Alberto?

– Doutor, fico com vergonha em incomodar o senhor, porque não está certo envolver nossos patrões em nossos problemas particulares – disse o jardineiro. – Mas preciso lhe fazer um pedido.

– Qual é o pedido, meu caro?

– Queria passar o dia com o meu neto, no hospital, mas para isso preciso que o senhor me dispense hoje do trabalho – pediu o homem, cabisbaixo.

O empresário ficou observando o vôo dos pássaros que pousavam na fonte, bebiam água e depois voavam rápido em várias direções, como se estivessem brincando com algo invisível ao olho humano.

– Está dispensado. Por enquanto deixe o trabalho pra lá, pois precisamos estar juntos para quando o nosso Alexandre for embora – disse o patrão, passando a mão no rosto, como se quisesse esconder a emoção que sentia naquele momento.

– Doutor, o senhor disse que o Alexandre vai embora – comentou o jardineiro. – Vai embora para onde?

– Para o seu verdadeiro mundo, para onde nós também iremos um dia – respondeu o empresário, sorrindo e fitando o céu azul.

– O senhor acredita nessas coisas?

– Que coisas, Alberto?

– Essas coisas desses religiosos, principalmente os espíritas quando dizem que nós somos imortais.

Em vez de responder, Fernando caminhou em direção às escadas de sua mansão e lá do alto gritou:

– Acredito, Alberto. Acredito sim.

Alberto sorriu e pensou: "Esse homem é muito bom. Mas também é ingênuo, a ponto de acreditar nessas bobagens". Neste exato momento uma friagem diferente o envolveu, fazendo-o arrepiar-se. "Que será isso? Parece que vi alguém sorrindo e depois sumir no ar. Talvez sejam as influências dessas histórias que ouvi nos últimos dias", pensou, enquanto encaminhava-se ao portão da mansão e tomava a direção do hospital onde o neto estava internado.

No hospital o garoto abriu os olhos, passou a língua nos lábios ressecados, olhou de lado sem mover o pescoço, observou que havia médicos e seus familiares e depois voltou a fechar os olhos, enquanto se ouvia um pequeno gemido controlado. "Meu Deus, dê-me a sua mão, pois já estou sentindo a vida ir embora. Aos poucos, a borboleta que há em mim quer sair deste casulo bendito que a abrigou e que agora está se deteriorando", pensava angustiado o menino, enquanto o suor alagava seu rosto, misturando-se a um líquido também salgado que escorria dos seus olhos e caía no travesseiro.

Capítulo XXV

A luta de Eduardo

Após a conversa rápida com o seu jardineiro, acompanhado de seu segurança de confiança, Fernando encaminhou-se rápido em direção ao lugar onde o filho encontrava-se trancafiado. Ao chegar defronte ao cômodo ocupado por Eduardo, o segurança imediatamente abriu o cadeado, depois a fechadura, em seguida empurrou a porta e afastou-se para o lado, convidando o patrão, com um gesto de mão, a entrar no ambiente.

Antes de penetrar o recinto, Fernando ficou parado na porta, esquadrinhando tudo com o olhar, sem querer acreditar no que via. A cama quebrada, o pequeno banheiro destruído e num canto do quarto Eduardo estava sentado, usando somente as roupas de baixo, mostrando a sua debilidade física no corpo magro e esbranquiçado, tremendo e com o olhar perdido no nada. O empresário passava a mão nos olhos e dizia baixinho para si: "Não posso acreditar no que vejo. É simplesmente impossível acreditar que aquela criança que embalei em meus braços com tanto carinho, fiz planos para o seu futuro, brinquei com ele, estudou nos melhores colégios do país e do exterior, que sempre foi um bom rapaz, educado e carinhoso, principalmente para com a sua mãe e irmã, esteja nessa situação tão precária. Não encontro nenhuma definição para esse quadro doloroso, que neste momento me deparo".

Como se não estivesse enxergando nada, Eduardo passeou o olhar pelo pequeno quarto e ignorou a presença do pai. Parecia que estava cego, ou coisa parecida.

Cautelosamente Fernando aproximou-se do filho, acocorou-se e ficou olhando aquele rapaz, que tudo indicava que não resistiria viver por muito tempo, haja vista o seu estado físico estar bastante debilitado.

Só não havia mais destruição no quarto porque nada havia que pudesse ser quebrado com a força do rapaz, que estava bastante frágil, a não ser a cama e um colchão que estava todo rasgado.

Os dois homens ficaram em silêncio por um longo tempo. O pai não sabia o que dizer àquele espectro de gente que se encontrava na sua frente, porque talvez o filho estivesse noutro mundo, pois tudo demonstrava que naquele momento de alheamento Eduardo não estava enxergando o pai.

Fernando ergueu-se, caminhou pelo quarto, pôs as duas mãos nas têmporas, apertando-as, pois parecia que a cabeça iria explodir a qualquer momento. Na verdade, o choque fora forte demais para o empresário, porque o mesmo se encontrava envolvido com um fardo pesado demais para suportar. "Será que Deus está me colocando à prova? Acho que sim. Sinto que estou perdendo as forças com tudo que vem me acontecendo ultimamente", pensou o homem, pondo as duas mãos na parede próxima ao rapaz, enquanto se deixava ficar quieto por alguns minutos, sem saber o que fazer. "O Alexandre está morrendo, a Angélica é viciada, traficante e por último tentou o suicídio, e aí, no canto do quarto, está o meu único filho nesse estado lastimável", pensava ele, cabisbaixo e ainda com as duas mãos apoiadas na parede.

Enquanto isso, na espiritualidade, dois espíritos caminhavam em silêncio numa grande alameda ladeada por jardins floridos com belíssimas rosas, que àquela hora exalavam um aroma não encontrado na Terra. A referida alameda interligava duas grandes enfermarias e uma das áreas que servia de lazer àqueles que estavam em convalescença.

– Será que o Hugo suportará essa nova existência resignadamente, a fim de não falhar? – perguntou a Dra. Cristina Cris, diretora da maior enfermaria do hospital da colônia espiritual, rompendo o silêncio incômodo entre os dois.

Rodolfo, o Coordenador Geral da colônia espiritual, parou e pôs a mão sobre o ombro da bela médica. Olhando profundamente dentro dos olhos azuis dela, respondeu-lhe:

– Dra. Cristina Cris, conheço o Hugo desde que éramos militares na Roma de Tibério César, portanto, como nós já reencarnamos juntos algumas vezes, pessoalmente, eu acredito que o nosso amigo e ex-coordenador desta colônia espiritual está tentando ajudar os vários espíritos que pertencem ao grupo que vem reencarnando junto há várias existências, principalmente aqueles que sofreram as conseqüências funestas do seu poder, em algumas etapas de suas existências. Bom, de qualquer maneira poderemos considerar essa sua reencarnação como Fernando, uma provação, porque ele está resgatando uma dívida muito antiga contraída quando ainda não havia encontrado a luz que o Mestre Jesus nos deixou há vários séculos.

A mulher, que estava com o semblante sério, meteu as mãos nos bolsos de seu uniforme e comentou, fitando o amigo e sorrindo:

– Meu querido amigo Rodolfo, me foi dado conhecer algumas de minhas existências, e uma delas se passou quando fui a mãe de Fernando, quando ele era um temido e feroz rei da Inglaterra, que mandou trucidar o seu melhor amigo por causa de uma princesa que ambos disputavam.

Rodolfo começou a andar em direção ao outro pavilhão, onde ficava a enfermaria que estava sob a orientação da médica, aproveitando para respirar o ar puro misturado ao aroma das flores tangido pelo vento.

– Doutora, a senhora está falando do Alberto, o jardineiro de Fernando, o Albert de ontem?

– Exatamente, meu caro – confirmou a médica. – Porém esses dois se uniram por laços de sangue quando ambos foram irmãos e juntos sofreram as dores e as torturas do Santo Ofício, e posteriormente condenados à morte.

– Por favor, doutora, explique-me um pouco dessa história.

– Atualmente as coisas estão mais calmas e ambos bastante unidos e empenhados em ajudar a todos que fizeram parte de suas existências durante vários séculos e que sofreram as conseqüências terríveis dos atos desencadeados por eles – explicou a médica espiritual, fitando o belo jardim. – Todavia, quando estão encarnados esquecem os pormenores do verdadeiro sentido de suas existências e dão asas aos seus piores defeitos, como aconteceu entre ambos quando viveram como pai e filho, ou seja, Albert e Hugo, destacando-se aí o arraigado orgulho do avô do Alexandre.

– Então Carla era a tal princesa que desencadeou a fúria do rei da Inglaterra contra Albert?

– Não. Conforme as informações que tenho sobre Carla, hoje a Sabrina, ela sempre foi querida e amada por Albert, porém esse nosso querido irmão não admitia que ninguém atravessasse o seu caminho, às vezes pondo em risco sua própria vida, como aconteceu quando ele quis seduzir alguém que também vem reencarnando sempre que pode com Fernando, pois ambos se amam desde séculos atrás.

– Você está se referindo à princesa Angelina, Viviane, e atualmente a Dra. Janine? – perguntou Rodolfo.

– Exatamente. Alberto sabe perfeitamente que a Sabrina o ama mais do que qualquer coisa neste mundo, a ponto de se sacrificar várias vezes por ele, inclusive dando a própria existência para salvá-lo de suas loucuras misturadas ao poder e ao seu eterno orgulho, que ainda continuam latentes em sua memória perispiritual – respondeu a médica em voz calma e pausada. – Eu só não entendo essa ligação profunda que o Fernando tem por Alexandre.

Rodolfo, que estava de cabeça baixa, respirou profundamente e disse:

– O Fernando já teve várias encarnações acompanhando o Domingos, por isso ele sofre muito com a situação precária de saúde do nosso ex-Coordenador Geral da colônia.

– Posso saber um pouco dessa história entre o nosso ex-Coordenador e o Fernando? – curiosa, perguntou a diretora da enfermaria.

– Quando Domingos fora sacerdote em sua penúltima encarnação, Fernando, que na época era um jovem pescador, morreu em seus braços e feliz, pois tivera a oportunidade de ressarcir uma dívida que contraíra, enquanto rei da Inglaterra, quando mandou acabar com a vida de dois nobres, pai e filho, ou seja, os Condes de J., conhecidos atualmente por Alberto e Eduardo.

Ambos ficaram em silêncio e começaram a caminhar. Após alguns minutos Rodolfo parou e comentou:

– Cristina, daqui a pouco, nós e alguns espíritos amigos muitos ligados ao nosso ex-Coordenador da colônia, vamos assistir e ajudá-lo a voltar ao nosso mundo espiritual.

A médica apertou o braço do amigo Rodolfo, num gesto de quem estava emocionada, e disse-lhe, olhando em seus olhos:

– É difícil, muito difícil.

– O que é difícil, Cristina?

– Depois continuaremos a nossa conversa, mas por enquanto o dever me chama.

Ambos tomaram a direção de seus lugares de trabalho.

Enquanto isso, no mundo material, mormente na mansão de Fernando, ele já havia tomado uma ducha e encontrava-se deitado com o rosto voltado para o teto do seu luxuoso quarto, pensando: "Acho que ainda dá tempo de passar no meu escritório e depois voltar ao hospital, para visitar o meu amigo Alexandre. Conforme os acontecimentos que me esperam, voltarei ao quarto do Eduardo e verei se o mesmo já está em condições de conversar", o empresário pensava, enquanto erguia-se e começava a se vestir, com o objetivo de seguir para seu escritório no centro da cidade, antes de voltar ao hospital.

Ao se vestir, Fernando mostrava-se inquieto, porém, enquanto ajeitava o nó da gravata, sentou-se num confortável sofá e tomou uma xícara de café com leite, mordeu um pedaço de queijo branco e o mastigou com dificuldade, pois estava sem fome. "Estou com muito sono, mas não posso parar, senão vou desabar de vez e eu não posso adoecer, aliás, nunca poderei adoecer, pois se isso acontecer quem vai ficar à frente dos meus negócios?", pensava o homem, erguendo-se e conferindo uns documentos que estavam sobre uma mesa na ante-sala de sua suíte. "Tenho uma diretoria e muita gente de confiança, mas também sei perfeitamente que há inimigos inerentes aos meus negócios e que estão esperando um vacilo de minha parte para a concorrência me deixar acabado para sempre", continuava a pensar o empresário, agora dirigindo-se ao seu carro, que já estava preparado.

– Bom dia, Jorge.

– Bom dia, patrão.

– A segurança já está pronta?

– Sim – respondeu o motorista. – Doutor, o senhor está indo mais cedo para o escritório?

– Sim, meu caro Jorge, pois pretendo apenas fazer alguns contatos do escritório e correr para o hospital.

O motorista olhou o rosto do patrão pelo retrovisor interno e começou a pensar: "Esse homem vai terminar tendo um problema muito sério de saúde. Passou a noite sem dormir e assim que amanheceu já estava visitando aquela maluca de sua ex-mulher e o coitado do Dr. Eduardo, sem falar naquele garoto que está morrendo no hospital, que me parece ser muito querido, principalmente por ele".

– Doutor Fernando – chamou o motorista.

Fernando, que estava com os olhos fechados, recostado na confortável poltrona de couro do carro importado, ajeitou-se no banco e perguntou, olhando o motorista pelo retrovisor interno do carro:

– O que houve, Jorge?

– Será que o Alexandre vai morrer?

O empresário passou a mão no rosto, olhou o trânsito que passava por si e respondeu em voz baixa:

– Não sei, Jorge.

– Gosto muito daquele menino – comentou o motorista. – A dona Conceição e a dona Sabrina não merecem isso.

Fernando permaneceu em silêncio.

– Doutor...

– Hoje você está com a língua solta, meu caro Jorge.

– Desculpe-me, patrão, mas parece que já o conheço de algum lugar – disse o motorista.

– Ora, Jorge, nos conhecemos há alguns anos.

– O senhor não entendeu, chefe – disse o motorista, meio aborrecido. – Estou falando de outro lugar.

O patrão passou a mão no rosto, como quisesse espantar o sono, e disse meio aborrecido:

– Jorge, por favor, não venha pôr mais bobagens em minha cabeça, que já está quente demais.

– Doutor...

– Diga lá, Jorge.

– Se alguém lhe fizer algum mal eu darei a minha vida para salvá-lo – disse o motorista, com ar ingênuo – Gosto do senhor como um pai, apesar de ter a sua idade.

– Jorge, dirija o carro, pois quero chegar o mais rápido possível ao escritório e correr para o hospital – disse o empresário, passando a mão nos olhos, desconversando o assunto do motorista.

"Também gosto muito do seu Alberto, o jardineiro. Respeito-o como se fosse uma pessoa muito importante para mim", pensou o motorista, enquanto descia o subsolo do imponente edifício, onde ficava o escritório das organizações que o seu patrão era o dono e presidente. Após estacionar o veículo, desceu e abriu a porta para o empresário sair.

Fernando desceu do carro e caminhou rápido em direção ao seu escritório, porém não demorou, pois dentro de trinta minutos ele voltava e entrava novamente no carro e ordenava:

– Vamos para o hospital, imediatamente.

Jorge nada falou, apenas ficou observando os gestos do patrão, que estava ansioso. "Será que ele recebeu algum telefonema da Dra. Janine avisando que o Alexandre piorou no seu estado de saúde?", questionava-se o motorista. "Gosto muita da Dra. Janine, também".

– Jorge, cuidado com o trânsito.

– Deixe comigo, patrão.

– Estou alertando-o porque me parece que você tirou o dia para pensar bobagens.

– Como o senhor sabe que eu estava pensando?

– Sei lá, acho que estou muito cansado e pensando bobagens como você.

O telefone móvel do empresário tocou uma, duas, três vezes e o homem não quis atender.

– Doutor, o telefone está tocando.

– Eu sei disso, mas estou com receio de atendê-lo e receber uma má notícia – disse o patrão.

– Atenda ao telefone, chefe, por favor. Pode ser que a Dra. Janine queira avisá-lo de algo muito importante.

Fernando pensou e atendeu ao telefone:

– Alô!

– É você , Fernando?

– O que houve, Janine? – o homem respondeu com outra pergunta, enquanto enxugava o suor da testa, causado pela tensão daquele telefonema.

– Alô, Janine! O que houve?

– Venha imediatamente para cá. Acho que o nosso Alexandre está se despedindo desta vida.

O homem nada falou. Apenas desligou e ficou com o telefone na mão, com o olhar fixo no trânsito que passava, porém nada via, pois o pensamento estava longe, muito longe dali.

– O Alexandre está mal, patrão? – perguntou o motorista, passando um dos dedos no canto dos olhos.

– Dirija mais rápido, Jorge – ordenou o empresário, apertando o celular que ainda estava em sua mão.

– Doutor, já estou acima de cem quilômetros por hora.

– Aumente essa velocidade, Jorge! – ordenou o patrão. – Este carro tem potência para desenvolver uma velocidade duas vezes maior do que essa.

– Patrão, o trânsito não permite isso.

– Você está ficando velho e tem medo de dirigir!

– Calma, patrão. Já estamos chegando. Além disso a fiscalização pode nos multar.

– Eu quero lá saber de multa, Jorge!

– Mas...

– Dirija, Jorge, e deixe de conversa fiada!

Após alguns minutos o carro entrava na Unidade de Saúde Infantil. O empresário desceu e, quase correndo, dirigiu-se ao quarto do garoto. Ao chegar ao local onde se encontrava o paciente, abriu a porta e ficou parado, pois naquele momento sentiu suas pernas enfraquecerem. Sua vista ficou turva, deu ânsia de vômito, sentiu um suor frio escorrer pela sua espinha dorsal e imediatamente sentou-se numa cadeira que a médica ofereceu a ele, pois entendeu o que estava se passando com o seu chefe.

Capítulo XXVI
O retorno de Alexandre

Fernando sentou-se na cadeira oferecida pela médica, afrouxou o nó da gravata, respirou fundo, depois tomou dois goles da água providenciada com urgência pela enfermeira. Aos poucos o homem foi voltando ao seu estado normal. Relanceou o olhar pelo quarto e viu a cama de Alexandre rodeada por algumas pessoas que logo reconheceu como sendo a mãe, a avó, o avô, o Dr. Almeida e a enfermeira que estava inquieta, não se sabe se com o estado enfermo do menino ou se com algum problema particular que naquele momento triste lhe afligia o coração. O homem passava a mão no paletó e nos cabelos, tentando de qualquer maneira controlar-se e dominar as emoções e os nervos, pois diante daquela situação crítica, a morte de um ser humano, principalmente alguém que amava muito, não conseguia encontrar uma maneira para se posicionar com aquele ar seguro que sempre mantinha como um poderoso homem de negócios, rico e influente.

– Você precisa descansar, Fernando. Às vezes o estresse se torna muito perigoso – aconselhou a Dra. Janine, com carinho, pondo as mãos em seus ombros e fazendo uma pequena massagem disfarçada. – Se não se cuidar, a qualquer momento poderá ter um colapso nervoso, que deixará seqüelas desagradáveis.

– Não se preocupe, Janine. Já estou melhor – disse ele, pondo a sua mão com carinho sobre a mão dela. – Deve ter sido porque passei a noite sem dormir, acompanhando o Eduardo.

O empresário ergueu-se com certa dificuldade e caminhou em direção ao leito de Alexandre. Algumas pessoas que rodeavam o garoto se afastaram para o lado, enquanto o homem timidamente aproximava-se do doente, enquanto perguntava-se: “Será que o meu dinheiro não serve para nada, nem para devolver a vida a essa criança que tanto amo? Então para que serve todo esse dinheiro e influência que possuo, se sofro as conseqüências daquilo que não posso comprar e minha influência nada pode fazer?”, continuou a se questionar.

Alexandre estava macérrimo e com as mãos esqueléticas. Em seu rosto não se podia mais identificar quem fora aquele menino antes da doença, pois estava fisicamente modificado. Seus olhos estavam embaçados, e quem o tocasse sentiria o corpo quente. Mesmo assim, com um esforço sobre-humano olhou para o empresário e apareceu em seu rosto um sorriso, notado apenas por aqueles que observaram os lábios formando aquilo que poderia ser um sorriso de satisfação com a chegada do seu amigo Fernando.

O empresário pensou em várias coisas para dizer, porém achou melhor ficar em silêncio, pois a seu entender o garoto estava morrendo. “O que vou dizer? Que não consegui salvar a sua vida, apesar do meu dinheiro?”, pensou, baixando a cabeça e sentindo um líquido quente e salgado escorrer pelo rosto, imediatamente secado com um lenço que tirou do bolso do paletó, aproveitando para também secar o suor do rosto.

Em silêncio, Sabrina estava debruçada sobre o filho, enxugando o suor que descia pela sua fronte, ao mesmo tempo em que passava a ponta do lençol do doente em seu próprio rosto.

Alexandre demonstrava sua dor apenas por gestos do corpo débil, que aos poucos deixava este mundo. Ora seu rosto transformava-se num esgar, ora apertava o lençol que o cobria, ora olhava algo que somente ele via, às vezes gemia, porém tentava abafar cerrando os dentes. Talvez, quando sentia uma pequena melhora, passeava o olhar pelas pessoas que rodeavam seu leito e pensava agoniado: “Morte. Ah, Morte! Tu és a causa das aflições da humanidade, porque esta acredita que tu és o fim. Minha irmã Morte, tu és implacável, não perdoas, não tens piedade, não pensas, não choras, não te enterneces, és fria como o mármore das lápides das sepulturas, não prorrogas o teu prazo, a pedido de ninguém. Será que tu cumpres ordens do teu Deus, ou fazes as coisas como senhora absoluta do ser humano? Quem te dá as ordens? Será que é o Teu Pai, o Teu Senhor, ou ninguém te ordena absolutamente nada, porque tu não existes, tu nada és, tu és uma simples criação da imaginação do ser material que, ao ser destruído, liberta a borboleta, que voa em direção a lugares onde tu não existes? Ah, Morte! Mas tu fazes medo, muito medo. A humanidade tem medo de ti, tu és a rainha absoluta do mundo material, mas no espiritual tu és apenas uma lembrança daqueles que voltaram através de ti. Sabes, Morte, eu não acredito em ti, pois fui criado por Deus, portanto sou eterno e não morro. De qualquer maneira muito obrigado, Morte, porque tu nos dás condições de aos poucos deixar essa prisão – o corpo de carne – e seguir em direção às paragens onde tu não existes mais. Para quê? Mas como é bom saber que o Criador, o Teu Criador, te coloca como instrumento de medo, de dor e de sacrifício para aqueles que ainda estão longe de saber que tu não existes. Tu existes? Então por que não acabastes com o Filho de Deus, Jesus? Não. Não acabastes com Ele, porque Ele está aqui olhando para ti, dizendo: Eu sou o caminho, a verdade e a vida. E agora, Morte, onde está o teu poder? O poder e a glória não pertencem a ti, porque o Gênio te criou somente na mente do ser, portanto tu não existes. Mesmo assim, muito obrigado, Morte, porque tu matas apenas o meu corpo, porque a mim, espírito, tu jamais conseguirás destruir. Lembra-te, Morte, de quando lutaste comigo? Fizeste-me medo, mas não conseguiste fazer com que eu esquecesse que tu és boa, muito boa, porque ajudaste-me a voltar ao meu mundo, à minha casa, quando vivi num corpo que tu destruíste, pondo a culpa numa peste que aproveitaste para levares ao túmulo milhares dos filhos do Senhor. Bem-aventurada és tu, Morte, que vem em nome do Senhor da Vida tirar essa roupa que é enviada à Terra, bendita Terra, que ajuda também em nossa libertação. Obrigado, Morte!"

A mãe dizia com voz meiga e sussurrante ao filho amado, enquanto olhava o rosto suado que aos poucos se transformava num espectro:

– Filho, não sei por que, mas estou feliz, apesar da dor intensa que sinto no coração neste momento crucial de sua partida.

De repente a mulher encostou o ouvido no peito do filho e notou que o mesmo respirava com dificuldade, como se estivesse a gorgolejar algo na garganta.

Fernando sentiu uma mão leve e carinhosa pousar em seu ombro. Olhou para trás e notou que era a médica. Ele fez-lhe uma pergunta com o olhar e ela assentiu com uma afirmação de cabeça.

Sabrina viu o movimento positivo da cabeça da Dra. Janine em resposta ao que perguntara em silêncio o Dr. Fernando e, encostando a boca no ouvido do empresário, perguntou-lhe:

– O que ela disse?

– Não se preocupe, Sabrina

– O que ela disse? – a mãe do menino repetiu a pergunta.

– Que o Alexandre está morrendo – respondeu o empresário, cochichando no ouvido da moça e passando a mão no nariz, querendo disfarçar a emoção que sentia e não conseguia sufocar.

Alberto, que estava próximo a Sabrina, com o olhar perdido não se sabe em que, quando ouviu o Fernando falar apertou o braço da moça e se afastou silenciosamente em direção ao canto do quarto, onde se acomodara, enquanto balbuciava algo como se estivesse conversando com alguém invisível ou orando.

Sabrina ergueu o olhar e viu aquele homem encostado no canto do quarto, cabisbaixo, passando o lenço no rosto e logo deduziu que ele estava chorando. Sentiu uma dor no peito de mulher jovem e bonita, mas era diferente, pois era uma dor que a envolvia num bem-estar nunca sentido até encontrar Alberto, o avô do filho que estava se despedindo do mundo. "Meu Deus, não tenho dúvidas de que amo esse homem. Ele é a minha vida, a minha alegria e tristeza, todo o meu eu resume-se nele. Deus, perdoe-me, mas não poderia viver sem ele. São dois amores de minha vida, meu filho que se vai e esse homem humilde, que é pobre, mas não é simples porque é rico de algo que ainda não sei explicar", pensava a moça. Logo em seguida voltou a se concentrar em Alexandre.

Maria da Conceição não parava de ajeitar o lençol do menino, como se esquecesse de toda a sua dor, disfarçada naquele movimento automático, que já estava irritando a enfermeira.

Há várias maneiras da humanidade demonstrar as suas emoções, dores, sentimentos, tristezas, principalmente aquelas que envolvem uma perda importante para a vida, como a morte de alguém querido. A avó de Alexandre estava inquieta e não sabia o que fazer; para ficar calma encontrou em arrumar o lençol do neto uma maneira de extravasar sua dor, como se estivesse morrendo com Alexandre, pois aquele neto era um pedaço de si.

O Dr. Almeida estava de cabeça baixa, com os braços cruzados, fitando a Dra. Janine, pensando: "Coitada da minha amiga! Como ela está sofrendo com a ânsia da morte de Alexandre, assim como sente a dor do meu amigo Fernando. Ela deve amar muito esse nosso patrão, pois a vejo quase diariamente com os olhos vermelhos. E tenho certeza que é de chorar por ver o Fernando sofrendo direto sem ter uma única trégua", continuou a pensar o médico.

Sentado num dos degraus que dava acesso à Unidade de Saúde Infantil, o motorista do empresário estava com o olhar perdido no vazio, passando de instante em instante a manga da camisa nos olhos, como se estivesse a enxugar as lágrimas que desciam, por saber que o amigo de seu patrão estava morrendo. "Será que meu patrão não terá um pequeno momento de paz, ou pelo menos sem sentir tanta dor no coração?", pensava Jorge, que sofria com a dor que o patrão estava sentindo.

Por alguns segundos Alexandre respirou normalmente e olhou à sua frente e sorriu. Desta vez o sorriso abriu-se no rosto como se ele momentaneamente houvesse tido uma melhora.

Sabrina, que a tudo prestava atenção, percebeu esse detalhe e imediatamente aproveitou para perguntar:

– Meu filho, o que você está vendo?

O menino sorriu novamente e respondeu com certa dificuldade, com voz quase inaudível, ouvido apenas pela mãe, que encostou o ouvido na boca do filho:

– Meus...

– Quem, filho?

– Amigos...

Naquele momento os espíritos Amanda, Cristina Cris, Rodolfo e outros amigos espirituais estavam rodeando a cama do ex-Coordenador Geral da colônia, sorrindo como se o enfermo estivesse passando bem. Todos sorriam e faziam gestos positivos para Alexandre, que parecia conversar com eles numa linguagem que ninguém ainda conhece neste mundo.

Dois espíritos da equipe de socorro estavam ao lado do moribundo, fazendo uma operação ainda desconhecida para os encarnados. Eles estavam trabalhando nos laços perispirituais e em seu corpo físico, a fim de que Alexandre voltasse ao mundo espiritual de onde viera.

A Governadora Amanda ria e ao mesmo chorava de alegria por ver seu grande amigo de várias existências vencendo mais uma reencarnação na Terra. Ela estava de braços estendidos em direção ao enfermo. Havia aumentado o barulho inquietante da respiração do menino. Com voz dócil e carinhosa, ela dizia para ele:

– Venha, meu filho bem-amado.

O espírito Rodolfo rodeou a cama e ficou ao lado da cabeça de Alexandre. Ele curvou-se e beijou-lhe a testa, enquanto dizia:

– Tenha coragem, meu amigo.

Alexandre sentia que a cada momento lhe aumentava a falta de ar, parecendo até que não havia mais ar nos pulmões.

Um dos espíritos responsáveis por aquela difícil operação de desatar os laços peripirituais fitou a Governadora Amanda e disse:

– Pronto, Amanda. O nosso ex-Coordenador Geral está livre.

Os encarnados, principalmente a mãe de Alexandre, que prestava atenção na respiração do filho, notou que o menino parou de respirar. Ela olhou para a médica e esta imediatamente fez alguns exames de praxe. A médica olhou para o Dr. Almeida e declarou:

– O Alexandre veio a óbito.

– O meu filho morreu? Não posso acreditar que Deus levou o meu querido filho! Mas ele vai me devolvê-lo? – perguntou Sabrina, atônita, com as mãos na cabeça.

Depois ela apertou as têmporas numa dor atroz, incapaz de ser descrita através desta simples narrativa.

– Sim, Sabrina. O nosso Alexandre foi para outro mundo, segundo os religiosos.

Silêncio.

Como se estivesse sem saber o que fazer, Sabrina fechou os olhos, abraçou o corpo do filho, chorou, mas se manteve quieta, engolindo em seco a saliva que não vinha. Não pensava. E se pensava não conseguia coordenar as idéias. Tremia como se estivesse em convulsão. Baixou a cabeça e nesse momento sentiu uma pequena fisgada. Era o Dr. Almeida aplicando-lhe uma injeção. Logo a mulher fechou os olhos e foi levada dali completamente sedada.

Alberto aproximou-se do corpo, olhou para o neto, depois para o empresário e abraçou aquele corpo sem vida e chorou, chorou enquanto dizia:

– Você é muito ingrato. Mais uma vez você está sendo ingrato comigo.

Fernando, que estava estático, sem saber o que fazer e muito menos o que dizer naquele momento crucial, abraçou o jardineiro e ficou em silêncio, o silêncio daqueles que perderam algo importante e ficam impotentes diante do inevitável.

Alexandre, após deixar aquele corpo doente e alquebrado, sentiu um enorme bem-estar, como se houvesse se curado num passe de mágica. Tentou erguer-se e conseguiu. Ficou em pé, olhou ao redor e viu os braços daquela mulher estendidos. Aproximando-se dela, perguntou:

– Quem é a senhora?

– Por enquanto, vamos embora. Depois conversaremos e explicaremos tudo – disse Amanda.

– Para onde a senhora está me convidando?

– Ora, para a sua casa.

Alexandre olhou novamente para o quarto e o pessoal que conhecia tão bem e viu deitado na cama do hospital um corpo doente, esquelético e sem vida.

– Quem é esse garoto que morreu? – perguntou Alexandre.

– Era o corpo que serviu de morada para você por quase dez anos – respondeu o atual Coordenador Geral da colônia espiritual.

Apesar de ser um espírito um pouco elevado na escala espírita, Alexandre não entendeu o que estava acontecendo e começou a entrar em pânico, consequentemente a se perturbar.

– Mamãe, estou aqui, muito bem – disse ele, aproximando-se de Sabrina antes dela ser conduzida a um quarto. – Por favor, fique calma, pois estou muito bem.

Amanda olhou de esguelha para a equipe de socorro que ainda estava no ambiente e ordenou:

– Vamos levá-lo e interná-lo em nosso hospital imediatamente. O nosso Domingos está entrando no período de perturbação, normal aos espíritos que desencarnam após conviverem mesmo um pequeno tempo no estado corporal.

– Amanda, o Domingos já devia saber que não pertence mais ao mundo material – comentou o Coordenador Rodolfo.

– Meu querido amigo, ninguém consegue conviver com a matéria e depois voltar ao mundo espiritual sem ficar perturbado por dias, meses e vários anos, a não ser um espírito superior, que dificilmente encarna em mundos inferiores como a Terra.

– Entendi, querida amiga – disse Rodolfo.

Domingos, ou Alexandre, estava dormindo, envolvido e aconchegado no peito da Governadora.

– Vamos, meu filho – disse ela com carinho. – Daqui uns dias, quando acordar, estará refeito das seqüelas de sua encarnação como Alexandre, até porque não houve tempo suficiente para conhecer e vivenciar os defeitos da humanidade que ora habita a Terra.

Os espíritos se entreolharam, sorriram e se despediram dos encarnados, mesmos sem eles notarem. Estes continuariam suas existências e os espíritos foram para a colônia espiritual.

Capítulo XXVII
Sabrina e Alberto

Quinze dias se passaram após a morte de Alexandre. A família continuou com suas atividades, porém ninguém conseguiu esquecer um segundo sequer a perda do ente querido, principalmente quando todos se sentiram impotentes para debelar aquela doença que apesar de ser destruidora – um tipo raro de câncer que havia conduzido o garoto à morte – não era tão agressiva assim e poderia ter sido curada logo no início se não fosse o erro do diagnóstico médico.

Fernando tornou a se preocupar com a sua gente e seus negócios, todavia, com a morte do amigo, restou-lhe uma grande dor e um enorme vazio no peito, e agora, com a ajuda da namorada, a Dra. Janine, continuou enfrentando seus problemas, principalmente em relação a Eduardo, que tudo indicava estar se recuperando muito bem do vício das drogas. Angélica teve alta do hospital e também foi solta, ficando à disposição da justiça, pois seu crime era inafiançável. Ainda assim, para aqueles que têm dinheiro e influência, esse problema praticamente deixa de existir. Era o caso de Angélica, que era defendida por advogados competentes nesses assuntos, pagos a peso de ouro, e mantidos pelo empresário com a finalidade de deixar a ex-mulher responder ao processo em liberdade. Mas, mesmo com todo o apoio do ex-marido, Angélica não ficou um minuto morando na mansão, apenas agradeceu ao empresário e desapareceu novamente não se sabe para onde.

Após um dia de trabalho intenso, talvez para esquecer a morte do neto, Alberto se mantinha em silêncio com o olhar fixo na parede oposta, sentado numa das cadeiras novas que havia comprado, junto com uma mesa para melhorar o aspecto da pequena casa de Conceição. O homem ergueu-se, abriu a porta e ficou em pé na soleira da residência, dando a impressão de que estava observando o céu naquele início de noite.

Sabrina, que cantarolava baixinho uma música qualquer, porém de melodia triste, estava na cozinha fazendo algo para ambos jantarem.

A dona Conceição se preparava para ir ao trabalho, que era noturno. Sabe-se que ela trabalhava como faxineira no prédio onde funcionava o escritório do Dr. Fernando. O seu turno era o da noite, pois durante o dia ela não podia realizar determinadas tarefas, principalmente a faxina do vidro blindado que fazia às vezes de parede do imponente edifício.

Desde a morte do neto, Alberto passou a evitar qualquer tipo de conversa que viesse a denotar algo mais íntimo com a Sabrina. Ele achava que não era direito aproveitar-se da fragilidade da moça, porque ela atravessava um momento de grande sofrimento por causa da perda do filho, e além disso não queria perder a confiança daquelas duas mulheres. Era um homem simples, mas honrado. Não possuía bens e nem cultura, entretanto guardava consigo o que muita gente não possui: honra, dignidade e respeito.

Sabrina não parava de pensar no avô de seu filho, todavia respeitava o silêncio dele, como se estivesse esperando que Alberto decidisse algo por si. "Esse homem é tudo o que eu quero na minha vida, mas não devo andar me oferecendo porque segundo a sociedade muitas coisas estão contra nós", pensava a bela morena. "Sou mais nova do que ele, quase vinte anos, além disso Alexandre era seu neto, sem falar do tempo que passei com o filho dele. Não é justo pensarmos em nós enquanto durar essas dúvidas convencionais em mim e, quem sabe, nele também", continuou a pensar a mulher.

– Seu Alberto, vamos jantar? – convidou a moça, surpreendendo o homem que continuava a fingir que fitava o céu.

“Ela voltou a me tratar como ‘seu Alberto’, sinal de que tudo não passou de um sonho de um homem velho e sem dinheiro”, pensou Alberto, dirigindo-se à mesa e sentando-se ao redor dela.

– É comida simples, mas dá para matar a fome – disse a moça, com voz baixa, enquanto servia o homem.

Ninguém tinha assunto, pois ambos reagiam ao contrário do que ditavam seus pensamentos, principalmente os corações, que estavam com as batidas alteradas, demonstrando o quanto eles se queriam. Depois que ambos voltaram a pensar normalmente, sem a influência das emoções que sentiram nos últimos dias, o sistema imposto pela própria cultura do povo pôs um freio nos dois.

Sabrina não sabia por que estava se sentindo alegre e tentava de qualquer maneira simular calma e até mesmo tristeza, porém os rubores de suas faces não a deixavam mentir.

Enquanto isso Alberto mastigava um bocado do alimento, pensando: “Cuidado, seu velho. Esse material não é para você. Onde já se viu um homem pobre e entrando na meia idade sonhar em ter em seus braços uma mulher linda e jovem como essa? Acorda, Alberto!”

– Como vai o Dr. Fernando e a Dra. Janine? – perguntou Sabrina de surpresa, talvez de propósito, pois sabia que ambos estavam namorando firme e talvez logo houvesse casamento.

– Não sei informar porque quase não vejo o patrão. Quanto à Dra. Janine só a vi uma única vez desde que o Alexandre se foi.

– Foi no hospital? – perguntou Sabrina, fazendo-se de desentendida ou querendo informações de onde ele a viu.

– Não. Foi na mansão do patrão, certo dia, após eu terminar o meu trabalho e me preparar para ir embora – respondeu o homem, sem demonstrar surpresa. – Eu soube depois que ela havia ido jantar com o patrão.

Sabrina pôs o talher no prato, apoiou o queixo nas mãos e ambos ficaram em silêncio.

– Toma café? Está fresco, foi feito agora mesmo – disse a moça encarando Alberto, com voz irritada, empurrando uma pequena garrafa térmica em direção ao homem.

Alberto sorveu uns dois goles de café, depois pediu licença e se retirou, caminhando para fora de casa, conduzindo consigo uma cadeira. Ele se sentou na pequena calçada da casa, cruzou as penas e começou a viajar por lugares belos, conduzido por seu pensamento. Mas também entrava no inferno, blasfemando contra o mundo, principalmente por não encontrar nenhuma saída para sua situação com a Sabrina. "Já sei o que vou fazer! Assim que arrumar um canto eu vou embora. Assim é melhor para todo mundo, principalmente para mim", pensava o homem, quando ouviu na porta alguém perguntar:

– Quer outra xícara de café, seu Alberto? – perguntou Sabrina, demonstrando na voz calma e cuidado para não cair no ridículo.

– Não, obrigado.

– Bem, vou dormir, pois estou muito cansada. Além disso tenho de levantar cedo porque amanhã começo a trabalhar num supermercado – disse ela. – Boa noite.

– Boa noite – respondeu o homem, tentando controlar a voz, pois se irritou ao saber que a moça ia deitar-se e deixá-lo a sós com seus pensamentos desencontrados da vida.

Após o cumprimento da moça, Alberto ergueu-se, guardou a cadeira e saiu de casa para dar uma volta no bairro, talvez para refrescar a cabeça torturada com os pensamentos que eram dirigidos à mãe do seu neto. Caminhou sem destino até chegar ao ponto do ônibus. Perguntou as horas a um rapaz que estava no local.

– No meu relógio são quase vinte e uma horas – respondeu o rapaz automaticamente.

"Ainda é cedo. Acho que vou até ao bairro mais próximo, espairecer um pouco. Não quero nem imaginar o que a Sabrina vai fazer nas horas vagas, no novo emprego no supermercado", pensou o homem. "Está com ciúmes, Alberto? Que coisa mais feia! Um velho se apaixonar por uma jovem sem ela saber e para completar ainda está com ciúmes", continuou a pensar Alberto, enquanto subia no ônibus.

No percurso entre o ponto de ônibus do bairro onde residia e o bairro a que se dirigia, ele observou de repente um rapaz jovem, moreno e com os cabelos compridos, que estava em pé, erguer um revólver e gritar ameaçador:

– É um assalto!

O motorista continuou dirigindo, olhando para o assaltante através do retrovisor interno. "Somente neste mês este ônibus sofreu dois assaltos. O pior é que o assaltante é o mesmo", pensou, tentando manter-se calmo, pois sabia que corria perigo.

– Levantem as mãos e não façam nenhum movimento, senão vão morrer! – ordenou o bandido, ameaçando os poucos passageiros que transitavam àquela hora.

Alberto, que estava sentado praticamente no meio do ônibus, fitou o rapaz e se manteve frio, como se nada estivesse acontecendo, mas pensava rapidamente numa saída: "O mundo está cheio dessa gente, que é o fruto de uma sociedade alienada e preguiçosa, que encontra somente um meio de viver: assaltar as pessoas de bem, em vez de trabalhar. Também não posso condená-lo, pois o meu filho era um bandido perigoso e morreu assassinado pelo seu inimigo".

O rapaz aproximou-se de Alberto com o revólver ameaçador, apontando-o para os passageiros e exigindo que todos pusessem na cadeira tudo que conduziam, principalmente qualquer objeto de valor.

– Você aí, erga os braços! – ordenou o assaltante a Alberto, que não perdia um movimento dele e não queria obedecer às suas ordens.

O homem ergueu os braços, todavia, no momento em que o marginal berrava para se fazer obedecer, Alberto segurou num gesto rápido o braço dele desarmando-o, mas não impediu que o assaltante disparasse a arma, atingindo-o em cheio no seu peito direito. Antes de cair e perder os sentidos, o ferido viu o bandido ser dominado. O motorista e alguns passageiros correram em direção ao homem que estava ferido, enquanto o sangue escorria espalhando-se no piso do ônibus, eles verificaram que aquele corpo ainda tinha vida.

A polícia e ambulância foram alertadas e dentro de poucos minutos o assaltante era preso e Alberto, que perdia muito sangue, foi conduzido ao pronto-socorro, desfalecido.

Amanheceu. Sabrina acordou meio atordoada, pois estava com medo de perder o horário, porque era seu primeiro dia de emprego com carteira assinada e com todos os direitos. Ela estava feliz. Saiu do quarto, em direção ao banheiro, e olhou de lado, para o canto onde o Alberto dormia em seu colchão e não o viu. Abriu a porta e não viu ninguém. "O seu Alberto deve ter saído muito cedo, pois não há nem sinal dele. Bem, o problema é dele".

Após tomar um pouco de café, a moça correu ao quarto e ficou olhando para dentro de um velho guarda-roupa, que sua mãe havia comprado numa loja de usados, enquanto pensava: "Tenho de arranjar dinheiro, pois preciso de roupa decente para ir ao trabalho, afinal de contas de agora em diante irei trabalhar num supermercado". A moça estava alegre e orgulhosa do seu novo emprego.

Enquanto se vestia, olhava-se num pequeno pedaço de espelho e conversava consigo em voz alta, como se estivesse repreendendo-se:

– Ontem você foi muito dura com o Alberto.

Ela fez um trejeito na boca e começou a se maquiar, enquanto pensava: "Bem feito, quem manda ele não se decidir? Quem ele pensa que é?"

De repente ela ouviu um ruído e parou de passar batom nos lábios. Ficou tensa, ouvindo, porém imediatamente reconheceu aquele pequeno barulho que sua mãe fazia ao girar a chave da porta. "É a mamãe que não deixa essa mania de entrar em casa sem avisar", pensou a moça.

– Sabrina! Sabrina! – gritou Conceição, entrando no quarto.

– O que houve mamãe? – perguntou a filha, meio aborrecida, porque já estava atrasada. – Por que a senhora está apavorada?

– Filha, aconteceu uma desgraça – disse Conceição, extremamente pálida, sentando-se numa cadeira com um copo de água na mão. – Antes de terminar o meu turno na limpeza do edifício alguém ligou para mim informando que o Alberto está hospitalizado.

Sabrina pensou, saiu de perto do pedaço de espelho, sentou-se numa cadeira próxima da mãe, respirou profundamente e comentou:

– Acho que essa pessoa deve estar enganada, porque até ontem à noite o seu Alberto estava aqui, conversando comigo.

– Quem ligou do hospital foi uma enfermeira que nos conhece muito bem – rebateu Conceição.

– O que aconteceu ao Alberto, mãe? – perguntou a moça, passando a mão nos olhos e enxugando as lágrimas, que desciam pelo belo rosto caindo no piso de cimento queimado.

– Ela informou que ele levou um tiro.

– O que? Um tiro?

– Sim, filha.

A moça ergueu-se de um salto, andou em todas as direções como se estivesse procurando algo na minúscula residência, sem saber o que e nem o que dizer naquele momento. Respirou profundamente, buscando ar nos pulmões e não encontrava, sentiu suas mãos úmidas e frias e o coração disparar num aviso perigoso.

Conceição observou que a filha não passava bem e correu para atendê-la, com um copo de água na mão.

– Tome, filha. Beba um pouco – disse a mãe sem muita convicção, porém adivinhando o que se passava no coração da filha querida, pois já havia descoberto o amor que Sabrina nutria por aquele homem que entrou na vida das duas por intermédio do neto.

– Vamos, mãe – Sabrina convidou num gesto firme e enérgico.

– Não estou entendendo, filha – disse a mãe meio desconfiada.

– Vamos imediatamente ao hospital – disse a moça, quase ordenando. – Qual o hospital onde ele está?

Conceição respirou, fez um gesto com a cabeça, disse o nome do hospital e ambas saíram de casa quase correndo em direção ao ponto de ônibus.

No caminho, Conceição, que caminhava rápido e já sentia o efeito da idade avançada, através de sua respiração difícil, ocasionada pelo esforço, perguntou:

– Filha, você esqueceu que hoje é o seu primeiro dia de trabalho no novo emprego?

Não recebeu reposta porque a moça caminhava na frente, num passo mais rápido, passando a mão no rosto de vez em quando, sem nada falar. Só pensava, mas não sabia o que pensava, porque o peito doía e ninguém jamais conhecerá que tipo de dor era essa, porque mesmo que alguém conheça a dor do amor esta jamais será semelhante à dos outros, pois conforme o progresso de cada espírito essa dor varia. "Homem teimoso. Agora vai morrer antes de saber a verdade. Aliás, ele é muito inteligente para saber que o amo de todo o coração. Não, coração é pouco. Amo como jamais pensei amar alguém nesta vida", pensava a moça, chegando ao ponto do ônibus.

– Calma, filha, senão você vai terminar tendo um problema sério de saúde – disse Conceição.

Sabrina não respondeu. Não tirava o olhar do lado de onde o ônibus que elas tomariam poderia aparecer a qualquer momento. "Meu Deus, desculpe-me, mas por que só acontece isso com os pobres? Não tenho nem dinheiro para pegar um táxi e chegar nesse hospital e encontrar o Alberto com vida".

De repente o ônibus apareceu, estacionou e ambas correram e entraram no coletivo e tomaram o caminho do hospital.

Após alguns minutos ambas, mãe e filha, estavam em pé, ao lado de um leito, onde se encontrava um homem ligado a diversos aparelhos por fios e outros tipos de equipamentos.

Sabrina nada falou, simplesmente chorava, enxugava o rosto com um lenço e falava baixinho:

– Veja seu estado, seu teimoso! Será possível que você nunca vai aprender?

Naquele momento crítico Sabrina falava como se não fosse ela, a Sabrina de hoje, pois aos poucos se transformava em alguém desconhecida, inclusive pela sua própria mãe.

"Não estou reconhecendo a minha filha", pensava Conceição com seus botões. "Ela parece outra pessoa", continuava pensando.

– Se morrer é castigo de Deus – dizia a moça como se falasse e fosse ouvida pelo homem. – Quem manda você andar por aí? Bem feito.

– Filha, vamos conversar com o médico para saber o estado do Alberto – convidou a mãe, segurando o braço de Sabrina.

Sabrina se deixou levar até ao homem vestido de roupa azul, que se encontrava sentado atrás de uma mesa, numa sala que tudo indicava ser um consultório.

Mãe e filha se entreolharam antes de falar com o médico.

O médico ergueu a cabeça do livro que estava lendo e ficou esperando o que aquelas duas mulheres queriam.

Capítulo XXVIII
Alexandre na Colônia

Convidamos mais uma vez o caríssimo leitor a visitar a Colônia Espiritual Caminho da Redenção com o propósito de acompanhar o que aconteceu ao nosso Alexandre quando este retornou à pátria espiritual.

Num apartamento do hospital espiritual, localizado na área da Infância e Juventude, nós iremos encontrar o nosso Alexandre em profundo sono provocado, ligado a alguns aparelhos desconhecidos na Terra. Ao redor do leito havia vários espíritos. Presentes estavam Amanda, Governadora da colônia; Cristina Cris, diretora da maior enfermaria do hospital; Rodolfo, Coordenador Geral da colônia espiritual; Vinícius, diretor do hospital da colônia e Lúcio, coordenador da área de infância e juventude, responsável pelos espíritos que ainda não haviam voltado ao seu estado normal – o caso de Alexandre, que desencarnou quando criança. Estavam também ao redor do leito outros espíritos que faziam parte do Conselho de Jesus, órgão responsável pelo processo de coordenação geral da colônia espiritual, que se reunia, em tempo determinado, com o objetivo de eleger ou nomear os espíritos a cargos importantes que dirigiam aquela cidade espiritual. O conselho também se reunia extraordinariamente conforme a necessidade, urgência e situação da colônia.

– Vocês acham que o Alexandre deve voltar ao seu estado normal assim que sair do coma provocado? – perguntou a Governadora, com o semblante bastante preocupado.

– A qual estado a nobre amiga se refere? – perguntou Vinícius, o diretor do hospital.

– Ora, em vez dele acordar como o menino Alexandre, nós vamos pedir permissão aos nossos superiores para autorizarem os nossos técnicos a deixar que o nosso ex-coordenador, ao sair do coma, assuma o seu estado adulto, conforme a contagem do tempo em nosso mundo. Em outras palavras, que ele retorne como Domingos, ao invés de passar por aquele período como espírito-menino, até se conscientizar de sua situação – respondeu Amanda, com voz pausada.

A Governadora relanceou o olhar entre os presentes e notou que todos, num gesto sincronizado, concordavam com ela.

– Então ainda hoje poremos todos esses projetos em andamento e tentarei obter imediatamente a autorização para tal – explicou a Governadora. – Mas depois, se for o caso, nós o informaremos que ele voltou como criança, mas, devido ao seu grau de evolução, ao invés de passar um tempo como uma criança espiritual, fomos de acordo que ele assumisse imediatamente a sua identidade espiritual adulta, com o nome de Domingos, e se ele preferir, como Alexandre.

A Governadora fez um gesto, como se estivesse dando aquela visita ao Alexandre como encerrada, dispensou seus auxiliares e dirigiu-se aos seus afazeres.

A Governadora estava consultando um aparelho estranho ao mundo terreno, com um de seus auxiliares, o presidente do conselho, o Dr. João, que apontava estranhos gráficos no aparelho, enquanto explicava alguns pormenores:

– Amanda, nesse gráfico vamos encontrar uma informação importante sobre esse grupo de espíritos que está sob nossa responsabilidade – dizia o presidente do conselho, apontando para uns gráficos que apareciam no aparelho.

– Qual dos grupos?

– Esse em que faz parte Alberto, Sabrina, Fernando, Domingos ou Alexandre, Janine, Almeida, Jorge, Eduardo, Angélica, Conceição e outros – respondeu o Dr. João, apontando para o aparelho.

– Não se esqueça de mencionar aqueles que estão se recuperando e que logo estarão na lista de candidatos a uma reencarnação – alertou a Governadora, com um sorriso.

Preocupada, Amanda baixou a cabeça, ergueu-a e encarou o presidente do Conselho de Jesus. Após alguns segundos de silêncio, comentou como se fosse para si:

– O nosso irmão Patrik, que reencarnou como Paulo, pai de Alexandre, está sofrendo dores terríveis nas zonas umbralinas e precisamos fazer com que ele tenha uma reencarnação obrigatória para tentar filtrar os fluidos deletérios que acumulou recentemente na reencarnação como o pai do ex-Coordenador espiritual.

– Nobre Amanda, estou preocupado também com os nossos amigos e irmãos Louis e Lucélia, reencarnados atualmente como Eduardo e Angélica.

– O caso do Eduardo já era de se esperar, pois ele ainda está tentando reajustar o seu perispírito, tendo em vista que passou muito tempo nas sombras, em companhia de verdadeiros irmãos desviados do bem, que usavam entorpecentes, inclusive alguns que somente agora estão aparecendo no mundo visível – explicou a Governadora. – Quem me preocupa é Lucélia, que foi minha filha na Idade Média, como uma nobre da corte de um grande reinado e contraiu dívidas que reconheço serem difíceis de ressarcir.

– Mas se você enviou Lucélia sob os cuidados do nosso estimado irmão Fernando, e se ela não conseguir cumprir com as metas de sua reencarnação, pelo menos já temos a satisfação de saber que até agora o nosso Hugo, hoje Fernando, continua lutando bravamente pelo Eduardo e Angélica – explicou o Dr. João, presidente do Conselho de Jesus, com um ar sério, apresentando alguns detalhes importantes.

– Parece-me que você está preocupado, meu irmão.

O Dr. João fitou a amiga e falou com a voz pausada:

– O nosso irmão Navarro está reencarnado e ainda nada fez para melhorar a sua situação espiritual. Ontem mesmo fez uma bobagem que deve piorar sua nova existência, mormente o fato dele estar tentando ressarcir suas dívidas, depois do tratamento ao qual foi submetido, inclusive prometendo fazer o possível para vencer e lutar para perdoar o inimigo do passado, Alberto.

Ambos ficaram em silêncio por um longo tempo, fingindo que verificavam com mais cuidado os mapas que apareciam no aparelho.

– Eu sei, meu querido amigo João – a Governadora rompeu o silêncio, sem tirar os olhos do aparelho.

– A senhora já sabe o que aconteceu ontem?

A bela mulher fez um gesto positivo com a cabeça, enquanto discretamente enxugava uma lágrima, demonstrando que estava aflita.

– Ele tentou acabar com a existência de Alberto, pois aquele rapaz que disparou a arma era Navarro encarnado. Todavia, ainda não está confirmada a volta do nosso Alberto ao mundo espiritual – explicou a Governadora.

Ambos novamente ficaram em silêncio.

– Mas, conforme as informações dos nossos superiores, tudo vai depender do próprio Alberto, porque nada acontece por acaso – disse a Governadora, rompendo aquele silêncio. – Pedi orientação ao nosso amigo governador da colônia próxima à nossa e recebi conselhos, principalmente de não interferirmos na situação precária de Alberto, pois tudo vai depender de como ele se comportará.

– Amanda, como vamos conhecer o comportamento de Alberto se ele está em coma?

A mulher pensou, olhou de viés para o seu amigo e sorriu.

– Você se esquece de que o espírito é imortal? – perguntou a Governadora, com um sorriso maroto nos lábios.

– Não. Contudo, não posso esquecer também de que ele está vivendo num mundo material e agora está em coma.

– Ainda hoje nós enviaremos os técnicos para conduzir o nosso irmão Alberto até aqui, com o objetivo de solicitarmos ajuda ao querido irmão Domingos – rebateu a Governadora, educadamente, fitando o presidente do conselho. – Esperamos que até o final da tarde ele já tenha voltado a si.

– Por que o Domingos?

– Meu caro João, você esquece que o Domingos é um grande amigo e protetor do Alberto há vários séculos?

– Bem, mas como vamos prolongar a existência do Alberto se a lei decretou o retorno dele pelas mãos do próprio desafeto?

– Como você sabe que foi decretado o retorno dele ao mundo espiritual?

– Bem, ontem estive no quarto do hospital onde ele está em coma e não vi nenhuma possibilidade de recuperação – respondeu o presidente do conselho, fitando a Governadora. – Ele perdeu muito sangue porque o projétil perfurou-lhe um dos pulmões, comprometendo também outros órgãos vitais, o que o deixou sem chance de prosseguir com a sua atual existência.

A mulher ergueu-se, novamente sentou-se defronte ao seu amigo e começou a falar, demonstrando na voz calma uma severa repreensão:

– Acredito que o amigo já tem conhecimento de tudo que vou dizer agora.

A Governadora respirou profundamente e iniciou:

– Apesar dos nossos conhecimentos serem avançados no campo da ciência, não conseguimos ainda saber quando o Pai Eterno ordena que um encarnado volte à pátria espiritual, mesmo aqueles que escolheram a hora, dia e mês para retornarem ao mundo invisível, a não ser que sejamos previamente avisados ou tenhamos acesso ao programa de vida daquele que reencarnou.

Ambos silenciaram.

O presidente do Conselho de Jesus sentiu que estava sendo admoestado educadamente por sua Governadora.

– Sei que há muito tempo atrás, quando encarnado, você foi um grande cientista, médico, fisiologista, pesquisador e que se considerou um deus porque achava que sabia tudo – disse a mulher fazendo um carinho na mão do amigo. – Acredito que atualmente, com o cabedal de conhecimento no campo material e espiritual, você pensa e age diferente, portanto nós ainda não sabemos o que Deus reserva ao nosso querido Alberto.

– A senhora tem razão – disse o presidente do Conselho de Jesus. – Mas esqueci-me de dizer-lhe que foi apenas uma observação de um médico cheio de imperfeições, que reconhece hoje que somente a Deus pertence a última palavra.

Amanda sorriu, satisfeita com a observação feita pelo presidente do conselho e ficou mais calma para continuar a conversa sobre Alberto.

– Meu querido amigo, irei terminar alguns afazeres. Daqui a pouco avise aos nossos companheiros que nos encontraremos em torno do leito do nosso Domingos, que já está se refazendo num dos apartamentos apropriados para esse tipo de recuperação, no pavilhão onde se localiza a Enfermaria dirigida pela Dra. Cristina Cris.

– Minha querida Governadora, pode contar com a minha pequena colaboração – disse o presidente do conselho, sorrindo.

– Obrigada.

A noite se aproximava da colônia, pois o astro que ilumina a Terra também fornece energia à colônia espiritual, localizada nas imediações de uma linda cidade do litoral, lugar onde todos os espíritos que fazem parte desta história resolveram reencarnar com o objetivo de provar ou expiar suas faltas.

Num apartamento aparelhado com vários equipamentos desconhecidos na Terra, um espírito estava deitado olhando para os lados, tentando descobrir onde se encontrava. "Acho que conheço este lugar. Mas preciso me recuperar desta sonolência a fim de me localizar", pensava ele. "Estou ligado a vários aparelhos que desconheço. Agora tenho certeza de que estou num hospital", continuou a pensar o espírito. "Mas não estou doente. Então, por que estou aqui?"

– Domingos!

O espírito virou o rosto para o lado e deparou-se com uma linda mulher que sorria para ele, como se já o conhecesse há muito tempo. Aproximou-se, segurou suas mãos e num gesto carinhoso beijou sua face, enquanto dizia emocionada:

– Seja bem-vindo ao lar!

– Desculpe-me... Mas posso saber quem é a senhora?

– Você não reconhece mais os amigos? – perguntou a Dra. Cristina Cris. – Estávamos com saudades de você, meu querido amigo!

– A senhora me chamou de Domingos.

– Foi o seu nome antes de ter sido enterrado na carne com o nome de Alexandre.

O espírito Domingos fechou os olhos e rapidamente desfilou em sua tela mental tudo que acontecera durante sua existência como Alexandre, inclusive o seu sofrimento quando lutou bravamente com a doença que o mandou de volta ao mundo espiritual.

– Onde está a minha mãe Sabrina?

– Alexandre, você desencarnou como criança, porém você voltou ao estado de espírito adulto.

Domingos fechou os olhos novamente e, sem abri-los, viu alguém aproximar-se e beijá-lo, enquanto o cumprimentava:

– Seja bem-vindo, meu querido amigo.

"Acho que não estou bem, pois estou de olhos fechados e posso observar tudo", pensava Domingos / Alexandre.

– Durma mais um tempo, pois daqui a pouco você terá que estar em condições de ajudar o seu velho amigo Alberto, senão ele voltará ao mundo espiritual antes do tempo – disse Amanda.

– Alberto! – espantou-se o espírito ao ouvir aquele nome, abrindo os olhos imediatamente. – O meu avô Alberto.

– Sim, ele mesmo.

Domingos notou que foram retirados os aparelhos da sala, como se todos tivessem desaparecidos automaticamente.

– Se desencarnei como criança, então por que me apresento como um adulto?

Amanda aproximou-se, pôs a mão em sua cabeça e começou a falar com calma:

– Você deixou a Terra há mais de quinze dias, ou melhor, quando sua existência como o menino Alexandre extinguiu-se.

Domingos ficou pensando. Ora fechava os olhos, até que num gesto rápido sentou-se na cama e disse:

– Agora estou me lembrando de tudo.

– Domingos, do que você se recorda?

– De tudo. Principalmente de minha última existência como Alexandre, de quando fui o Coordenador Geral desta colônia e principalmente de vocês que estão neste apartamento.

Amanda e Cristina Cris aproximaram-se e abraçaram aquela alma que estava cada dia mais iluminada.

Domingos saltou da cama e, olhando o corpo, enquanto caminhava pelo apartamento, perguntou-se em silêncio: "Sei que o meu perispírito como Alexandre ainda me passa informações de tudo que senti durante aquela abençoada doença, mas estou feliz, pois acho que consegui vencer".

De repente, alguém que já estava no recinto, porém se mantinha em silêncio, aproximou-se dele e o abraçou, enquanto dizia:

– Dê-me um abraço, meu caro Coordenador.

Domingos o abraçou, porém depois dos cumprimentos o afastou e retrucou, olhando firme nos olhos daquele espírito:

– Meu caro Rodolfo, Coordenador Geral da colônia, quero agradecer as várias visitas que você me fez, dando-me apoio – disse Domingos olhando para os demais.

Houve um silêncio, enquanto Amanda aproximava-se do seu amigo e dizia:

– Graças a Deus que você está muito bem e agora se recorda de tudo.

Abraçado à sua governadora, Domingos perguntou-lhe em voz baixa, ao ouvido:

– Como vou ser denominado: Domingos ou Alexandre?

– Como você quiser – respondeu a mulher. – Quem anima os corpos que serviram para nos abrigar em nossas existências somos nós, portanto, a escolha é sua.

– Acho melhor ficar como Domingos, mas sempre que for necessário serei Alexandre para os encarnados – disse o espírito, com lágrimas nos olhos. – Não posso esquecer os meus amigos, pai, mãe e avós de minha última existência como Alexandre.

– Sabe que nós mandamos conduzir o Alberto até aqui?

– Sim.

– Você já sabe? – perguntou Rodolfo.

– Claro, meu amigo – respondeu Domingos. – Você esqueceu que já assumi a minha condição de espírito errante* e tenho perfeito conhecimento de tudo que aconteceu comigo antes, durante e depois da minha existência como Alexandre?

– Então fique preparado, pois iremos ajudar o nosso querido amigo Alberto.

Domingos pensou, pôs a mão no ombro da Governadora e comentou com voz triste:

– Além de ter sido meu avô, em minha existência como Alexandre, Alberto também é meu amigo. Só não sei se teremos condições para ajudá-lo.

– Por que? – perguntou Vinícius, que estava próximo ao ex-coordenador.

– Não confiamos nas energias fluídicas que constituem seu perispírito que poderiam ajudá-lo rapidamente em sua recuperação – respondeu o espírito.

– Receio de sua resistência em acreditar no Pai Eterno, porém também sabemos que o Alberto tenta, de qualquer maneira, sentir-se um verdadeiro filho de Deus – disse Cristina Cris.

Todos ficaram em silêncio, entregues aos pensamentos de procurar uma saída para ajudar o amigo Alberto, com o objetivo do mesmo prosseguir sua existência.

*Todos os desencarnados que necessitam de outras reencarnações.

Capítulo XXIX

Alberto na UTI

Enquanto isso, no pequeno consultório na Terra, Sabrina e Conceição permaneciam em pé, fitando o médico e se entreolhando, como se estivessem conversando através do pensamento, talvez esperando coragem para perguntar do estado clínico de Alberto, que estava internado e se encontrava em coma naquele hospital público.

O médico continuava em silêncio, talvez evitando importunar aquelas mulheres. Observou o estado das duas senhoras, que pareciam aflitas, como qualquer pessoa que vai ao hospital, mesmos aqueles que lá vão apenas visitar alguém.

– Bom dia, doutor – a moça resolveu cumprimentar o médico, saindo daquele silêncio que mais parecia um torpor.

Conceição também cumprimentou o médico, com jeito de quem estava com vergonha de algo.

– Doutor, desculpe-nos o incômodo, mas o senhor poderia nos informar como vai o estado de saúde do paciente da UTI, o homem que está em coma em virtude de um ferimento causado por um tiro? – perguntou Sabrina, segurando forte o braço da mãe.

Conceição apenas confirmou a pergunta da filha com um gesto de cabeça.

O médico fechou o livro, ergueu-se e perguntou cautelosamente, fitando as mulheres:

– Vocês se referem ao cidadão que foi ferido por um tiro ontem, à noite, durante um assalto no ônibus?

– Exatamente, doutor – confirmou Conceição, segurando a mão da filha.

– Não tenho boas notícias – disse o médico, em voz calma, mas firme. – O estado de Alberto é crítico e ele pode vir a óbito, a qualquer momento.

O médico continuou a explicar os detalhes do quadro clínico de Alberto, que indicava ser precário e talvez sem solução, até mesmo porque o mesmo já havia sido submetido a uma cirurgia e não reagia.

Sabrina olhou de lado, viu uma cadeira e sentou-se, enquanto passava a mão na testa e sentia o sangue desaparecer do seu corpo. As lágrimas banhavam seu rosto, suas mãos estavam trêmulas, as pernas enfraqueceram de repente, os pensamentos sumiram da mente e sentiu-se num mundo sem vida e desconhecido. Ela fechou os olhos sem querer, pois as pálpebras pesavam a ponto de não conseguir mantê-los abertos.

O médico correu e amparou a moça antes que ela caísse ao solo, pois havia perdido os sentidos, desmaiando repentinamente.

Sabrina foi socorrida imediatamente e aos poucos voltou ao estado normal. Estava alheia a tudo. Seu coração batia rápido e descompassado, mas aos poucos também voltava ao normal.

Houve um silêncio anormal no pequeno consultório.

– Ele vai morrer, doutor? – perguntou Conceição, timidamente.

– Não sei, mas não percam a fé em Deus, pois a última palavra é Dele.

Neste exato momento o espírito Domingos ou Alexandre já estava junto ao médico encarnado orientando-o a fazer aquilo que a Governadora espiritual ordenou.

O médico com quem Sabrina e Conceição conversavam era cirurgião e na noite passada fizera a cirurgia no Alberto. Permanecia no hospital porque era um dos poucos médicos que ainda tinham responsabilidade, consciência de sua profissão para com seus pacientes, mesmo em um hospital público, não distinguindo quem era pobre ou rico, pois para ele todos mereciam respeito.

O espírito Domingos, que estava presente, disse em seu ouvido:

– Meu irmão, permaneça mais algum tempo, pois o Alberto está correndo perigo de vida.

O cirurgião passou as mãos nos braços, sentiu um calafrio estranho e pensou: "Estranho... Parece-me que estou com início de gripe, pois estou tendo arrepios. Tomara que o Alberto consiga vencer esse primeiro momento de sua cirurgia", continuou pensando.

– Vou à UTI verificar como vai o nosso Alberto – disse o médico às mulheres. – Acho que vou ficar por aqui até me certificar de que ele está fora de perigo.

– Qual é o seu nome, doutor? – perguntou Conceição com seu jeito espontâneo.

– João Pedro.

– Dr. João Pedro, o senhor vai permanecer por mais algum tempo junto ao Alberto?

– Vou, sim. Preciso me certificar de sua real situação – respondeu o Dr. João Pedro. – Fui eu quem realizou essa cirurgia difícil, portanto sinto-me na obrigação de acompanhá-lo durante mais algumas horas.

De repente apareceu outro médico, sorrindo, cumprimentando a todos e dirigindo-se em especial ao Dr. João Pedro.

– Já são quase oito horas e você ainda está por aqui – disse o médico que havia chegado. – Por mim você já está liberado. Vou apenas comer alguma coisa e depois o substituirei.

– Acho que vou ficar por mais algumas horas – disse o Dr. João Pedro.

– Você tem muitos compromissos em outros hospitais e clínicas. Pode deixar o paciente que foi baleado ontem sob a minha responsabilidade.

O Dr. João Pedro nada respondeu e continuou verificando o estado de Alberto, enquanto uma enfermeira também analisava os equipamentos, a posição do paciente e outras atividades sob sua responsabilidade.

O espírito Domingos permaneceu ao lado do Dr. João Pedro, pedindo que ele não deixasse Alberto por enquanto, pois, espiritualmente, o paciente já estava na colônia sob os cuidados dos especialistas espirituais. Todavia, por segurança, Domingos queria ter certeza de que ninguém faria qualquer coisa com o corpo físico do seu amigo.

No mundo espiritual Alberto abriu os olhos e sentiu dores por todo o corpo e, como não pôde falar, começou a observar aquele pessoal estranho que estava ao redor de sua cama. "Este lugar, cama e equipamentos são estranhos", pensava ele. "Fiquei vários dias fazendo companhia ao Alexandre e notei que os equipamentos e métodos deste hospital são diferentes". De repente ele sentiu um sono estranho e dentro de alguns segundos perdeu completamente a consciência.

Enquanto o corpo perispiritual de Alberto era sedado, os especialistas começaram a trabalhar rapidamente, numa operação que deveria durar no máximo alguns minutos, com o objetivo de tentarem recuperar o perispírito e o corpo material de Alberto.

– Ele precisa confiar em Deus e pedir, pelo menos uma única vez, a ajuda Dele. No entanto ele procede como se não acreditasse na Divindade, embora seja um homem íntegro, responsável e cumpridor de suas obrigações.

Amanda, Governadora da colônia, demonstrava em seu semblante uma visível preocupação com o estado do seu amigo e conhecido de várias existências. "Não é possível que você ainda não tenha aprendido a pôr o Nosso Pai em seu coração. Meu amigo, deixe de ser teimoso e aprenda que somos criaturas, ou melhor, filhos de Deus, portanto Ele tem o poder Universal, principalmente sobre nós, seres imperfeitos", pensava a bela mulher, segurando e apertando a mão de Alberto.

Os técnicos trabalhavam incansavelmente, enquanto alguns deles se mantinham em oração, pedindo humildemente ao Pai que desse uma oportunidade àquela alma recalcitrante e orgulhosa, mas boa e trabalhadora. Um afastou-se um pouco e aproximou-se de Amanda. Num gesto desanimado, fitou-a enviando uma mensagem por telegrafia humana:

– Minha Governadora, fizemos o que pudemos, mas acho que o nosso Alberto vai retornar ao mundo espiritual.

– O que? Quer dizer que o Alberto vai desencarnar?

O técnico espiritual fez um gesto positivo com a cabeça, enquanto encaminhava-se para uma ampla janela que se abria para um dos jardins do hospital da colônia.

Como se não quisesse acreditar no que ouvira do seu técnico, Amanda segurou com força a mão de Alberto e falou como se estivesse conversando com um filho bem-amado:

– Não seja teimoso, meu querido.

A mulher fechou os olhos e, em frações de segundos, conversava com alguém, que tudo indicava estar acima da esfera da colônia que dirigia: "Senhor, perdoe o Alberto e lhe dê mais uma oportunidade, pois ele tem uma missão muito importante a cumprir na Terra e não pode voltar agora. Por favor, desculpe-me pedir algo quase impossível, pois estou interferindo no livre-arbítrio do ser humano".

Após a prece que fizera, invocando o ser que somente ela sabia quem era, fitou o amigo que estava prestes a retornar ao mundo espiritual e ficou surpresa ao observar que Alberto havia aberto os olhos e sorria.

Uma luz apareceu de repente no ambiente, enquanto um dos técnicos aproximou-se da Governadora e disse-lhe, com alegria estampada no rosto:

– O Alberto vai prosseguir no mundo material, pois segundo informações superiores sua hora de retornar ao lar ainda não chegou.

– Tem certeza?

– Sim.

A mulher sentiu um bem-estar indizível, que também envolveu os demais. Abateu-se um silêncio na sala e todos disfarçaram as lágrimas que teimavam em escorrer dos olhos.

– Então vamos devolvê-lo imediatamente ao seu corpo material que está no hospital sob os cuidados do Dr. João Pedro.

Neste exato momento o cirurgião que ainda se encontrava ao lado do seu paciente fitava-o e também fazia uma prece, enquanto as duas mulheres se mantinham em silêncio, rompido apenas pelos soluços de Sabrina, que não conseguia se controlar, pois não suportava a idéia de perder aquele homem.

Os espíritos Domingos e Amanda acompanharam o velho amigo Alberto ao corpo material no hospital, com o objetivo de continuar a ajudá-lo a sair do estado perigoso em que se encontrava.

O Dr. João Pedro, que se mantinha em silêncio, fitando o seu paciente, notou que ele havia aberto os olhos, porém fechou-os novamente e disse algo ininteligível, enquanto duas lágrimas escorreram pelos cantos dos olhos.

– Senhor Alberto – chamou o Dr. João Pedro, aproximando a boca do ouvido do doente.

Não obteve resposta.

– Senhor Alberto – chamou novamente o médico. – Se o senhor está consciente, faça apenas um movimento com a mão direita.

Para a alegria de todos, observaram que Alberto não só fez um movimento com a mão, como também abriu os olhos, fitando o médico. Depois resvalou o olhar pelo ambiente, parando-o surpreso em Sabrina, que agora chorava, não se sabe se de alegria ou por saber que o homem que sempre amou estava salvo, por enquanto.

Dona Conceição disfarçava as lágrimas com o seu cacoete de arrumar os lençóis do doente.

Amanda e Domingos aproximaram-se do Dr. João Pedro, que era um dos espíritos simpáticos ao grupo.

– Edmundo, cuide muito bem do seu paciente porque a fase mais crítica já passou.

O Dr. João Pedro, surpreso com a voz que estava ouvindo, olhou para os lados e pensou: "Será que estou ficando louco, pois ouvi alguém falar algo que não me lembro e tenho certeza que a voz era de mulher. Bem, agora acho que vou dormir um pouco e depois cumprirei com as minhas obrigações do dia", continuou a pensar.

Em sua existência passada o Dr. João Pedro reencarnara como Edmundo, pai de Carla, hoje Sabrina. Talvez isso explique por que ele se interessou pela condição de saúde de Alberto.

– Senhoras, o meu paciente, senhor Alberto, já está fora de perigo – disse o Dr. João Pedro, fitando com simpatia a moça que agora estava com um sorriso estampado no belo rosto moreno. – Os equipamentos vão acompanhá-lo por mais algumas horas para se ter certeza de sua recuperação.

– Obrigada, doutor – agradeceu Sabrina, beijando o rosto do médico num impulso daqueles que já se conhecem de outras existências.

O médico ficou meio encabulado, mas satisfeito em ter feito o sorriso voltar ao rosto bonito daquela moça, a quem Alberto parecia ser muito querido. Ele também se despediu de Conceição e disse:

– No final da tarde estarei aqui para visitá-lo. Se for o caso, irei transferi-lo para a enfermaria.

Quando o médico começou a caminhar em direção à saída da UTI, duas pessoas entraram apressadas no hospital e se encaminharam à recepção, pedindo informações:

– Por gentileza, você poderia nos informar se neste hospital foi recolhido alguém ferido por arma de fogo ontem à noite? – perguntou a Dra. Janine, que soube do ocorrido pela manhã.

– Sim, senhora. O médico que o cirurgiou acabou de sair, mas duas senhoras ainda se encontram no quarto dele.

A Dra. Janine olhou para a pessoa que estava com ela, quase sem fala, tentando ao máximo se controlar, e perguntou-lhe:

– Vamos visitar o Alberto? – perguntou a moça ao Fernando, que a acompanhava, após saber que Alberto havia sido assaltado e ferido gravemente na noite passada.

– Vamos.

A médica apresentou a documentação à recepcionista, dizendo:

– Moça, eu sou médica e já dei muito plantão neste hospital.

– Eu conheço a senhora, Dra. Janine – disse a recepcionista, com um sorriso. – Podem entrar.

Fernando e Janine caminharam rápido em direção ao lugar onde a moça havia indicado. Quando se aproximaram da UTI ficaram olhando pelo vidro e observaram que as duas mulheres eram Conceição e Sabrina que estavam em torno do doente.

"Meu Deus, não deixe que essa alma boa que apareceu em meu caminho desencarne", pensou o empresário, com o coração aos saltos.

A Dra. Janine notou a apreensão do namorado e falou baixinho, segurando em seu braço:

– Calma, Fernando!

– Será que ele está vivo?

– Claro. Vamos entrar no quarto – disse a médica, enquanto ia entrando no quarto.

– Olá, doutora – cumprimentou Sabrina, chorando.

– Acalme-se, por favor, Sabrina – pediu a médica, fazendo um carinho no rosto da moça.

– Veja em que situação esse homem ficou, doutor Fernando. – disse Conceição, olhando para o empresário como se estivesse fazendo uma queixa contra Alberto, que parecia sem vida no leito.

– Como ele está? – perguntou a médica, fitando os equipamentos aos quais Alberto estava ligado.

– O Dr. João Pedro disse que ele está fora de perigo – respondeu Conceição.

– Eu conheço o Dr. João Pedro – disse a moça. – É um grande cirurgião, portanto devemos confiar no que ele disse.

A governadora Amanda e o ex-coordenador Domingos se entreolharam e fizeram um sinal positivo. Ambos sorriram satisfeitos com o resultado do estado do amigo e foram embora em direção à colônia espiritual.

Fernando aproximou-se do seu jardineiro e segurou em sua mão, enquanto falava coisas que ninguém entendia:

– Amigo, sei que você vai vencer.

Por alguns segundos Alberto olhou para o patrão e sorriu. Depois os fechou e ficou ouvindo o que o pessoal estava falando, pois todos sabiam que ele estava consciente.

– Vamos conversar quando você sair desta, porém antes iremos visitar um lugar do qual não vai gostar – disse o empresário, como se estivesse falando consigo. – E não tente me aborrecer, porque já não agüento mais sua teimosia.

As mulheres que ouviam aquele monólogo passaram as mãos nos olhos e não conseguiram deter as lágrimas.

Sabrina aproximou-se do doente e segurou a mão direita dele com as duas mãos, dizendo:

– Fique logo bom, pois temos muita coisa a fazer neste mundo.

O homem que estava saindo de um mundo de sombras e incertezas e entrando no outro mais real abriu os olhos, fitou-a e, num sorriso aberto, correspondeu fracamente com um aperto de mão.

Capítulo XXX

Angélica é assassinada

No mesmo horário em que ocorreu o assalto no qual Alberto foi baleado, observava-se num bairro afastado da cidade, localizado no alto de um conhecido morro, àquela hora da noite, vários habitantes do bairro chegarem às suas casas, todos voltando do trabalho ou de suas atividades desenvolvidas durante o dia. Outros desciam o morro em direção ao trabalho noturno, enquanto alguns abriam os botecos que existiam na comunidade, iluminados parcamente por lâmpadas de luz fraca, que emprestavam ao lugar a verdadeira face de uma realidade que poucos conhecem, principalmente os políticos. Rostos curiosos apareciam nas minúsculas portas dos barracos e tentavam fazer o que é comum às pessoas desocupadas – fofocar –, e outros se reuniam para tratar de assuntos escusos, geralmente ligados ao tráfico. Parte desse pessoa l se preparava para dormir, pois no dia seguinte teria de acordar cedo e continuar a rotina de sempre, outra parte trocava a noite pelo dia, e assim a vida daquela gente sem muitas perspectivas para o futuro prosseguia sem novidade.

Num barraco situado no ponto mais alto do morro, quatro homens visivelmente drogados espancavam uma mulher, que apresentava a feição de quem outrora fora bela e muito rica, pertencente à nata da sociedade.

A mulher apresentava sinais visíveis de quem estava completamente bêbada e também drogada, com o corpo cheio de hematomas. Estava deitada no chão imundo do barraco onde acontecia aquela cena dantesca.

– Você tem apenas alguns minutos para resolver voltar à casa do seu ex-marido e obedecer nossas ordens – disse um dos homens, chutando a mulher. – Entendeu, mana?

– É melhor você aceitar o conselho do Tião. Somente assim sairá com vida desta casa – dizia um tipo esquisito, com vários brincos pendurados nas orelhas, cuspindo no chão e passando a mão suja na boca, limpando a saliva que escorria ao falar.

Dois dos homens mantinham-se em silêncio, como se estivessem alheio ao que acontecia, talvez porque já não conseguiam discernir o que estava acontecendo, pois ambos estavam drogados e bêbados, sorrindo com um ar idiota estampado no rosto e gesticulando para algo que só existia na imaginação deles.

A mulher que estava naquela situação precária era a nossa conhecida Angélica, ex-esposa de Fernando, que voltara ao submundo do crime. Porém os parceiros não se conformaram em conviver com uma mulher que poderia conseguir dinheiro sem muito trabalho, mas encontraram resistência quando ela se negou a fazer o que eles queriam.

– Não percam tempo comigo – disse ela vacilante, com dificuldade para pronunciar as palavras. – Morro, mas não farei o que vocês me mandam.

Com dificuldade, Angélica conseguiu sentar-se e falou de cabeça baixa e com a voz pastosa:

– Sei que errei muito nesta maldita vida, todavia, se for possível, darei a minha vida para não prejudicar o único homem que me amou de verdade e me respeitou.

Ela respirou com dificuldade, enquanto as lágrimas escorriam por seu rosto, que ainda conservava traços de uma beleza nobre.

– O Fernando foi mais do que um marido para mim, por isso só peço a Deus que perdoe o mal que lhe causei com as minhas loucuras. Sei que não adianta mais me arrepender, pois é muito tarde – disse a mulher, enxugando as lágrimas com certa dificuldade.

Um dos bandidos que estava com uma arma de fogo na mão aproximou-se da mulher pálido e irritado, fitou-a, chutando-lhe as costelas e olhando para os amigos como se quisesse a confirmação de todos. Sem pensar duas vezes atirou uma, duas, três vezes.

– Chega, parceiro! – gritou um dos bandidos, aproximando-se do que estava atirando. – Ela já morreu!

– Bem, vocês são testemunhas de que fiz o possível para evitar isso, porém, como chefe, eu não poderia aceitar ser desmoralizado assim por uma prostituta qualquer.

– Tião, você foi longe demais – disse um dos homens, erguendo-se e aproximando-se da mulher. – Acho que vamos ter sérios problemas com a morte dessa mulher.

Tião passou a mão na cabeça, caminhou pela minúscula sala do barraco, fitou os homens e ordenou:

– Levem essa cadela daqui e joguem-na no barranco ou num lugar bem longe de nossa comunidade.

E assim Angélica morreu como viveu, buscando algo que ninguém sabia. A vida tem dessas coisas. Às vezes procuramos algo que jamais encontraremos, então quando cansamos de procurar começamos a cair porque não sabemos o que queremos, até que um dia a frustração chega e diz: "Você não tem fé em si e nem em Deus". E nesse momento iniciamos a queda num abismo que se abre à nossa frente, mas aí é muito tarde para voltar.

Após visitarem Alberto, Fernando e a Dra. Janine despediram-se de Conceição e Sabrina e caminharam em direção à saída do hospital quando de repente o celular do empresário tocou.

– Alô!

– É o Dr. Fernando? – perguntou alguém do outro lado da linha.

– Exato.

– O senhor pode vir rapidamente ao IML?

Antes de responder, o homem apoiou-se numa parede próxima e sentiu o sangue fugir do rosto, as mãos ficaram trêmulas e olhou para a namorada, dizendo em voz baixa:

– É do IML.

– IML?

– Sim.

A médica pensou rapidamente e pediu o telefone do namorado. Com a voz aparentando uma calma que estava longe de sentir, perguntou:

– Desculpe-me a intromissão, mas como noiva do Dr. Fernando e médica, eu posso saber o que está acontecendo?

– Quem está falando?

– A Dra. Janine.

– Melhor para nós, doutora – disse a voz. – Tem um corpo de mulher aqui, que precisa ser identificado, e fomos informados que o empresário Fernando a conhece.

A médica ficou um tempo em silêncio, também sentindo algo estranho, que não sabia o que era. Controlando-se e com voz decidida disse:

– Aguarde, por favor. Logo estaremos aí.

O telefone foi desligado pela médica e entregue ao namorado, que ficou com ele na mão, fitando o solo, sem nada perguntar, pois tinha medo da resposta.

– Por favor, Janine, poupe-me mais uma notícia ruim. Acho que estou no meu limite, à beira de um infarto ou coisa pior.

A bela médica dos olhos verdes aproximou-se do namorado, abraçou-o e o beijou com muita ternura, dizendo-lhe em voz baixa:

– Vamos visitar o IML?

O homem fitou a namorada por um longo tempo. Ambos dirigiram-se ao carro e em seguida ao Instituto Médico Legal.

A Dra. Janine entrou no instituto, segurando forte o braço do empresário. Após as apresentações foram convidados a visitarem o setor onde se encontrava o cadáver de uma mulher que havia falecido na noite passada. Após se aproximarem do corpo sem vida, o médico do instituto ergueu o lençol que o cobria e perguntou:

– Vocês conhecem essa pessoa?

Há momentos difíceis na vida do ser humano, em que é muito raro dominar as emoções, seja na dor, na alegria ou na tristeza, e aquela era uma dessas ocasiões em que parece que alguém quer brincar conosco ou testar nossa capacidade de saber até onde somos capazes de suportar determinadas situações.

Assim que observou o corpo, Fernando notou um pequeno anel no dedo mínimo da mão direita do cadáver, que ele reconheceu ser um presente da filha quando Angélica ainda era amiga dela na faculdade. Sentiu vontade de chorar, o mundo desapareceu de sua mente, não sabia pensar, não sabia falar e nem sabia quem era, apenas pôs a mão no peito e caiu nos braços do médico que notou a transformação do homem. Janine ajudou o médico a conduzir o noivo a um quarto, onde o deitaram e começaram a prestar os primeiro socorros.

Após um tempo, Fernando abriu os olhos e viu ao seu redor o médico e a Dra. Janine. Respirou profundamente, fitou a namorada, depois o teto do ambiente onde estava e disse num sopro:

– Mataram a Angélica.

– Agora você precisa se recuperar – disse a Dra. Janine, decidida. – Se não, quem vai embora deste mundo é você.

A moça passou a mão nos olhos verdes, tentando disfarçar as lágrimas que teimavam em escorrer pelo seu rosto.

– Agora que já reconhecemos o corpo, vamos embora, pois o restante é com o pessoal especializado – disse Janine, tentando de qualquer maneira encontrar um meio de levar o namorado consigo.

O empresário ergueu-se da cama com dificuldade, vestiu o paletó como se fosse um autômato, tomou um gole d'água oferecido por Janine e começou a caminhar em direção à saída do IML. Quando entraram no carro, Fernando fez a pergunta que tanto a Dra. Janine temia.

– De que ela morreu?

– Depois nós conversaremos a respeito desse assunto – respondeu a moça, apreensiva.

– Janine, eu quero saber como a Angélica morreu – insistiu o empresário, fazendo um gesto para o motorista.

Um enorme silêncio abateu-se naquele momento, pois até o motorista abriu a porta do carro, saiu e abriu o paletó, erguendo a cabeça e tentando respirar profundamente. "Será que ele vai agüentar quando souber que a Angélica foi executada por bandidos?", questionava-se o motorista, aproximando-se dos seguranças que comentavam a morte da ex-patroa.

Num gesto decidido, a médica narrou tudo, principalmente a causa da morte de Angélica. Ela encarou o homem e notou que o mesmo fitava uma árvore no pátio do IML, não demonstrando nenhum sentimento, nem dor, nem tristeza, porém observou algo diferente no olhar dele, que a deixou com medo.

– Vamos, Jorge.

– Para onde, patrão?

– Para minha casa.

– O senhor não vai ao escritório hoje?

– Deixe de perguntas, Jorge, e cumpra a ordem.

– Sim, patrão.

Até chegarem em casa Janine tentou conversar com o namorado mas não conseguiu ouvir uma palavra do homem.

Ao descer do carro o empresário ordenou que o motorista fosse deixar a Dra. Janine no lugar que ela informasse.

– Vou acompanhá-lo até seu quarto, Fernando – disse a médica. – Você ainda não está bem e precisa de alguém ao seu lado.

– Não precisa, Janine. Pode ir embora – disse ele, despedindo-se da moça, enquanto se encaminhava para seus aposentos. – Estou muito bem, não se preocupe comigo.

A moça ficou em silêncio, depois resolveu ir embora, dizendo ao motorista:

– Por favor, Jorge, deixe-me na Unidade de Saúde Infantil.

– Sim, doutora.

O empresário entrou em seu quarto com passos vacilantes e incertos, jogou sobre a cama o paletó, puxou a gravata com certa rispidez, tirou a camisa e os sapatos e depois ficou caminhando descalço no seu amplo aposento, ligado a uma ante-sala e a um pequeno escritório particular. "Sou cristão, tenho fé absoluta em Deus, acredito na Doutrina Espírita, todavia reconheço que é muito difícil viver neste mundo, alheio a essa bandalheira inerente à Terra, onde o mal ainda prevalece", pensava o homem, sentando-se na cama e fitando um quadro pintado a óleo que adornava o ambiente. Ergueu-se e continuou a caminhar, procurando algo que não sabia o que era. Estava tenso, abria e fechava as mãos num gesto ansioso, tentando relaxar, porém não conseguia. "Sou honesto, trabalhador, minha família construiu uma pequena fortuna, que me foi deixada de herança, e com o meu esforço, trabalhando dia e noite, tripliquei essa fortuna construindo um verdadeiro império, mas não consigo ter paz em meu coração. Não sou feliz, mesmo tendo a mulher que amo ao meu lado", continuava a pensar o homem, enquanto se encaminhava em direção à mesa, onde havia água, leite, fruta e tudo aquilo que seus empregados sabiam que ele gostava. Tomou um gole de água e sentou-se novamente na cama. "Como a Angélica está mudada, meu Deus", pensou e passou a mão no rosto.

– Por que eu tenho de agüentar tudo isso, sem retribuir? Sempre ajudei e fiz o bem, não me recordando de ter feito mal ao meu próximo, no entanto não posso deixar que um bandido, que vive solto por falta de justiça neste País, mate alguém e fique impune – dizia o homem em voz baixa, como se estivesse conversando com alguém invisível.

"Todo mundo sabe que a Angélica era a minha ex-esposa, desta forma, quem fez isso, sabe quem sou eu, assim como a comunidade que mora naquele bairro", pensou com olhar fixo num ponto qualquer do quarto. Foi ao interfone e ordenou que o segurança-chefe fosse falar com ele imediatamente. Após alguns minutos, alguém bateu à porta.

– Entre – ordenou o empresário, após certificar-se de que a pessoa era o seu segurança de confiança. – Feche a porta.

O segurança entrou, fechou a porta e ficou em pé esperando as ordens do patrão.

– Sente-se – ordenou Fernando, apontando uma cadeira na ante-sala da suíte.

O empresário sentou-se no lado oposto e ficou em silêncio por alguns minutos, incomodando Pedro, o chefe de sua segurança pessoal, que já estava ficando nervoso.

Em sua reencarnação anterior, Pedro havia sido Augusto, irmão de Carla, atual Sabrina. Ele pediu ao conselho para reencarnar junto ao amigo Hugo para tentar ajudá-lo a vencer mais uma provação. Augusto, atual Pedro, já era um espírito um pouco adiantado, pois apesar de ser segurança de um empresário não pensava jamais em maltratar seus subordinados ou tirar a vida do seu próximo. Era como se sua missão fosse a de vigiar as próprias ações do amigo do passado.

– Pedro, preciso de sua ajuda.

– Em que posso ajudá-lo, patrão? – perguntou o segurança, assustado, pois intuitivamente, após saber da morte trágica da ex-esposa do empresário, ficou assustado com o aspecto sério e pensativo do patrão, após sua saída do Instituto Médico Legal.

– Quero mandar fazer um pequeno serviço.

– Que serviço, patrão?

Fernando pensou, sorriu e disse com voz firme e enérgica, fitando os olhos do segurança:

– Acabar com os bandidos que mataram a Angélica, ou melhor, tocar fogo naquela favela onde se esconde esse ninho de serpentes.

– O que? O senhor deve estar brincando comigo! – espantou-se o segurança, erguendo-se, enquanto o sangue fugia rapidamente de seu rosto, não se sabe para onde.

– Não precisamos sujar as mãos – disse o empresário, com voz calma e sem demonstrar nenhuma emoção, semelhante a uma máquina. – Gente para fazer esse trabalho tem muita.

– Mas...

– Pedro, procure pessoas que estejam à nossa disposição para fazer esse serviço. – Não interessa o preço, entendeu?

Enquanto isso, na espiritualidade, Amanda mandou reunir imediatamente o Conselho de Jesus para tratar de um assunto urgente. Dentro de alguns minutos o conselho estava reunido.

Amanda, a Governadora da colônia espiritual, verificou se todos integrantes do conselho estavam presentes, depois começou a falar:

– Meus amigos e irmãos, vamos ajudar o Hugo, pois ele está prestes a cometer um ato bárbaro que prejudicará o seu progresso espiritual por vários séculos.

Os participantes do conselho ficaram em silêncio, como se naquele momento todos estivessem em prece.

Capítulo XXXI

Alberto não morre

As humanidades que habitam mundos inferiores ainda lutam contra seus maiores defeitos, como orgulho, vaidade, egoísmo, inveja, ciúmes e outros que estão na pauta do dia-a-dia de todos nós. Essas imperfeições são facilmente percebidas apenas pelas criaturas de Deus, que já compreendem a mensagem Divina deixada por Jesus, principalmente aqueles que sentem Deus em seus corações. A maioria da humanidade que habita este mundo no qual vivemos, que foi classificado por Allan Kardec em "O Evangelho Segundo o Espiritismo" como sendo de expiações e de prova, acredita num Ser Supremo, que para uns é Deus, para outros tem nome conforme as religiões, seitas ou práticas em países onde o povo acredita numa Divindade Suprema. Os homens de ciência sempre tentaram matar Deus, porque esse Ser os incomoda, tira deles o mérito de qualquer descoberta, pois a Suprema Inteligência do Universo é a causa primária de todas as coisas, conforme informações de uma doutrina que atualmente é conhecida como Doutrina Espírita. Incomoda a pseudo-sabedoria dos cientistas, seus estudos e experiências, que, às vezes, afirmam que Deus não existe, sendo invenção de gente ignorante, um delírio de religiosos, e assim caminham aqueles que ainda estão longe de entenderem e vislumbrarem as luzes do Evangelho do Divino Mestre, que habitou em corpo e espírito este planeta há vinte séculos atrás.

Apareceu em Lyon, na França, um cidadão por nome Hippolyte Léon Denizard Rivail, pedagogo e discípulo do célebre professor Pestallozi, que, após várias experiências, deixou para o mundo uma Doutrina que ele codificou no século XIX, informando entre outras coisas a existência de Deus. A humanidade já tentou e continua tentando denegrir a imagem desse eminente cientista, que serviu de ponte entre os planos visível e invisível, informando que somos imortais, reencarnamos quantas vezes sejam necessárias à nossa evolução espiritual, comunicamo-nos com aqueles que já se foram e ainda nos informa de uma lei de causa e efeito, assim como afirma que existem, além da Terra, outros mundos habitados. É difícil acreditar, porém quem se der ao trabalho de meditar e estudar a Doutrina Espírita entenderá a mensagem dos espíritos que elaboraram essa Doutrina, que muitos tentam colocar no ridículo, como desvirtuar suas mensagens e até mesmo pôr em dúvida esse imenso e relevante trabalho do nosso codificador Allan Kardec, pseudônimo do então professor Hippolyte Léon Denizard Rivail.

Allan Kardec, enquanto o professor Léon Denizard, foi um cidadão respeitável e reconhecido pelos franceses como um grande homem que deu a sua contribuição à nação com os vários trabalhos que deixou e que ainda estão atuantes até hoje na França e no mundo. Como cientista estudou e fez experiências com os fenômenos sobrenaturais na época, com a finalidade de informar ao mundo que havia uma verdade incontestável por trás desses fenômenos, desde a remota antiguidade.

Como sacerdote em minha última existência fui testemunha de que Allan Kardec, mesmo contra os postulados de minha religião e da igreja reformada, fincou um marco importante na humanidade quando ele, com seu brilhante trabalho junto aos espíritos superiores, sob o comando do Espírito de Verdade, matou a morte.

Voltemos ao hospital onde se encontra hospitalizado o nosso Alberto, que após algumas horas em observação foi transferido da UTI para a enfermaria pelo seu médico, deixando seus amigos mais aliviados, pois segundo as observações e leituras clínicas o homem estava fora de perigo, pelo menos por enquanto.

Alberto abriu os olhos, sentindo uma grande fraqueza, porém agora já estava mais lúcido, observou ao seu redor e notou que se encontrava na enfermaria do hospital. Observou ainda que ao redor de seu leito estavam duas mulheres – Sabrina e Conceição – que sorriam, enquanto tentavam dissimular as lágrimas de alegria em saber que aquele homem tão querido voltava à vida corporal, deixando-as aliviadas, pois ninguém tinha esperanças de que ele sobrevivesse ao acidente. “Será que estou vivo ou no mundo que o pessoal diz que existe após a morte?”, perguntava-se em pensamento o doente, com um sorriso forçado, enquanto fitava a bonita morena ao seu lado.

– Você está bem? – perguntou a moça, apertando a sua mão direita com a força e delicadeza dos enamorados.

– Por enquanto estou me sentindo muito bem, apenas um pouco fraco, mas acho que é normal para quem está ressuscitando – respondeu o homem, com um sorriso estampado no rosto pálido, demonstrando que estava bastante debilitado, fitando a moça e Conceição de soslaio. – Não sei por que não morri. Acho que era uma boa oportunidade para acabar com esta vida sem graça.

– Cuidado com as bobagens que você costuma dizer, Alberto – alertou a moça, com doçura na voz, enquanto acariciava a testa do homem e os cabelos que já começavam a se mesclarem de fios brancos.

– Esse homem não tem jeito mesmo – disse também Conceição, com o semblante sério, como se estivesse irritada com as palavras do amigo. – Todo mundo preocupado com a sua saúde e você aí dizendo asneiras.

Após corresponder debilmente às carícias da moça e fitar com simpatia a mãe dela, Alberto perguntou:

– Vocês sabem dizer-me onde está o Dr. Fernando?

– Ele e a Dra. Janine estiveram aqui, visitando-o. Depois soubemos que atendeu um telefonema urgente do IML e se dirigiu para lá – respondeu Conceição, com seu cacoete de arrumar o lençol do doente.

Alberto fechou os olhos, como se estivesse a pensar na informação recebida a respeito daquele que considerava alguém muito importante para ele, depois os abriu e começou a falar em voz baixa:

– Essa história de IML não está me cheirando a coisa boa.

– É verdade – confirmou Sabrina, com os olhos brilhantes de felicidade por ver seu amado se recuperando. – Soubemos que alguém da família dele foi assassinado.

Conceição olhou para a filha, puxando o braço dela e repreendendo-a por falar em coisas tristes naquele momento, pois todos sabiam que por um milagre Alberto ainda se encontrava vivo.

O doente observou o gesto sutil da mãe de Sabrina e simulou que nada percebeu. Com voz baixa e muita calma, ele falou:

– Conceição, é melhor sabermos a verdade agora do que ficar pensando no pior.

– Bem, o que eu soube pelos jornais foi que sua ex-mulher foi encontrada morta com vários tiros e conduzida ao IML, onde o Dr. Fernando foi chamado para identificar o corpo – Sabrina continuou a falar, agora mais à vontade, pois o próprio Alberto queria saber o que aconteceu com o seu patrão. – O pessoal da Fundação soube do assassinato através da Dra. Janine, que também confirmara, além da morte de Angélica, que a mesma fora executada por traficantes.

Neste momento houve um silêncio intenso na enfermaria e Alberto começou a respirar rapidamente, causando apreensão nas mulheres.

– Alberto, você está bem? – perguntou Sabrina, preocupada com o estado de saúde do paciente.

– Não se preocupe, Sabrina. Estou muito bem, apenas fiquei triste com o que aconteceu ao Dr. Fernando – respondeu o doente, com ar sério. – Não consigo entender como esse homem suporta tudo isso sem fazer uma bobagem ou até mesmo rebater o que lhe acontece, porque tudo isso indica que esses bandidos sabem da verdadeira situação financeira do patrão e querem tirar algum proveito, ameaçando-o com esse tipo de barbárie que fizeram contra a dona Angélica.

– Agora vamos esquecer um pouco essa história, pois você ainda não está em condições de ter determinadas contrariedades – disse Conceição, como se ordenasse.

Enquanto isso, na mansão, após conversar com o seu segurança, Fernando continuou sentado, respirando com dificuldade, pensando numa maneira de tentar conduzir avante o seu plano de acabar com os bandidos que mataram sua ex-companheira. Ergueu-se, tomou um gole de água e ligou para sua empregada de confiança, perguntando por Eduardo.

– Ele já saiu do quarto e parece-me que está bem melhor – respondeu a mulher, com empolgação na voz, talvez por ser a primeira a dar alguma notícia boa ao patrão.

Fernando sentiu-se alegre com aquela notícia a respeito do filho. Ouviu alguém bater de leve na porta.

– Entre!

O homem ficou surpreso, porque era Eduardo que entrava com passos tímidos caminhando em sua direção. Estava muito pálido e delgado, como se não se alimentasse há vários dias. Ambos se abraçaram e nada falaram, deixaram a emoção tomar conta naquele momento. Tentaram dominar as emoções, porém não conseguiram, olharam-se nos olhos fazendo-se perguntas sem pronunciá-las, sentaram-se e ficaram em silêncio.

Fernando esqueceu por alguns minutos o tormento pelo qual passava com o assassinato da ex-esposa. Observou o filho e notou que ele estava vestido com simplicidade, todavia com roupas limpas e até estava penteado, coisa que não via há muito tempo.

O espírito Domingos ou Alexandre estava naquele exato momento no quarto, cumprindo ordens da Governadora Amanda, pois quando a reunião do conselho terminou todos foram unânimes em indicá-lo para ajudar imediatamente o amigo Fernando antes que fosse tarde demais. Alexandre orava por aquelas duas criaturas, pedindo a Deus mais uma oportunidade para o espírito Eduardo, ontem o Louis que tanto errara, mas que tinha um coração bom, a fim de que o mesmo ajudasse o pai a desistir daquela idéia que iria prejudicá-lo por vários séculos, principalmente seu progresso espiritual.

O espírito Domingos aproximou-se de Eduardo e postou-se ao seu lado, transmitindo-lhe paz e orientações que deveriam ser passadas ao pai.

– Pai...

– Sim, filho, estou ouvindo – disse o empresário, mais calmo e otimista. – Se eu puder fazer algo por você, pode contar comigo.

– Lembra-se daquele centro espírita que um dia o senhor levou-me para conhecer e fazer um tratamento?

– Lembro-me muito bem. Inclusive que você não acreditou e deixou de fazer o tratamento ao qual se refere – lembrou o pai.

– Pai, eu quero voltar àquele centro e tentar fazer novamente um tratamento espiritual, agora para valer – disse o filho, erguendo-se e sentando-se mais próximo do empresário.

O Conselho de Jesus sabia que Eduardo havia tomado uma decisão importante em sua vida, ou seja, a de abandonar o vício das drogas para sempre, portanto a Governadora aproveitou a oportunidade para fazê-lo sensibilizar o coração do pai a tentar demovê-lo dessa idéia extremamente negativa para aquele que deseja progredir espiritualmente.

Fernando, que não esperava por aquela atitude do filho, ficou surpreso em saber que o Eduardo estava realmente decidido a deixar as drogas. Ele ergueu-se e começou a andar pelo quarto, sentindo ora vontade de chorar de alegria, ora agradecendo a Deus, pois durante muito tempo esperara por aquele milagre.

O milagre não existe, mas a humanidade sempre espera acontecer algo de bom e inédito, às vezes impossível de se realizar, principalmente quando se trata de resolver um problema difícil e pelo qual já perdeu a esperança. A vontade de se recuperar de Eduardo era considerada um milagre no sentido figurativo, porque todos já estavam esperando pelo pior.

Fernando sentou-se, fitando o filho, segurou as suas mãos num gesto carinhoso e perguntou-lhe:

– Filho, você tem certeza de que deseja fazer esse tratamento espiritual com a finalidade de deixar esse vício para sempre?

– Pai, eu não tenho alternativa, pois ou faço esse tratamento, que me ajudará a deixar de usar drogas, ou me despeço deste mundo – disse Eduardo com ar decidido. – Além disso eu quero fazer alguma coisa por mim e pelo meu próximo, enquanto é tempo. Já perdi tempo demais alimentando essa fraqueza, deixando-me consumir por coisas que não nos traz nenhum benefício.

Fernando passou a mão nos rosto, aproximou-se do filho e o abraçou, sentindo que algo de bom estava lhe acontecendo naquele momento atribulado de sua vida.

– Você não merece a aflição e os problemas pelos quais está passando por nossa causa – comentou o filho, encarando o pai. – O senhor sempre foi um homem trabalhador, honesto e cumpridor de suas obrigações, inclusive sempre nos ensinou o bem. Agora chegou a nossa vez de tentar melhorar, pelo menos deixando-o tranqüilo a nosso respeito.

"Ele não sabe o que aconteceu com sua ex-madrasta e companheira de vício", pensou o empresário preocupado.

Como se estivesse adivinhando o que seu pai estava pensando, baixou a cabeça e disse-lhe:

– Eu já soube do que aconteceu com a Angélica.

O rapaz respirou profundamente, passou a mão nos olhos e olhou para o pai. Depois fixou a vista num jarro de flores que se encontrava na ante-sala da suíte.

– Não tínhamos outro destino a não ser o que aconteceu com a Angélica, que, apesar de ser uma pessoa muito boa, deixou-se envolver pelo lado negativo do mundo, o que lhe trouxe um fim muito triste – disse ele. – Agradeço a Deus por Ele ter me concedido mais um voto de confiança, senão acho que eu já teria chegado a esse fim há muito tempo.

Domingos não perdia o diálogo entre pai e filho e aproveitava a oportunidade para saturar o ambiente e os homens de bons fluidos, tentando fazer com que o amigo Fernando esquecesse a idéia de se vingar daqueles que assassinaram a sua ex-mulher Angélica.

– Pai, eu sei que o senhor seria incapaz de pensar como eu e a Angélica – Eduardo disse de repente. – Você jamais mandaria tirar ou tiraria a vida de alguém, de um ser humano.

Fernando empalideceu e lembrou-se do plano que estava armando para tirar a vida de quem havia assassinado Angélica.

– Mas vocês jamais assassinaram alguém em suas vidas, meu filho, pelo menos que eu saiba – falou imediatamente o empresário, como se estivesse fazendo uma pergunta.

Eduardo sorriu e caminhou até o final do quarto, depois voltou e sentou-se em silêncio.

– É verdade, meu pai. Todavia, eu já estava praticamente tomando a decisão de matar para manter o meu vício, enquanto a Angélica procedia como uma traficante, e traficante manda acabar com a vida de qualquer pessoa que atravesse seu caminho.

Ambos ficaram em silêncio, um pensando na loucura que praticamente cometera e o outro em se recuperar de qualquer maneira.

– Hoje à noite nós iremos conversar com os nossos amigos do centro e imediatamente começar, se possível, o seu tratamento – disse o pai, abraçando o filho.

– Bem, pai, então tudo combinado para irmos ao centro espírita à noite – confirmou Eduardo.

– Combinado.

Eduardo saiu da suíte do pai sentindo-se mais leve e com vontade de vencer qualquer problema relacionado ao seu vício em entorpecentes.

Após o filho sair, Fernando foi ao interfone e ligou para o seu segurança pedindo que ele fosse até ao seu escritório.

Pedro, o chefe dos seguranças, ao chegar à porta do escritório do patrão, pensou: "Se for para fazer aquele serviço eu me despeço agora mesmo, porque jamais servirei de instrumento para alguém se vingar, principalmente tirando a vida de um ser humano". Bateu à porta.

– Entre!

Pedro entrou meio desconfiado e pensando na resposta que daria ao patrão se o assunto fosse o de mandar acabar com os assassinos de sua ex-mulher.

– Às suas ordens, patrão.

– Já mandou providenciar o que lhe ordenei em relação ao pessoal que assassinou Angélica? – perguntou Fernando, que estava em pé, demonstrando que havia em seu semblante uma mistura de medo e indecisão.

– Não, patrão – respondeu firme, o segurança.

– Graças a Deus, meu amigo – disse o empresário, aproximando-se e segurando o braço de Pedro.

O segurança ficou sem jeito, pois não entendia nada. Ele achava que iria ser despedido por não cumprir a ordem do empresário, no entanto parecia que havia feito algo nobre na visão do patrão.

– Não precisa mais se preocupar com aquele assunto, que tenho até vergonha de lembrar – disse o empresário, com um meio sorriso no rosto. – Vamos esquecer tudo isso.

Ambos ficaram em silêncio até que o empresário disse, olhando para o segurança:

– Hoje à noite nós iremos ao centro espírita.

– No mesmo horário, patrão?

– Sim.

Pedro cumprimentou o patrão e, ao se encaminhar à porta, parou e voltou-se, passou a mão na cabeça, como se algo estivesse a lhe incomodar, e perguntou:

– Posso saber por que o senhor mudou de idéia a respeito do assunto relacionado à vingança?

– Esqueça, Pedro – disse Fernando. – Deus é muito bom com todos nós. O problema é que somos indignos dessa bondade porque só pensamos no lado errado das coisas.

Pedro abriu a porta e foi embora, enquanto pensava acompanhado de pequenos gestos com a mão: "Não entendi nada. Esse pessoal rico é esquisito ou nós, os pobres, somos ignorantes demais".

– Pedro, você ficou maluco? – perguntou um dos amigos quando ele chegou ao pátio.

– Por que você me faz essa pergunta?

– Ora, você está falando sozinho, gesticulando com as mãos...

– Amigo, você tem razão – confirmou Pedro. – Às vezes, quando não conseguimos entender as coisas, agimos como verdadeiros alienados mentais.

Enquanto isso Fernando ligava para a Dra. Janine pedindo que ela tomasse as providências necessárias em relação ao sepultamento de Angélica.

– Pode deixar. O pessoal especializado nisso já está providenciando.

– Mande o corpo dela a um lugar decente, para ser velado como qualquer outra pessoa que deixou este mundo, inclusive não esquecendo de informar que ela era a minha ex-mulher.

– Você tem certeza disso, Fernando?

– Tenho.

– Bem, você é quem sabe.

O espírito Domingos, que ainda estava no quarto, aproximou-se do amigo Fernando, fez-lhe um afago e despediu-se, com o semblante alegre, pois havia cumprido com a sua missão.

Naquele momento, na colônia espiritual, Amanda sorria e, com os olhos voltados para o alto, agradecia a Deus, pois seu pedido fora atendido.

Capítulo XXXII

Alberto na seara espírita

Um mês depois Alberto encontrava-se em convalescença, pois já havia recebido alta do hospital. Aproveitava o aroma exalado das flores e roseirais, enquanto passeava à tarde, antes do pôr do sol, no amplo jardim da mansão do empresário Fernando. Ainda um pouco fraco, porém já bem melhor, recuperava-se rapidamente do ferimento recebido no peito durante o assalto que sofrera. Mesmo assim vistoriava o jardim, pois começara a gostar do seu trabalho como jardineiro.

Pedro, o chefe da segurança do Dr. Fernando, preparava-se para ir buscar o patrão no escritório quando resolveu aproximar-se do jardineiro e perguntou, com um sorriso simpático estampado no rosto:

– Alberto, estou indo buscar o patrão no escritório. Se quiser, aproveito para deixá-lo em sua casa.

– Acho que vou aceitar sua carona. Preciso repousar mais algum tempo antes de começar a trabalhar pra valer – disse o jardineiro, fechando a camisa, que mostrava uma faixa de atadura envolvendo-lhe o peito.

– Você vem trabalhar porque é muito teimoso – disse o segurança, pondo a mão sobre o ombro do colega. – O Dr. Fernando recomenda a todos nós que não nos descuidemos de você.

– O Dr. Fernando é muito bondoso – sorrindo, disse Alberto, sentindo-se orgulhoso com a informação do amigo. – Já se viu um homem da posição do nosso patrão se preocupar com alguém que não passa de um simples jardineiro doente?

– Alberto, não seja injusto, pois o nosso patrão se preocupa com todos seus funcionários, principalmente com você – rebateu o segurança, defendendo o patrão. – Não sei por que o nosso patrão gosta tanto do seu jardineiro.

Alberto não retrucou e começou a caminhar em direção ao carro, enquanto pensava, de cabeça baixa: "Nem eu sei por que também gosto tanto desse homem".

Ao chegar em sua casa Alberto notou que Sabrina estava em pé na porta, com o olhar ansioso pregado no caminho, como se estivesse esperando alguém muito importante, possivelmente uma visita.

– Alberto, eu nunca vi homem mais teimoso do que você – disse ela, segurando com carinho o seu braço, ajudando-o a descer do carro e em seguida encaminhando-se ao interior da casa, continuando com suas admoestações.

– Sabrina, preciso trabalhar de qualquer maneira – rebateu o homem, com um suspiro de resignação. – Não posso ficar de braços cruzados por causa de um pequeno problema de saúde que já passou.

– Você sabe muito bem que não foi um simples problema de saúde, pois a verdade é que foi um verdadeiro milagre não ter morrido. Tenha paciência, pois você ainda não está em condições de trabalhar e o Dr. Fernando entende isso muito bem – disse a moça em voz enérgica, porém dócil, ajudando-o a sentar-se numa cadeira.

– O Dr. Fernando é muito bondoso comigo, pois se fosse outro já havia me dispensado há muito tempo – disse Alberto, cruzando os braços com ar de quem estava aborrecido. – Além de não colocar um novo jardineiro em meu lugar ainda pediu a um de seus empregados para substituir-me enquanto me recupero, portanto não devo abusar da bondade desse homem.

A moça aproximou-se de Alberto e disse, com um gesto carinhoso, abrindo um sorriso no bonito rosto:

– Fiz um jantar à base de verduras e legumes, pois você ainda não está em condições de se alimentar com comidas fortes e condimentadas.

– Já estou farto de comer esse tipo de alimentação de hospital – disse o homem, com um gesto de enfado. – Quero alimentar-me normalmente, como qualquer criatura sadia.

Sabrina aproximou-se mais um pouco da cadeira onde Alberto estava sentado, ficou de joelhos, segurou-lhe as pernas, fitou-lhes os olhos azuis em silêncio, acariciou sua mão e disse-lhe carinhosamente:

– Tudo o que peço a Deus neste mundo é que você viva o suficiente para tentarmos acertar nossas vidas.

Alberto sentiu um choque no íntimo que o abalou. Não deixou que suas mãos trêmulas o entregassem, embora o coração batesse mais rápido e forte, fazendo que o mesmo se erguesse, caminhasse em direção à porta e ficasse em silêncio, observando ao longe não se sabe o que, na escuridão que havia tomado conta do bairro e de toda a cidade.

Sabrina entendeu aquele modo instintivo do homem, ergueu-se e foi cuidar de seus afazeres, enquanto pensava: "Até agora ele continua se esquivando de mim, porque já sabe do nosso sentimento, porém o orgulho dele é muito forte, ou, quem sabe, talvez se sinta velho e pobre demais, incapaz de me fazer feliz. Não sei como farei para esse teimoso entender que ele é o homem da minha vida. Vou conversar seriamente com a minha mãe e pedir-lhe um conselho a respeito desse assunto, pois já não posso agüentar por muito tempo essa situação", continuava a pensar a bela moça.

Após o jantar, como de costume, Alberto sentou-se na frente da casa e deixou que o pensamento ultrapassasse as linhas da imaginação, submergindo num mundo de sonhos impossíveis, pois voava alto demais para um homem humilde, chegando à casa da meia idade, em que ninguém guarda mais ilusões porque conhece a vida o suficiente para saber que está chegando a linha perigosa do fim de mais uma existência.

Ele surpreendeu-se quando de repente viu um luxuoso carro estacionar em frente à pequena casa e dele saltar um homem que ele tão bem conhecia e que ao cumprimentá-lo foi logo dizendo:

– Olá, meu amigo!

Era o Dr. Fernando, que naquele momento havia chegado à casa do seu amigo jardineiro e o cumprimentava com um sorriso nos lábios, sentindo-se satisfeito, quem sabe lembrando-se das existências passadas, principalmente da última, em que fora Hugo, filho do famoso empresário Albert.

– Boa noite, patrão! – o jardineiro respondeu ao cumprimento, erguendo-se rapidamente numa atitude de respeito por aquele homem que tanto estimava, talvez também lembrando-se de quando fora Albert, pai do empresário Fernando.

– Alberto, vim lhe convidar para fazermos aquela visita que há muito tempo venho prometendo – disse o empresário, segurando e apertando a mão do seu empregado.

– Que visita é essa, patrão?

– Depois você saberá – respondeu o empresário, trocando um olhar de cumplicidade com o seu motorista Jorge.

Alberto passou a mão na cabeça e ia retrucar, quando ouviu alguém dizer-lhe:

– Não vá decepcionar o doutor, Alberto!

Ele voltou-se de repente e vislumbrou Sabrina em pé, na porta, que estava parcamente iluminada pela lâmpada da pequena sala.

Alberto pediu licença e foi até o interior da residência, trocou de roupa e entrou no carro do patrão.

Após meia hora mais ou menos, os homens encontravam-se num amplo salão, simples, porém bastante aconchegante.

Alberto, que estava sem jeito de perguntar ao patrão que lugar era aquele, encostou a boca no ouvido do motorista e perguntou-lhe:

– Jorge, que lugar é este?

Sem deixar de fitar uma grande mesa, que fazia às vezes de tribuna, o motorista respondeu-lhe em voz baixa:

– É um centro espírita.

– O que? Um centro espírita?

– Exatamente, meu caro Alberto – confirmou o empresário. – Foi para este lugar que sempre prometi trazê-lo um dia.

Os comentários dos homens cessaram quando naquele exato momento alguém abria um pequeno livro e começava a ler uma mensagem. Após a leitura, outra pessoa fez uma prece e em seguida apresentou uma senhora, informando ao público que ela faria os comentários evangélicos da noite.

Aos poucos o público foi silenciando, até se ouvir somente a voz daquela bondosa senhora, que explicava com riqueza de detalhes uma das parábolas de Jesus.

Alberto ouvia atentamente a palestra, porém começou a se sentir inquieto com algumas palavras pronunciadas pela senhora que fazia a explanação.

Fernando que não perdia nenhum movimento do jardineiro segurou-lhe o braço e disse em voz baixa:

– Preste atenção à palestra. Depois nós conversaremos a respeito de tudo que você está presenciando nesta reunião.

Alberto fitou o patrão de viés, sentiu que se acalmava e continuou a ouvir com mais interesse as palavras daquela mulher.

Após a reunião, Fernando, Jorge e Alberto encaminharam-se para a saída, porém antes de irem embora o empresário cumprimentou algumas pessoas, principalmente um cidadão aparentando uns quarenta anos, que possivelmente era o responsável por aquela instituição religiosa.

No trajeto do centro espírita até a residência de Alberto, os passageiros do carro do empresário se mantiveram em silêncio, cada um pensando sabe Deus em quê.

Ao descer do carro e antes de entrar em casa, Alberto abriu a boca para fazer uma pergunta, mas foi interrompido por Fernando, que disse:

– Amanhã à tarde chegarei mais cedo em casa. Sendo assim, convido-o para jantar comigo, depois então tentarei explicar tudo o que você observou no centro espírita, isto é, o que já aprendi com essa doutrina maravilhosa, conforme as obras básicas codificadas por Allan Kardec.

Alberto encarou o patrão e com um sorriso irônico nos lábios, refletido nos olhos, porém imperceptível, confirmou com um gesto de cabeça que aceitava o convite.

Fernando notou o sorriso irônico do jardineiro e pensou: "Meu Deus, eu já conheço esse homem, inclusive essa ironia com relação às coisas espirituais... Mas de onde?"

– Boa noite, doutor – cumprimentou Alberto, que sabia que o seu patrão era bastante inteligente para entender que lhe havia passado, numa linguagem muda, que não acreditava naquela doutrina. – Obrigado por tudo, meu chefe.

– Obrigado pelo que, Alberto?

– Não sei – respondeu o homem, vacilante.

Fernando sorriu sem entender nada. Ele pensou, olhou para o amigo e jardineiro, que estava na porta, talvez esperando que o carro fosse embora, e depois resolveu ordenar:

– Vamos, Jorge. Ainda tenho que trabalhar até tarde para pôr em ordem alguns assuntos pendentes em meu escritório.

No dia seguinte, no horário marcado, Alberto, que estava fazendo sua visita ao belo jardim, notou que o carro do patrão passava pelo portão.

Fernando desceu e encaminhou-se em direção ao empregado. Cumprimentou-o com um sorriso e depois disse-lhe:

– Estou esperando a Janine para jantarmos juntos e conversarmos um pouco sobre o que você estará querendo saber.

– Certo, doutor – confirmou o jardineiro, com um sinal positivo de cabeça.

Fernando encaminhou-se em direção à mansão, enquanto Alberto fitava displicentemente o vôo dos pássaros que àquela hora brincavam no pomar, no jardim e pousavam na fonte que ficava próxima à residência.

Durante o jantar em que participavam Fernando, Alberto e a Dra. Janine, noiva do empresário, os assuntos discorridos foram em relação à rotina do dia-a-dia. Após a refeição eles se encaminharam para uma confortável varanda e se acomodaram em sofás e permaneceram por alguns momentos em silêncio.

– Meu caro Alberto, você já ouviu falar na Doutrina Espírita? – perguntou o empresário, rompendo o silêncio, enquanto trocava olhares de cumplicidade com a noiva, que mantinha um sorriso estampado no belo rosto.

Alberto passou a mão na cabeça, como se estivesse verificando se o cabelo estava penteado, ajeitou-se na cadeira, pensou e respondeu, fitando o patrão:

– Já ouvi falar. Mas acredito, doutor, que essas coisas são invenção do povo.

– Então você não acredita em Deus, meu amigo Alberto? – perguntou a médica, com educação e mantendo o sorriso.

Alberto pensou novamente, fitou a fonte que ficava próxima, iluminada com lâmpadas apropriadas, dando-lhe um aspecto de paz e harmonia no jardim. Fitou a moça e respondeu-lhe:

– Eu acredito em Deus, pois até mesmo os silvícolas acreditam numa divindade.

– Somente por isso, Alberto? – perguntou-lhe o empresário, sentindo-se incomodado com a resposta do homem.

– Doutor, sou simples, pobre e estou chegando a uma idade em que não se deve iludir muito, porque já se está perto de morrer, ou seja, chegando ao fim de tudo – comentou o jardineiro, com sua simplicidade de homem sem instrução escolar. – Mas, acreditar numa divindade que uns chamam de Deus ou de outros nomes estranhos, conforme as religiões, eu tenho cá minhas dúvidas a respeito da existência dessa Divindade.

– Você pode explicar-nos por que pensa assim, Alberto? – perguntou a noiva do empresário, agora com a feição séria.

O homem passou novamente a mão na cabeça, simulou estar verificando se estava faltando algum botão em sua camisa, enquanto buscava uma resposta.

– Como posso acreditar num Deus que discrimina o pobre do rico, o doente do são, deixa morrer milhares de pessoas de fome, ora por concentrar a maioria dos recursos da Terra na mão de poucos, ora através das muitas guerras, inclusive algumas feitas em nome Dele, e deixa que a maioria dos habitantes do planeta seja escravo daqueles que têm dinheiro ou posição?

Fernando arregaçou as mangas da camisa, cruzou as pernas, olhou disfarçadamente para sua noiva, como se perguntasse: "E agora? Como vamos explicar a esse homem que as coisas não são bem assim, como ele pensa?"

– Dr. Fernando e Dra. Janine, nasci e fui criado na rua – continuou a falar o convidado. – Perdi a família inteira e meu barraco, ou seja, o pouco que possuía, naquele acidente horrível que é do conhecimento dos senhores. Meu filho mais velho foi assassinado por bandidos e, por último, meu neto, o último parente que ainda conduzia as poucas gotas do meu sangue nas veias, também se foi, sem falar no assalto em que quase perdi a vida.

O jardineiro fez uma pausa, respirou profundamente, talvez lembrando-se do passado nebuloso, passou a mão no rosto e continuou sua explicação:

– Senhores, eu acho que já estou falando demais, portanto concluo que divindades, santos, religiões e outros são invenções do próprio homem, pois se Deus realmente existisse jamais Ele deixaria que Seus filhos sofressem assim, como estamos presenciando no dia-a-dia, principalmente nos países pobres.

Fernando estava inquieto porque não encontrava uma maneira de explicar a existência de Deus e a Doutrina Espírita, codificada por Allan Kardec, pois naquele momento não achava um caminho que lhe desse respaldo palpável a um contra-argumento que discordasse das explicações daquele homem simples, porém com uma história que doía em qualquer coração que tivesse a oportunidade de ouvi-lo.

A Dra. Janine também se sentia inquieta porque pensava rapidamente numa explicação plausível para desfazer toda a descrença daquele homem que já havia sofrido o suficiente para se basear em sua própria vida, para ter lá suas dúvidas a respeito daquilo que a maioria do ser humano acredita: Deus.

– Doutor, achei muito bonita a explanação daquela senhora sobre o evangelho – disse Alberto, fazendo menção de erguer-se. – A teoria é muito bonita, porém a prática ou a vivência é uma realidade que não deixa dúvidas.

– Alberto, sei que é muito tarde, mas você pode ficar mais um pouco?

– Doutor, o senhor é quem manda – respondeu o empregado, cruzando as pernas e ajeitando a atadura que o estava incomodando.

Em poucos minutos Fernando narrou toda a história de sua vida, destacando que era um homem rico, mas que havia passado e ainda continuava atravessando momentos difíceis.

– Como você explica isso, meu caro Alberto?

Antes que o homem respondesse, Janine fez um gesto com a mão, pedindo permissão para falar:

– Alberto, o meu colega de profissão, que lhe atendeu no hospital, informou-me que não havia nenhuma probalidade de você sobreviver e de repente se surpreendeu quando observou que, por um milagre, você sobreviveu àquele ferimento provocado por tiro mortal.

A moça tomou um pouco de água de um copo que estava ao seu lado e perguntou.

– Isso foi por acaso ou aí teve a mão de uma divindade, ou seja, de Deus?

– Não sei explicar o que houve doutora, mas a ciência está bastante adiantada, o suficiente para aquele médico ter salvado a minha vida, pois também não acredito em milagres – respondeu o homem. – Quanto à história triste que o patrão acabou de narrar, isso não é novidade nos dias de hoje, porque uns morrem de fome por falta de recursos e outros porque não sabem usar o que têm, caracterizando de qualquer maneira um problema nosso.

Fernando ergueu-se e começou a passear pela varanda com um ar preocupado, como se tudo que ouvira daquele homem, que estava praticamente se declarando ateu, não passasse de uma simples brincadeira de mau gosto. Sentou-se, cruzou as pernas sob o olhar atento de Alberto e de sua noiva e começou a falar em voz baixa, porém firme:

– Meu caro Alberto, sou empresário, nunca gostei de física e nem de química, porém tenho certeza de que não existe um efeito sem uma causa. Se observarmos bem o que acontece no universo, principalmente nas pequenas coisas que podemos observar mais de perto, como o desabrochar de uma flor, um pássaro voando, o mar no seu movimento sincronizado, provocando as marés altas e baixas, o nascimento de uma criança, um ser vivo, principalmente o homem, com sua pequena máquina, comandada por um cérebro que tem bilhões de fios elétricos – os neurônios –, a chuva que cai exatamente na quantidade certa no solo, a planta que depois de algum tempo alimenta os seres, os movimentos do nosso planeta – um em vinte e quatro horas em torno do seu eixo, e outro que demora um ano para dar sua volta completa em torno do Sol – e mais, muito mais exemplos, que se fôssemos enumerá-los não terminaríamos de fazê-lo esta noite.

O empresário fez uma pausa, depois esticou o braço até um copo que se encontrava ao seu alcance e tomou um gole d' água, sob o olhar atento do velho jardineiro.

– Meu velho amigo, se você tiver uma explicação plausível para tudo isso, neste momento, jogarei no lixo tudo que já li sobre esse Ser Supremo, que os Espíritos superiores denominam de Suprema Inteligência do Universo, causa primária de todas as coisas, que foi a resposta da primeira pergunta de "O Livro dos Espíritos", feita por Allan Kardec aos espíritos responsáveis pela elaboração da Doutrina Espírita – comentou o empresário, encarando o jardineiro, que estava de cabeça baixa.

Alberto ergueu-se, sendo imitado pelos noivos, pois sabiam que o convidado estava dando sinal de que ia embora. Ele fixou os olhos do seu patrão e perguntou-lhe, num gesto sincero e sério:

– Patrão, essa doutrina que o senhor estuda explica tudo isso?

– Sim.

O homem estendeu a mão ao empresário, depois para a Dra. Janine e, num sorriso aberto, pediu licença para ir embora.

Quando Alberto estava dentro do carro que iria deixá-lo em casa, pôs a cabeça para fora e perguntou:

– Patrão, será que posso também estudar essa doutrina e continuar a freqüentar aquele centro espírita que fui ontem?

Abraçado à noiva, Fernando ficou com a voz embargada, porque sentiu que naquele momento algo havia acontecido no universo, principalmente quando ele elevou os olhos ao céu estrelado e viu uma estrela cadente rapidamente deixar seu rastro na casa daquele que é o Nosso Pai e Criador.

– Pode, meu velho amigo – respondeu o patrão, evitando deixar transparecer na voz a sua alegria e alívio no coração.

O carro partiu conduzindo aquele homem que há muito tempo atravessava os séculos tentando compreender Deus, mas nunca raciocinava sobre a dor e os sofrimentos e as coisas de Deus, como a lição que nós, os Seus filhos, temos de fazer para alcançar a nota máxima, a fim de um dia conseguirmos a Glória Eterna.

Capítulo XXXIII

Pai e filho

Noite calma. As estrelas piscavam no céu azul sem nuvens, uma brisa agradável acompanhada pelo aroma de flores envolvia o belo jardim, enquanto os únicos ruídos que se ouviam àquela hora eram os provocados pelos passos dos homens que faziam a segurança da mansão do rico empresário. De repente o portão eletrônico abriu automaticamente, permitindo que o carro de Fernando entrasse após deixar a Dra. Janine em casa. Ele desceu do carro, ficou pensando e antes de encaminhar-se aos seus aposentos perguntou a um de seus homens:

– Você sabe dizer-me se o Eduardo está em casa?

– O Dr. Eduardo chegou cedo e o vi dirigindo-se ao seu quarto – respondeu o homem que havia aberto a porta do carro.

– Obrigado e boa-noite a todos – cumprimentou o empresário.

Alguns minutos depois Fernando batia levemente à porta do filho, temendo incomodá-lo àquela hora, pois já passava da meia-noite. "Não sei se é o momento para conversar com o Eduardo, mas eu vou tentar", pensou o empresário.

– Entre!

Fernando abriu a porta que estava apenas encostada, ficou em pé na entrada e fitou o filho que se encontrava sentado numa cadeira lendo um livro com muito interesse.

– Entre pai e, por favor, sente-se – disse Eduardo, erguendo-se com um sorriso e fechando o livro, apontando um confortável sofá que estava colocado defronte ao seu. – Eu sabia que era o senhor que havia batido na porta, pois vi quando o seu carro entrou.

Cautelosamente o empresário aproximou-se do filho, sentou-se no sofá indicado, cruzou as pernas e após algum tempo em silêncio e fitando o rapaz, comentou:

– Meu filho, faz tempo que não conversamos. Eu não queria incomodá-lo com preocupações infundadas e deixá-lo à vontade para saber qual a direção que você mesmo deveria seguir.

Eduardo manteve-se em silêncio e calmo, mas sabia que estava sendo observado pelo pai, portanto não o interrompeu.

Fernando notou que o rapaz havia melhorado sua aparência, principalmente em relação aos cuidados necessários consigo mesmo, incluindo o vestuário e o físico.

– Noto que você está muito bem – disse o empresário, tentando entabular conversa.

– Concordo com o senhor, mas devo tomar muito cuidado porque o pessoal lá do centro tem me alertado para o perigo da recaída – disse o filho, passando a mão na cabeça e abrindo um sorriso que aos poucos se desenhava no rosto. – Talvez os nossos amigos do centro espírita já tenham lhe informado que, além dos problemas de ordem física e psicológica provocados pelo vício, eu estava sendo influenciado por espíritos desencarnados que, enquanto encarnados, eram viciados em drogas pesadas, pois com os meus defeitos, principalmente as fraquezas, entrei em perfeita sintonia com eles, satisfazendo-lhes os vícios.

– Ouvi dizer que você engajou-se nos trabalhos da instituição espírita e que agora é coordenador de uma campanha contra as drogas – comentou o pai cuidadosamente para que o filho não o interpretasse mal. – Fiquei muito contente com a notícia.

– É verdade, pai – concordou o filho, baixando a cabeça. – Passei por um período horrível, mas graças a Deus tive força suficiente para vencer, pelo menos por enquanto, esse vício destruidor. Ainda assim, não deixo de pensar que a qualquer momento posso voltar a usar entorpecente.

Fernando ergueu-se, espreguiçou-se, foi até o frigobar e tirou uma lata de refrigerante. Depois foi até a janela, tomou um gole do líquido, sentou-se novamente e cruzou os braços, ficando em silêncio.

– Meu filho, eu sou testemunha do esforço que você fez para deixar esse maldito vício – disse o pai, rompendo o silêncio, que ia tomando conta do mundo, pois a madrugada já havia chegado. – Por que ainda tem medo de voltar a se drogar?

Eduardo encarou o pai e também se ergueu. Foi até o frigobar, tomou água, depois sentou-se e disse com voz quase sumida:

– Uma semana atrás procurei desesperadamente um dos pontos de vendas de drogas, pois já não agüentava mais viver sem ela.

Fernando deu um pulo da cadeira impulsionado pelo reflexo do medo, se é que existe. Ficou com as mãos trêmulas, sentiu que o corpo ficava sem comando e notou também que havia fugido todos os seus pensamentos, deixando a sua mente vazia, pois não sabia mais o que dizer, não ouvia mais nada. Abriu parte da camisa, sem tirar a gravata, sentou-se novamente e permaneceu apenas olhando o filho.

Eduardo notou aquela transformação do pai e correu a socorrê-lo, pois pensou que ele estivesse passando mal.

– Pai, o senhor está bem? Respire fundo e relaxe. Na sua idade é perigoso esse tipo de comportamento, mesmo quando é involuntário.

O rapaz ofereceu água ao pai, passou a mão carinhosamente nas costas do empresário e disse calmamente:

– Graças a Deus que consegui controlar aquela vontade insuportável de voltar a usar drogas.

Fernando respirou profundamente, como se naquele momento o mundo que havia parado por alguns segundos voltasse a funcionar. Ingeriu a água que o filho lhe havia oferecido, agradeceu, recompôs sua camisa e a gravata e notou que o arquivo contendo todos seus pensamentos havia retornado ao cérebro. Agora ele assumia novamente o comando do corpo que abrigava aquele velho espírito.

Os dois homens ficaram alguns minutos em silêncio e apenas se ouvia ao longe o barulho de um carro que passava na avenida que distava mais ou menos um quilômetro da mansão, o latido de um cão ou o miado de um gato correndo em algum telhado.

– Meu filho, que susto você me deu com essa conversa de haver procurado um ponto de venda de drogas – comentou o pai, agora mais calmo e senhor de seus atos.

– O senhor não deixou que eu terminasse de falar – sorrindo, disse Eduardo, como se estivesse divertindo-se com o susto do pai.

– Meu filho, não brinque com coisas sérias. Você sabe muito bem que a vida tem me aprontado umas poucas e boas, deixando-me com os nervos à flor da pele.

Após um longo silêncio, Eduardo ergueu-se, foi até a janela, ficou um tempo observando o céu estrelado e depois voltou a sentar-se, fixando o olhar no pai.

– Posso fazer-lhe um pedido? – perguntou ele, tentando manter a calma, pois de repente ficara nervoso.

– Fique à vontade.

– Quero trabalhar como voluntário em suas fundações, não quero remuneração – disse o filho, fixando o olhar no piso do quarto. – Quero trabalhar e tentar recuperar o precioso tempo que perdi.

Fernando ergueu-se, aproximou-se do filho, estendeu-lhe a mão e disse, com um sorriso estampado no rosto:

– Está empregado, Dr. Eduardo.

– Pai, quero trabalhar como qualquer um de seus funcionários e quero ser tratado igualmente como os demais – disse o filho, erguendo-se também, segurando o braço do pai. – Não quero remuneração, pois de nada necessito porque já tenho tudo, principalmente a minha existência, que Deus permitiu que eu a recuperasse e continuasse a vivê-la a fim de continuar com o meu aprendizado.

O empresário sentiu que algo quente escorria pelo seu rosto e chegava até a sua boca. Ele foi até a janela e notou que estava chorando, respirou profundamente e sentiu um bem-estar que só sentia quando estava com a bela doutora Janine. Vislumbrou um ponto qualquer no horizonte, depois elevou sua vista até o alto e balbuciou: "Obrigado,

Senhor e Criador deste Universo. Será que o meu filho está recuperado? Bem, o certo é que mesmo que ele ainda esteja doente, jamais esquecerei deste momento de paz em minha vida". O homem voltou e sentou-se em sua cadeira, enquanto observava o rapaz de viés.

– Eu soube que o Alberto jantou com o senhor e a Janine – disse o rapaz de repente, surpreendendo o empresário. – Fico feliz em saber que ele conseguiu recuperar-se do grave ferimento.

Fernando permaneceu em silêncio, pois como conhecedor profundo do mundo dos negócios, sentiu que aquele comentário a respeito de seu amigo Alberto era o começo de uma outra conversa. Ele ajeitou-se no sofá e ficou esperando o que seu filho tinha a lhe dizer ou propor.

– Sabe, pai, eu não simpatizo muito com Alberto, mas algo me diz que apareceu uma oportunidade de desfazer essa animosidade, a ponto de achar que se nós começássemos um pequeno negócio, acredito que seria bom para nós.

– Em que sentido você acha que seria bom essa parceria num negócio?

– Não sei explicar, mas parece-me que se trabalharmos juntos ficará mais fácil vencermos essa antipatia, além disso, lucraríamos bastante com o nosso trabalho em torno dessa parceria.

O empresário, que era uma velha raposa na área de qualquer tipo de transação comercial, ficou em estado de alerta com aquela conversa.

– Sei que o senhor é muito esperto, portanto já deve ter entendido o que quero lhe propor.

O empresário sorriu, enquanto pensava: "Ele está me pedindo recursos para começar um pequeno negócio, e terá como sócio o meu amigo Alberto".

– Que tipo de negócio vocês querem iniciar? – perguntou o pai com ar de quem não sabia de nada, demonstrando que estava ouvindo a proposta do filho com seriedade.

– O Alberto ainda não sabe que estou falando isso para o senhor e ainda não sei o tipo de negócio que colocaremos na praça.

Fernando continuou fitando o filho, esperando que o mesmo informasse todo o seu plano.

– Pai, quero ocupar a minha mente vinte e quatro horas por dia, com o objetivo de não pensar e de não me deixar influenciar por inteligências visíveis ou invisíveis – informou o filho, com ar de quem estava querendo realmente mudar o rumo de sua vida. – Para isso, preciso trabalhar voluntariamente em sua fundação, sem remuneração, e ganhar algo para custear minhas despesas com o que conseguirei com o negócio que irei colocar com o Alberto.

– Aonde você vai arranjar dinheiro para iniciar esse empreendimento? – perguntou o pai, sorrindo.

– Bem, estava pensando em lhe pedir um pequeno empréstimo – disse o filho, fitando o solo como se estivesse com vergonha. – Será que eu mereço mais uma oportunidade nesta vida?

– Claro que merece, filho – respondeu o pai, com ar de satisfação. – Mas será que posso ajudá-los, orientando-os, isto é, dando a minha sugestão de que tipo de negócio vocês podem se dar bem? – perguntou o pai, indicando que aceitava o plano do filho e emprestaria o dinheiro.

– Claro, pai – disse o rapaz com ar otimista.

Fernando ergueu-se, espreguiçou-se, aproximou-se do filho, abraçou-o e disse:

– Já é tarde e preciso descansar um pouco.

– Também vou dormir.

Antes de sair do quarto do rapaz o empresário ficou curioso para saber que tipo de livro o filho estava lendo e perguntou-lhe:

– Que livro é esse que você está lendo?

– "O Livro dos Espíritos" – respondeu o rapaz, apanhando o livro que estava sobre a mesa e entregando-o ao pai.

– Muito bom esse livro – comentou o empresário. – Mas o aconselho a ler "O Evangelho Segundo o Espiritismo", pois é nesse livro que sempre encontraremos o medicamento divino que o Mestre Jesus nos deixou.

– Olha lá, na cabeceira da minha cama – sorrindo, apontou o rapaz um criado mudo, onde havia alguns livros. – Tenho todas as obras básicas da Doutrina Espírita, principalmente O Evangelho, que muito tem me acalmado nas horas de aflição.

Fernando ficou em silêncio, enquanto pensava: "Meu Deus, obrigado novamente por mais essa oportunidade que o Senhor está dando a essa criatura, que atualmente é o meu filho biológico".

– Fico feliz, meu filho, em saber que agora você está acreditando nessa maravilhosa Doutrina que o Mestre Jesus nos enviou – disse o homem, demonstrando no semblante uma alegria muito grande.

O empresário deixou o quarto do filho em direção aos seus aposentos cantarolando uma música qualquer, como se naquele momento estivesse sentindo-se o homem mais feliz da Terra.

Fernando dormiu mais ou menos umas três horas e foi acordado pelo trinado do canto das avezinhas que voavam brincando ao redor da fonte. Olhou o relógio e ergueu-se rapidamente, pensando: "Ainda é muito cedo para ir ao escritório, mas preciso falar urgente com o Eduardo, senão vou esquecer o sonho que tive".

O pai abriu a porta do quarto do filho sem bater e aproximou-se da cama em silêncio para não incomodar o rapaz. Ficou parado e depois resolveu acordá-lo, segurando o seu ombro com carinho e dizendo em voz baixa:

– Acorde, preguiçoso!

O rapaz abriu os olhos ainda sonolentos, pois havia ido dormir quase às cinco horas e ainda não eram oito da manhã. Sentou-se na cama e perguntou meio preocupado com o pai:

– O que houve, pai?

– Tive um sonho esquisito, porém revelador, sobre alguma coisa que se passou em outra existência.

– Posso saber qual foi o sonho?

– Lembro-me de pouca coisa do tal sonho, mas recordo-me muito bem que um cidadão, que parecia ser meu pai, e eu discutíamos bastante por causa de uma bonita moça, que eu conheço, não sei de onde, mas que ela existe, isso tenho certeza – disse o empresário, meio eufórico.

– E onde está o que o senhor chama de "revelador"? – perguntou o filho, erguendo-se e pondo a mão no queixo, pensativo.

– Lembro-me perfeitamente que o nome do homem era Albert, um empresário do ramo de automóveis – respondeu o pai.

Eduardo começou a andar pelo quarto, pensando: "Acho que o meu pai está querendo me dizer alguma coisa importante".

– Observando o Alberto, noto que ele tem uma verdadeira adoração por automóveis – disse o homem, com jeito de quem havia feito uma grande descoberta. – Imagine que ele, antes do acidente, além de cuidar do jardim, mantinha os nossos carros sempre brilhando, como se aquilo fosse algo importante para ele.

– O que o senhor está querendo me dizer?

Fernando sorriu, meteu as mãos nos bolsos do pijama, olhou para o filho e respondeu:

– Que descobri que vocês poderão se dar bem no comércio de automóveis, pois acredito que o Alberto gosta de carro, além disso acho-o bastante sagaz para tocar qualquer tipo de negócio.

Eduardo sentou-se na cama, ergueu-se, foi até o banheiro, lavou o rosto para espantar o sono, voltou e disse, olhando para o pai:

– Pai, eu tenho quase certeza de que conheço o Alberto de algum lugar.

– Deve conhecer de outras existências, pois nesta todos viemos em posições e situações diferentes, só assim se explica esse sonho, as lembranças dessa moça que vi e essa impressão de que você conhece o Alberto de algum lugar.

– É, pode ser – confirmou o rapaz, com um gesto de cabeça. – Daqui a pouco vou conversar com o Alberto para saber se ele topa uma sociedade comigo e aproveito para sondar se realmente ele gosta de automóveis e nada tem contra mim.

Fernando nada respondeu, apenas fez um gesto de mão para o rapaz, como se estivesse dando-lhe sinal de que tudo dependia dele, abriu a porta e voltou ao seu quarto.

Capítulo XXXIV

Eduardo e Alberto

Eram dez horas quando o empresário, já pronto para ir ao seu escritório na cidade, foi até o jardim, cumprimentou o Alberto, entrou em seu carro e partiu em direção à cidade.

Após visitar todo o jardim, fazendo algumas observações, Alberto procurou abrigar-se do sol, que começava a esquentar aquela região, sentando num banco sob uma frondosa árvore. O homem abriu a camisa, passou a mão na testa que estava suada, olhou as ataduras e falou consigo: "Amanhã, se o doutor não tirar estas ataduras incômodas eu mesmo as tirarei, pois já não agüento mais andar com isso, além disso não estou mais doente, pois me sinto forte e pronto para trabalhar normalmente".

– Bom dia, Alberto!

De súbito o jardineiro olhou para o lado e observou que a pessoa que havia falado era o filho do Dr. Fernando, que o cumprimentava com um sorriso simpático estampado nos lábios. "Não sei o porquê, mas não simpatizo com esse rapaz. Parece-me conhecê-lo há muito tempo", pensou Alberto, erguendo-se e fechando a camisa em respeito ao filho do patrão. "Acho que essa antipatia deve ser porque esse rapaz já fez muito mal ao meu patrão. Não consigo entender porque essa criatura, que tem tudo ao alcance daquilo que o dinheiro pode comprar, seja viciado em drogas, causando preocupação e dor no seu pai, que é um homem digno, trabalhador, justo, religioso e temente a Deus", continuou pensando, enquanto estendia a mão e também cumprimentava o rapaz:

– Bom dia Dr. Eduardo!

– Alberto, parece-me que você está bem, com uma aparência muito boa – disse o rapaz, tentando encontrar uma desculpa para se aproximar do homem.

– Acho que já estou bom, doutor, mas o médico teima em me dizer que ainda necessito de muito repouso e cuidado.

– É bom você seguir as orientações do seu médico, pois ele sabe o que faz – disse o rapaz, sentando-se no banco e fazendo um gesto para que o jardineiro sentasse ao seu lado. – Você tem de ficar bom logo.

Alberto arqueou as sobrancelhas como se estivesse surpreso e desconfiado com aquela última frase do filho do patrão, mesmo assim permaneceu calmo, enquanto tentava descobrir o que ele queria consigo.

Ambos ficaram em silêncio, com os olhos fixos em algo que pareciam estar vendo no jardim ou muito além da imaginação. Os pensamentos dos dois talvez estivessem regredindo a um passado muito distante, arquivado nas memórias perispirituais que se cruzavam inconscientemente, formando lembranças de existências em que eles se encontravam em caminhos diferentes, pois um fora um famoso duque e o outro pertencente à nobreza francesa.

Eduardo cruzou as pernas e sem fixar o jardineiro, pois evitava olhar o homem nos olhos, começou a falar com voz pausada e calma, a fim de o jardineiro ouvi-lo e não encontrar dificuldade em entender a proposta que faria por ocasião daquele diálogo.

– Alberto, estou tentando sair do abismo em que entrei, porém necessito estar perto de Deus, com o objetivo de me proteger e, com isso, evitar cair novamente nas malhas do vício – disse o filho do empresário. – Não sei se você soube que deixei de me drogar, porém não confio muito em mim, principalmente depois que soube no centro espírita que o mundo espiritual está cheio de espíritos que usam os encarnados para satisfazer suas necessidades.

O jardineiro respirou profundamente, passou as mãos no rosto simulando enxugar um suor inexistente, ajeitou-se no banco, pensou na conversa que tivera com o patrão na noite anterior e ficou atento para ouvir melhor o que aquele rapaz queria consigo.

– Amigo, você sabe que sou espírita? – perguntou Eduardo, olhando o homem rapidamente nos olhos.

– Graças a Deus e a essa doutrina esclarecedora, tenho encontrado refrigério para a minha alma e também explicações para os motivos que me levaram a cair no mundo das drogas, que quase acabam comigo – falou o rapaz, sem esperar a resposta do empregado de seu pai.

Alberto continuou em silêncio, pois já sabia mais ou menos a história do rapaz e de Angélica, que fora assassinada por um traficante de drogas.

– Todavia, meu caro Alberto, eu preciso trabalhar dia e noite para esquecer ou preencher todas as lacunas do meu tempo para que possa vencer a minha vontade de voltar a usar drogas.

O rapaz ergueu-se, fitou o relógio de pulso e balbuciou consigo: "São quase dez e meia da manhã, preciso me apressar e ir logo direto ao assunto".

– Você deve estar curioso e se perguntando por que estou falando de minha vida – disse o rapaz, voltando a sentar-se. – Pois antes que você faça-me essa pergunta, informo que um dos motivos fortes foi porque notei que o meu pai gosta muito de você.

– Eu também gosto muito do seu pai – disse Alberto, com certo respeito na voz, rompendo o seu silêncio pela primeira vez.

– Foi por haver notado esse detalhe que lhe procurei para fazer-lhe uma proposta.

Alberto ergueu-se de repente com certa dificuldade, ajeitou a atadura que lhe envolvia o peito, caminhou até o final da sombra da árvore, olhou o céu azul e ensolarado, voltou e sentou-se novamente.

– Posso saber qual a proposta que o filho de um grande empresário tem a fazer a um pobre coitado e quase analfabeto? – perguntou Alberto, com voz firme, porém educada e quase sumida, olhando para o solo.

– Vou montar um pequeno negócio e quero você como meu sócio, isto é, se aceitar, é claro – respondeu o filho do empresário, não deixando dúvida quanto à sua proposta. – Meu caro amigo, se você estiver de acordo em participar comigo de uma sociedade de negócios, trabalharemos e juntos tentaremos vencer nossas fraquezas.

Alberto deu um pulo do banco e em seu rosto apareceu um rito de dor, pois o movimento foi brusco e machucou-lhe o ferimento que ainda não havia sarado. Abriu os braços procurando ar, pois havia sentido algo esquisito e os pulmões de repente se viram sem combustível para mantê-lo vivo.

Eduardo rapidamente aproximou-se do homem, segurou o seu braço e convidou, com educação:

– Sente-se, Alberto. Vou mandar buscar água ou então iremos entrar em casa até você melhorar.

– Obrigado, doutor Eduardo. Já estou melhor – disse o homem, olhando desconfiado para o filho do empresário. – Só estou curioso para saber o que você quer dizer quando fala em fraquezas comuns a mim e a você.

Eduardo riu como se tivesse ouvido uma boa piada, causando no jardineiro um mal-estar indescritível, pois naquele momento a risada lembrou-o de um riso irônico que já ouvira, não sabia de onde e nem quando.

– O senhor está zombando de mim, doutor?

– Não.

– Então, por que o senhor riu?

– Porque a fraqueza que nós dois temos de vencer urgentemente é o maldito orgulho, pois foi por causa desse defeito terrível que caí nas redes das drogas e traficantes, haja vista que nunca quis ouvir ninguém porque me achava suficientemente forte para vencer qualquer problema, inclusive menosprezando aquele que nos criou, ou seja, o Criador do Universo, Deus – respondeu o rapaz, sério, com as mãos entrelaçadas como se estivesse em prece.

Alberto sentiu que o sangue desaparecia de seu rosto e as pernas ficavam trêmulas. As mãos foram apoiadas no banco, pois sentiu que não podia controlá-las. Seus olhos azuis turvaram, porém manteve-se firme, enquanto pensava: "Não posso desmaiar agora".

Eduardo notou que o jardineiro não passava bem, todavia não o socorreu.

– Quer mais explicações sobre as nossas fraquezas ou não? – perguntou o rapaz, com uma ponta de ironia no canto dos lábios.

– Não.

– A nossa sociedade vai nos ensinar a trabalhar, testar nossos conhecimentos, principalmente a força de vontade e, acima de qualquer coisa, a nossa fé em Deus – disse Eduardo, com voz calma, evitando humilhar aquele homem, que, apesar de sentir antipatia por ele, o respeitava pelo seu modo imponente e respeitador.

– Entendi, doutor – disse o homem, fazendo um gesto afirmativo com a cabeça. – Eu sou pobre, o senhor é rico, portanto sou obrigado a obedecer as suas ordens, com isso nós seremos obrigados a aprender e a dominar os nossos defeitos.

– Acertou. Por isso o escolhi para sermos sócios. Quem sabe, trabalhando juntos, aprenderemos algo bom nesta vida, que tanto nos tem feito sofrer.

– É, pode ser.

– Aceita a proposta, Alberto? – perguntou Eduardo, erguendo-se e ficando de pé em frente ao jardineiro, não deixando nenhuma dúvida que queria a resposta naquele momento.

– Não – respondeu Alberto secamente, embora estivesse alegre com a proposta do rapaz, porém não se esqueceu que ele fora um drogado, portanto não poderia ficar sob a chefia de um homem que mais tarde poderia lhe trazer alguns problemas.

– Por quê? – perguntou Eduardo, meio aborrecido com a resposta negativa e seca do homem.

– Porque não consigo me ver trabalhando ao seu lado. Não simpatizo com o senhor e também não me acho competente o suficiente para dirigir qualquer tipo de negócio.

– Alberto, a Doutrina Espírita informa que temos várias existências, com a finalidade de aprender, pois a Terra é uma escola – disse Eduardo, após alguns segundos pensando. – Allan Kardec, o codificador da Doutrina Espírita, denomina de "reencarnação" essas várias existências que nós temos e teremos ao longo de nossa vida imortal.

– Ainda não conheço essa doutrina, mas já prometi ao seu pai que vou freqüentar o centro espírita, mas concordo que o mundo é uma escola, pois ontem à noite e agora tive umas das maiores aulas desta vida.

Eduardo sorriu, fitou os olhos de Alberto e pensou: "Meu Deus, de onde conheço esse homem? Até a maneira dele agir e falar não me é estranha".

– Alberto, você gosta de automóveis?

– Como o senhor sabe?

– Não esqueça que quem perguntou primeiro fui eu – disse Eduardo, fitando os olhos do funcionário.

– Não sei o porquê, mas gosto de carros desde criança – respondeu Alberto, com o olhar brilhando de satisfação. – Dr. Eduardo, sempre sonho com automóveis luxuosos, até parece que já fui dono de fábrica de automóveis, coisa que julgo simplesmente impossível, pois nasci pobre e talvez morra pobre.

– Você esqueceu do que lhe falei a respeito da Doutrina Espírita, que nos informa que somos imortais e temos várias existências? – rebateu Eduardo, demonstrando que queria encerrar aquela conversa. – Quem observou que você gostava de automóveis foi o meu pai, inclusive me aconselhando a montarmos uma pequena empresa de automóveis para iniciarmos nossa sociedade.

Alberto não falou, baixou a vista e passou as mãos nos olhos, enxugando disfarçadamente uma lágrima que escorria. "Deus, eu acho que o Senhor existe mesmo, pois se aceitar ser sócio do Dr. Eduardo eu conseguirei ainda em vida possuir uma loja de automóveis".

– Podemos iniciar com automóveis usados e depois, aos poucos, conforme o comportamento dos negócios, nós poderemos partir para montar uma concessionária – disse Eduardo, escondendo que estava observando a emoção do sócio. – Se você aceitar trabalhar comigo, a partir de hoje você não será mais o nosso jardineiro.

– O quê? Mas, Dr. Eduardo, eu também gosto muito de flores, principalmente deste jardim.

– Bem, você é quem sabe. Só quero saber aonde vai arranjar tempo para cuidar de jardim, pois ainda hoje teremos de sentar e fazer o projeto, para depois entregá-lo ao meu pai, que vai financiar nossa empresa de carros – disse o rapaz, passando a mão na cabeça, com ar de quem estava ansioso. – Quero começar a trabalhar já, meu velho.

– Hoje?

– Sim – respondeu o rapaz, com a esperança de o homem desconsiderar sua resposta negativa e aceitar ser seu sócio. – Bem, meu caro Alberto, se aceitar trabalharmos juntos, após o almoço estarei esperando-o no escritório do meu pai para fazermos o projeto já, pois quero, no máximo de cinco dias, estarmos com o nosso negócio funcionando.

– Então não podemos perder mais tempo – disse Alberto, demonstrando que também era decidido e forte.

Eduardo sorriu, como se estivesse retrocedendo no passado. Depois ficou sério e perguntou novamente:

– Então, aceita a sociedade?

– Aceito. Todavia preciso saber quais são as minhas funções – respondeu o homem após pensar e tentar atravessar aquela muralha que o tempo se encarregou de erguer entre os dois – a muralha do ódio e da dor.

– Você será o chefe dos nossos negócios. Não tenho muito tempo para isso porque também estarei trabalhando nas fundações do meu pai, ou seja, farei o que o general decidir e ordenar.

O passado voltava à mente daquelas criaturas, que perderam seus corpos em tempos que já se vão distante, mas eles estavam ali, com outras vestimentas.

Eduardo estendeu a mão para o ex-jardineiro e selaram a sociedade.

Ambos passaram a tarde trabalhando no projeto, pois no dia seguinte Fernando receberia os dois, no escritório da cidade, para estudar a viabilização do pedido do filho e de seu jardineiro.

Alberto passou a noite inteira sem dormir, mexendo-se na cama e causando preocupação em Sabrina, que se perguntava: "O que está acontecendo com esse homem que não consegue dormir?"

Quase ao amanhecer Sabrina olhou para a cama onde a sua mãe dormia, ergueu-se sem fazer barulho e foi até a sala, onde o homem estava deitado.

– Alberto? – chamou Sabrina, acocorada perto da cama do homem, com voz baixa para não acordar a sua mãe.

– Sim. Estou acordado – respondeu o homem num murmúrio.

– Você está bem?

– Claro que estou.

– O que houve na casa do Dr. Fernando que o deixou preocupado?

Alberto pôs as mãos sob a nuca, fitou o telhado, que ele já havia mandado consertar, e respondeu, também em voz baixa:

– O Dr. Eduardo me propôs um negócio importante para a minha vida, e como achei a oportunidade que sempre esperei para sair desta situação de miséria, aceitei.

Sabrina ficou de joelhos, com os olhos arregalados, pois sabia dos negócios sujos do filho do empresário e perguntou assombrada:

– Que negócio é esse, Alberto?

O homem pensou e depois resolveu narrar tudo que aconteceu na mansão do patrão a respeito da tal sociedade com Eduardo.

Sabrina respirou profundamente, sentou-se sobre as pernas, passou a mão na testa do homem e disse:

– Você quase me mata do coração quando disse que seria sócio do Eduardo. Você sabe que aquele rapaz já andou aprontando umas coisinhas que não vale a pena comentar.

Alberto permaneceu em silêncio, depois olhou de lado e viu aquela bela mulher ao seu lado. Ele ergueu-se de repente, pediu licença, ligou a pequena lâmpada da sala e sentou-se à mesa, com uns papéis, começando a lê-los em voz baixa.

Sabrina aproximou-se do homem e disse-lhe carinhosamente, antes de voltar para a sua cama:

– Você vai vencer.

Capítulo XXXV

Pátulo Chefe das Trevas

Três meses se passaram sem grandes novidades, a não ser a euforia de Alberto, que era sócio de Eduardo em uma bonita loja de carros usados; mesmo assim ele não deixava de visitar o jardim da residência de Fernando, embora não o pudesse cuidar, pois agora era um pequeno empresário. Talvez o apego pelas flores e rosas que ornamentavam aquele pedaço da imensa propriedade do empresário estivesse arquivado na sua memória perispiritual, lembranças da reencarnação passada, quando fora o mega empresário Albert, que também gostava de passear e supervisionar pessoalmente o seu próprio jardim, lugar em que permanecia horas a fio meditando em seus negócios.

Na colônia espiritual a Governadora Amanda estava preocupada com o comportamento de Angélica nas zonas umbralinas, pois ela havia se unido a vários espíritos, verdadeiros bandoleiros do além, que tinham como chefe um espírito que os maltratava à custa de ameaças, forçando-os a fazer as piores coisas com os encarnados, ou seja, influenciando as criaturas longe dos ensinamentos do Cristo a fazerem tudo ao contrário das leis de Deus. Angélica parecia haver assimilado tudo que aprendeu de errado na sua última encarnação, principalmente o uso e tráfico de entorpecentes. Segundo o Espiritismo, o espírito não regride, mas pode estacionar, deixando-se dominar por suas tendências negativas. No caso de Angélica, em sua última reencarnação, aprendeu muitas coisas boas, entretanto os resquícios de vários defeitos inerentes aos espíritos inferiores, latentes na memória perispiritual, conseguiram vencê-la. O bandido que chefiava aqueles espíritos sofredores era um verdadeiro demônio, pois não sabia o que era respeito pelo próximo, tendo plasmado uma verdadeira desordem em sua mente, que dava espaço aos vários defeitos, principalmente o ódio que nutria do mundo visível e invisível, causado por um sentimento permanente de vingança contra Albert e outros desafetos de eras remotas.

Amanda, Governadora da colônia espiritual, estava em seu gabinete meditando sobre a situação de Angélica, que estava sob o domínio do espírito Pátulo, que em sua última existência no mundo corporal, ainda na França, fora um nobre com o título nobiliárquico de Barão. "Eu sei que o livre-arbítrio pertence a cada espírito, porém nos é permitido ajudar a carregar a cruz daqueles que têm amor no coração, que ama Jesus e reconhece Deus como o nosso Criador e como referência máxima do Universo", pensava a bela mulher. "Há séculos venho lutando para tentar ajudar a Angélica, minha companheira de loucuras durante a época em que fomos cúmplices no poder que conduziu vários dos nossos irmãos cristãos a sacrifícios inenarráveis nos circos da velha Roma", continuou pensando a bela Governadora da colônia. "Nós já tivemos várias oportunidades de melhorarmos e progredirmos durante esse tempo todo, principalmente na Idade Media, quando passei por duras provações, vencendo-as, até conseguir ressarcir um pouco do que eu devia, todavia, a Angélica tem progredido moralmente muito pouco, mesmo com a ajuda dos amigos de outrora". De repente ela observou que uma pequena lâmpada piscava, identificando imediatamente que havia um espírito na sua porta desejando falar consigo.

– Entre, meu amigo Domingos – disse Amanda, identificando a presença do amigo.

Domingos entrou no gabinete da Governadora, cumprimentou-a, sentou-se numa cadeira indicada por ela, fitou com certo interesse um aparelho que estava disposto num canto do gabinete e ficou em silêncio, como se não soubesse o que sua Governadora pensava.

– Meu nobre amigo Domingos, eu sei que você conhece a causa da minha aflição –comentou a mulher, erguendo-se, enquanto aproximava-se do estranho aparelho que interessou a Domingos.

– É verdade, minha querida amiga – confirmou ele, pensativo, como se estivesse receoso de externar algo que o incomodava.

A Governadora aproximou-se do amigo e ex-coordenador geral da colônia e esperou pacientemente o que ele queria lhe pedir ou informar.

– Estou preocupado, Amanda – disse Domingos, sentando-se e fitando o tal aparelho que lhe causava admiração.

A mulher nada lhe perguntou, apenas se manteve em silêncio, talvez tensa ou ansiosa para saber a novidade que o amigo lhe comunicaria dentro de alguns instantes.

– Amanda, veja esses nossos pobres irmãos que ainda vivem nas sombras como espíritos sofredores. Nós precisamos tomar cuidado a fim de que eles, em sua ignorância, não venham a prejudicar aqueles que desejam progredir espiritualmente – disse Domingos, apontando para o estranho aparelho constituído por uma tela fina como um quadro, aparentando uma pequena janela.

A mulher fitou a tela, depois o amigo e, com um semblante sério estampado no rosto, ficou em silêncio por alguns minutos, enquanto pensava.

– Estou vendo Pátulo e alguns infelizes que o acompanham tramando algo contra nossos irmãos encarnados, principalmente aqueles que estão sob nossa responsabilidade – disse ela, rompendo o silêncio. – Mas você sabe perfeitamente que isso é normal nas cidades umbralinas.

– Você já tentou descobrir o que ele e a Angélica estão tramando às escondidas, evitando que nós possamos descobrir e interferir em seus planos diabólicos? – perguntou Domingos, passando a mão rosto, enquanto fitava as figuras que se movimentavam na pequena tela.

– Confesso, meu caro amigo, que ainda não sei o que eles estão tramando, pois como você já sabe a minha preocupação neste exato momento é com a Angélica.

– Você já tomou conhecimento da sociedade entre Alberto e Eduardo, no negócio de automóveis que ambos fundaram com a finalidade de se ocuparem com algo que viesse lhes beneficiar, para fugirem das investidas deles?

– Sim. E tenho informações de que tudo vai bem – respondeu a Governadora.

– Amanda, por favor, verifique com mais cuidado as ordens do Pátulo dirigidas aos seus comandados – pediu o ex-coordenador geral da colônia, apontando novamente o aparelho.

A governadora aproximou-se, sentou-se diante do aparelho e ficou prestando atenção à conversa de Pátulo com os espíritos que estavam atentos, ouvindo-o em silêncio.

À medida que Amanda ouvia a conversa dos espíritos das sombras, suas feições se transformavam. Ergueu-se, olhou de viés seu amigo Domingos, apertou as mãos uma na outra num sinal claro de preocupação e perguntou:

– Meu amigo, e agora? O que faremos?

Domingos caminhou pelo gabinete da Governadora, parou em frente ao aparelho, porém não prestava atenção ao que ouvia, pois naquele momento seu pensamento corria numa rapidez espantosa, atravessando inclusive lugares semelhantes a labirintos, procurando uma resposta para a pergunta da Governadora.

– O Pátulo declarou guerra aberta a Alberto, Fernando, Janine, Eduardo e Sabrina, tendo como importante auxiliar Navarro, que está encarnado – respondeu Domingos. – Navarro servirá de ponte entre os dois planos – espiritual e material.

– Será que eles vão conseguir dominar a mente do nosso pessoal, com a finalidade de alcançar o intento deles? – perguntou Amanda, com a mão no queixo, tentando pensar com antecedência na resposta do ex-coordenador da colônia.

– É possível, pois atualmente todos estão fragilizados, principalmente Eduardo que lutou com todas suas forças para sair do domínio das drogas – respondeu o rapaz. – Nós não sabemos se eles ainda têm fôlego suficiente para agüentar as investidas das sombras, preparadas por Pátulo e seu pessoal.

– Fernando, Sabrina e Alberto não agüentam mais um golpe – comentou a Governadora com ar pensativo. – Contudo, tudo depende deles, pois se estiverem com a mente envolvida pelo bem e o amor no coração, acho difícil o Pátulo conseguir alguma coisa.

– Amanda, observe bem aquela pessoa que conversa com o Pátulo e depois me informe se a conhece – apontou Domingos para um homem que gesticulava, enquanto falava com outro mal encarado que estava de braços cruzados.

A mulher aproximou o rosto do aparelho e ficou olhando com atenção a pessoa que conversava com o chefe daquela turma de espíritos, verdadeiros celerados do além.

– Domingos, não estou acreditando no que vejo e ouço – disse a mulher. – O Pátulo está conversando com Navarro?

– Exatamente, minha cara. Os dois amigos do passado e inimigos do Alberto estão juntos, tramando a maneira mais eficiente para desestabilizar o nosso pessoal encarnado, principalmente o Alberto e a Janine, ambos velhos conhecidos do Barão.

– Ele conseguiu conduzir o Navarro, em espírito, até sua cidade umbralina, para tramar diretamente com ele o plano sórdido em que estão trabalhando – afirmou Domingos.

– Navarro tornou-se um dos piores bandidos, sendo enquadrado pela justiça da Terra em vários artigos, principalmente com o tráfico de drogas, jogos, prostituição, assalto, assassinato e outros – afirmou a Governadora, com lágrimas nos olhos. – Tanto que o informei, antes de reencarnar, dos perigos de uma reencarnação como a dele, todavia, desde o assalto ao ônibus, em que feriu gravemente Alberto, observei que ele deixou que suas mazelas causassem sérios transtornos em sua existência. Ele prometeu fazer o possível para melhorar a sua situação como espírito imperfeito, principalmente esquecendo a vingança contra seus inimigos.

Ambos estavam fitando com atenção a pequena tela, em silêncio, como se estivessem pensando no que deveriam fazer para ajudar os amigos reencarnados.

– Meu caro Domingos, eu sei que você tem capacidade para governar esta colônia – disse a mulher.

– Você quer me fazer uma pergunta?

– Como você sabe que eu desejo fazer-lhe uma pergunta?

– Você quer saber se a minha resposta é a mesma que você daria. Ou enganei-me?

– Não.

– Querida Amanda, por favor, faça sua pergunta. Terei o imenso prazer em respondê-la, e quiçá seja a mesma que está pensando.

– Qual o plano do Pátulo em relação aos nossos amigos que estão tentando vencer suas dificuldades no plano material? – perguntou a Governadora, fitando diretamente os olhos do amigo.

Domingos pensou, fitou a Governadora sorrindo e respondeu com um comentário:

– Aproveitar-se de cada defeito que ainda está latente em nossos amigos, com o fim único e exclusivo de continuar sua vingança, ou seja, uma verdadeira obsessão, principalmente em relação ao Alberto.

Domingos respirou profundamente, segurou a mão da Governadora com um carinho de pai e continuou a responder a pergunta.

– Alberto tem guardado dentro de si o famoso orgulho, embora tente disfarçar e até mesmo dominá-lo para evitar se deixar conduzir por ele, porém, a qualquer momento, esse defeito que domina a humanidade inferior poderá derrotá-lo se for bem manipulado por alguém inteligente e que o conheça o suficiente para conduzi-lo por um caminho que venha a realçar essa mazela gravada em sua memória perispiritual.

A Governadora notou que o amigo Domingos vacilava. Sendo assim, não deixou que ele parasse de expor suas idéias, naquele momento muito importante para ela.

– Prossiga, Domingos – pediu ela, com calma.

– Janine, a Viviane de ontem, é uma velha conhecida do Pátulo, quando fora a princesa Angelina num certo reinado na França e causa de seu plano não ter dado certo quando quis acabar com Alberto em sua última reencarnação como Albert. Isso ele não perdoou, portanto a princesa Angelina também está na mira dele.

O rapaz fez uma pausa e continuou:

– Quanto ao Fernando, a inveja que ele sente dele é simplesmente uma doença, pois o empresário de hoje tem conseguido vencer quase todas suas existências, num espaço de aproximadamente dez séculos, e continua obtendo êxito, pois é dono de uma fé inabalável em Deus, adquirida através da dor e têmpera no sofrimento.

Silêncio.

– Continue, Domingos.

– Ele não odeia tanto a Sabrina, a Carla, que em sua última reencarnação suicidou-se com a finalidade de vingar-se do pai de Hugo, alegando que fora humilhada por Albert, porém Pátulo sabe que ambos se amam de épocas remotas e que devido ao gênio difícil e o orgulho deles, ambos têm sofrido ao longo de vários séculos – disse Domingos. – Mas como Sabrina continua ligada ao Alberto, ele quer usar um dos dois como isca para atingir seu objetivo.

– E aonde entra o Eduardo nessa história? Inclusive ele já fez parte da turma do Pátulo quando reencarnou como Louis.

Domingos sorriu, depois ficou sério e respondeu:

– Pátulo atualmente é inimigo de Eduardo, ou Louis, porque se sente traído quando ele aceitou reencarnar como filho de Fernando, o Hugo de ontem, principalmente pelo motivo de ele ser um dos sócios de seu velho inimigo Alberto ou Albert.

– Então, qual seria o plano do Pátulo? – perguntou Amanda, demonstrando que estava inquieta para saber o desfecho daquela narrativa.

– Se ele conseguir destruir um desses irmãos que foram educados nesta colônia e encaminhados a uma nova reencarnação, o efeito será terrível, pois atingirá os demais em suas fraquezas.

Ambos ficaram em silêncio, até que Amanda balbuciou algo para si:

– Toda essa armadilha vai ser posta em prática a qualquer momento, e o livre-arbítrio de cada um nos deixa neutralizados, pois cada ser é responsável por seu progresso.

– Você resumiu tudo, Amanda – confirmou o espírito Domingos, com um afirmativo gesto de cabeça.

Amanda caminhou um pouco em seu pequeno gabinete, com os dedos sobre a boca, pensando.

– Domingos, você disse que o Pátulo odeia o Hugo, isto é, o Fernando, porque ele é um dos maiores amigos de um de seus inimigos.

– Exato.

– Você sabe quem é essa pessoa? – perguntou Amanda, parando em frente ao amigo.

– Minha querida, você sabe quem é essa pessoa.

– Sei, porém, quero confirmar mais uma vez – disse a mulher.

– Sou eu – respondeu o ex-coordenador da colônia. – Eu sempre estive ajudando o Fernando em seus momentos mais difíceis, com a permissão dos nossos superiores.

– Ele merece, ele merece... – repetia Amanda, enxugando os belos olhos.

Capítulo XXXVI
Angélica e o Chefe das Trevas

A noite já havia coberto a cidade com seu manto escuro, obrigando a iluminação artificial a amenizar, em alguns pontos da metrópole, principalmente no centro, a escuridão que veio com a ausência do sol.

Alberto que estava atrás de uma mesa, lendo alguns documentos com muito interesse, ergueu-se, olhou para o rapaz que estava com uns papéis na mão, e perguntou com um ar de quem estava satisfeito:

– Eduardo, o que você acha da análise financeira referente aos três meses em que estamos trabalhando em sua loja?

– Alberto, você sabe muito bem que a loja nos pertence, meio a meio, portanto você também é dono – disse Eduardo, também se erguendo, com ar sério.

– Desculpe-me, Eduardo. Ainda não estou acostumado com a minha real situação, a de que não sou mais um simples empregado – disse Alberto, com ar constrangido. – Todavia, isso não me isenta de também pensar na minha grande responsabilidade, como um simples homem que até ontem era o seu jardineiro. Você não acha?

– Acho que o entendo, Alberto. Mas esta loja nos pertence, além disso, passo o dia inteiro na fundação, enquanto você é quem realmente toma conta da loja, como também deve saber tudo que acontece por aqui – disse o filho do empresário, enérgico, encaminhando-se para a saída da loja.

– Você não respondeu à pergunta que lhe fiz, Eduardo.

– Segundo análises das contas, receitas, despesas, saldos, créditos, numerários e vendas, até o presente momento nossa loja está se comportando melhor do que eu esperava – respondeu Eduardo, sorrindo e pondo a mão no ombro do amigo. – Vamos continuar trabalhando dentro desse sistema e logo estaremos sentindo e vislumbrando o progresso de nossos negócios.

Alberto viu um carro novo estacionado na frente da loja e, como se estivesse hipnotizado com as linhas modernas do veículo, passou a mão, enquanto perguntava:

– De quem será esse carro?

– O meu pai me presenteou esse carro – respondeu o sócio, meio sem jeito. – Aceitei, porque fiquei com medo de ofender o homem que proporcionou a viabilidade do nosso projeto.

– Você fez muito bem. O Dr. Fernando deve estar muito satisfeito com você.

– Quer uma carona, Alberto? – perguntou o sócio, com um sorriso.

– Claro que aceito. Amanhã quero estar muito cedo na loja para resolver alguns detalhes antes de iniciar o expediente.

Ambos entraram no carro, porém, antes de Eduardo o ligar, entregou um cheque ao seu sócio, dizendo:

–Isto é para suas despesas, inclusive para cuidar de sua aparência, afinal de contas você é dono de uma loja de carros usados que, futuramente, será a concessionária de alguma marca de automóveis de luxo.

Alberto ficou olhando para o cheque, pensou, fitou o movimento que aos poucos ia diminuindo na rua da loja e disse:

– Eduardo, acho que é muito dinheiro.

– Esse dinheiro é um empréstimo, que você irá sacar dos recursos que o papai nos emprestou para iniciarmos nossos negócios – explicou o filho de Fernando. – Logo que você puder, esse dinheiro será depositado na conta da empresa.

– Entendi, Eduardo. Mesmo assim, acho muito dinheiro – disse Alberto pensativo, pois era um homem que prezava o seu nome.

– Vamos embora e não se fala mais nisso – disse o sócio, ligando o carro e saindo lentamente.

Ao chegar a sua residência, no afastado bairro da cidade onde residia com Sabrina e sua mãe, antes de descer do carro, Alberto fitou o sócio e lembrou:

– Não esqueça que amanhã devemos chegar cedo ao centro espírita.

– Não esquecerei. Com certeza estarei fazendo meu trabalho naquela abençoada instituição.

Ambos se despediram. Eduardo foi embora, enquanto Alberto esperava que a porta fosse aberta, pois a moça já sabia que ele havia chegado.

– Boa noite, Sabrina.

– Boa noite. Estava esperando-o para jantarmos.

Alberto sentiu o coração pular dentro do peito, o rosto ficou quente e as mãos geladas. Ele parou no meio da pequena sala e pensou: "Tenho de arranjar um lugar para morar. Não possuo mais estrutura física e nem psíquica para suportar esta situação, ou seja, ver todo dia a mulher que amo e não poder ser feliz ao lado dela. Pode ser que a minha situação social e financeira melhore, mas continuo achando que a Sabrina merece coisa melhor, um homem jovem que a ame e que tenha uma vida longa a dois e felizes", continuou a pensar o homem.

– Não estou com fome – disse Alberto, encaminhando-se para o pequeno e único banheiro.

– Mesmo assim vou preparar um pequeno lanche para você – disse a moça, já cansada dessas desculpas do Alberto. – Ouviu?

Sabrina não obteve resposta, porém não desistiu de comer algo em companhia da pessoa que amava. "Já não sei mais o que fazer a fim desse homem entender que estamos unidos por laços muito fortes", pensou, enquanto arrumava a mesa com algumas iguarias que ela havia preparado especialmente para aquele momento.

Após alguns minutos ambos estavam em silêncio, sentados ao redor da mesa, tomando o lanche. Naquele momento mágico ninguém ousava interromper o silencio em que aquelas criaturas entregavam-se aos seus próprios pensamentos.

Alberto olhou de viés para a moça, meteu a mão no bolso da camisa, retirou o cheque que havia recebido de Eduardo e entregou-o à moça, num gesto educado.

Quando viu o valor do cheque, Sabrina botou a mão na boca num gesto instintivo, puramente feminino, e rapidamente perguntou, olhando para o homem:

– De quem é esse cheque?

– Nosso – displicentemente respondeu o homem, partindo um pedaço de pão. – O Eduardo disse que esse dinheiro refere-se a um empréstimo, e que depois, quando os negócios melhorarem, eu depositarei essa importância na conta da empresa.

– O que você vai fazer com essa pequena fortuna? – perguntou a moça, sentindo-se triste, ao invés de estar contente com o progresso do novo empresário.

– Sabrina, por favor, fique encarregada de pensar em algo onde possamos empregar esse dinheiro.

Com o olhar perdido, Sabrina pensava: "O Alberto está crescendo como empresário. Será que ele vai começar a olhar para outras moças e se esquecer de mim? Bobagem, Sabrina! Você nem sabe se ele teve, algum dia, os olhos para si", continuou pensando a moça, enquanto olhava a quantia que estava no cheque.

Alberto ergueu-se, pegou uma cadeira e encaminhou-se para a frente da porta, como de costume.

– Quando você decidir o que vai fazer com esse dinheiro, por favor, me informe – disse Alberto, antes de sair e sentar-se na frente da casa.

– Certo – confirmou a moça, pensativa.

– Ah! Esqueci de lhe dizer! Se você quiser me acompanhar ao centro espírita que freqüento, amanhã, ao sair da loja passarei por aqui.

– Irei. Apesar de ser católica, sempre desejei freqüentar um centro espírita, pois o meu filho conversava muito sobre esse assunto com a sua amiga Maria do Carmo – disse a moça, erguendo-se com um ar de otimismo estampado no belo rosto. – Ah! Já sei o que vamos fazer com esse dinheiro!

– Quando você se desocupar, estarei esperando-a na frente da casa, para conversarmos a respeito.

A moça começou a fazer seus afazeres domésticos, cantarolando uma música qualquer, demonstrando que a alegria voltara à rotina dela, como de costume.

Depois de alguns minutos ambos estavam sentados em silêncio na frente da porta, que estava aberta, iluminada parcamente por uma lâmpada da sala, formando as sombras dos dois na pequena calçada da humilde casa.

– Vou comprar roupas, sapatos e outras acessórios para você – disse a moça de repente, rompendo o silencio. – Afinal de contas o atual Alberto é um pequeno empresário, precisando melhorar seu visual para conseguir o sucesso esperado em seu empreendimento em sociedade com o Dr. Eduardo.

Alberto olhou no rosto de Sabrina e viu um meio sorriso, como se ela estivesse deixando nas entrelinhas algo que ele não conseguiu descobrir.

– Quanto ao resto do dinheiro eu não sei o que fazer – completou a moça.

Alberto ergueu-se, espreguiçou-se, sentou-se e disse, surpreendendo a moça:

– Vamos alugar uma casa num bairro melhor, de preferência perto do nosso trabalho.

– Alberto, é difícil sair deste lugar onde nasci e vivi até agora. Além disso, duvido muito que a minha mãe aceite deixar esta casa que ela conseguiu com tanto sacrifício.

– Bem, se vocês quiserem ficar não tenho nada contra, todavia eu vou morar numa casa melhor, pois também não fica bem o meu endereço ligar-se a um bairro miserável como este – disse o homem, com os braços cruzados e ar de quem se achava superior.

– Quer dizer que o pobre Alberto de ontem está cuspindo no prato que comeu somente porque hoje ganha um pouco melhor e é sócio de um homem rico, como o Dr. Eduardo?

Alberto olhou para Sabrina e nada respondeu.

Naquele momento o espírito Pátulo estava acompanhado de alguns de seus asseclas, inclusive Angélica, ouvindo a conversa dos dois. O plano deles em atormentar aqueles que consideravam seus inimigos já havia iniciado, por isso estavam sondando os projetos de Alberto e Sabrina.

– Vamos concentrar nossas forças magnéticas no orgulho do Alberto, a fim de que ele comece a pensar exatamente assim e, quem sabe, fazê-lo esquecer de freqüentar aquele lugar de mentiras que eles denominam de "centro espírita" – disse Pátulo, eufórico como se tudo estivesse correndo como havia pensado. – Se ele deixar de freqüentar o centro espírita, principalmente com o Eduardo, o falso Louis, começaremos a ganhar a guerra que planejamos com muito cuidado.

Ao lado, num plano superior, estava o espírito Domingos, que se mantinha em prece, tentando buscar ajuda para os amigos, atrapalhando os planos de Pátulo a se firmar na sua vingança desvairada.

– Acho muito difícil você conseguir essa proeza – disse Angélica, com ar de louca e toda ensangüentada, devido aos tiros que causou a sua desencarnação, o que estava plasmado em sua mente espiritual.

Fuzilando o pobre espírito com os olhos, Pátulo agarrou o pescoço dela com suas mãos em formas de garras e perguntou com voz irada e soltando pela boca uma baba amarelada e espumante:

– Você está ou não do nosso lado?

O espírito sofredor Angélica pensou, gargalhou como louca, ironizando a pergunta do chefe, e respondeu:

– Estou, mas não contem comigo para prejudicar o Fernando, pois jamais prejudicarei esse homem em nenhuma de suas encarnações.

Angélica sentiu a garganta ser estrangulada, como se fosse um simples pedaço de isopor nas mãos do chefe daqueles celerados do além, mas não recuou, mantendo com firmeza o que havia dito.

– Se você não aceitar cumprir as minhas ordens, farei de você um demônio sem lar e lugar para repousar desse maldito sofrimento – disse Pátulo, com os olhos vermelhos como fogo.

– Sei que errei e por isso estou pagando minhas dívidas aqui, neste inferno, assim como o horror que vivi em minha última existência, mas o homem bom, que tanto fiz sofrer, jamais, em tempo algum, serei instrumento para o inferno chegar até ele – disse o espírito, com os olhos esbugalhados, pois sentia a dor atroz das garras do chefe daquelas zonas infernais. – Sei também que existe um ser superior a todos nós e se hoje sofro foi porque não quis acreditar nos conselhos que recebi daqueles que me são caros.

Neste momento, como num passe de mágica, Amanda apresentou-se no lugar onde se desenrolava esse episódio. Fitou Domingos, que se mantinha em prece, e imediatamente penetrou a dimensão em que estava Pátulo e seus asseclas, inclusive a sua protegida Angélica. Ela olhou para o alto, fez um gesto com as mãos e disse, como se estivesse suplicando a alguém:

– Senhor, o poder absoluto e a glória Te pertencem, assim também como nossas vidas, que estão em Suas santas mãos. Por isso, Nosso Criador, seja feita a Tua santa vontade.

O espírito Amanda, Governadora da maior colônia espiritual localizada numa cidade ensolarada de um belo país, baixou a cabeça e começou a chorar, sem conseguir falar. Domingos, o grande espírito, amigo da veneranda Amanda, aproximou-se, abraçou-a, enlaçando seus ombros e a apertou em seu peito.

Neste exato momento Pátulo sentiu algo estranho que o imobilizou por completo, enquanto observava o espírito Angélica ser retirado de suas garras e ser conduzido por algumas pessoas que irradiavam luz através de seus corpos perispirituais.

– Ela adormeceu. Por enquanto será submetida a um tratamento, depois a sua recuperação só dependerá dela – disse um dos socorristas, com ar de quem chefiava aquela equipe.

Como se estivesse voltando de uma longa viagem que fizera em questão de alguns segundos, Amanda abriu os olhos e correspondeu ao abraço do amigo Domingos. Em silêncio, ambos se retiraram para a colônia.

Pátulo dava murros no ar, chutava tudo que estava na sua frente e passava as costas da mão na boca, limpando a baba que teimava em escorrer pelos cantos. De repente, sob o olhar dos seus amigos de infortúnio, pareceu transformar-se num verdadeiro monstro.

Após átimos de segundos ele fez um gesto com a mão e convidou os espíritos que comandava a se retirarem.

– Depois voltaremos e acabaremos com a festa desses miseráveis! – disse Pátulo, totalmente transformado. – Prometo! Prometo que desta vez vencerei! Vencerei esses malditos que nos descriminam por sermos das trevas!

Voltemos ao mundo material e acompanhemos o que acontecia com os amigos Alberto e Sabrina.

– Bem, Sabrina, eu pensei melhor. Caso vocês não queiram sair deste bairro eu também ficarei por aqui, mas alugarei uma casinha, pois já tenho condição de viver no meu próprio lugar, restandome apenas agradecer a tudo que vocês fizeram por mim – disse Alberto, passando a mão no rosto, envergonhado por um momento da maneira orgulhosa como falou com Sabrina.

"Graças a Deus que consegui vencer esse pensamento esquisito que por alguns minutos tomou conta de mim, como se quisesse conduzir-me a fazer algo estranho" pensou o homem olhando o céu, como se estivesse observando algo santo.

– Alberto, vou tentar convencer a mamãe a nos mudarmos para um bairro melhor, até porque agora você pode nos ajudar – disse a moça com os olhos brilhando de alegria por sentir que aquele homem a queria perto de si.

Ambos se entreolharam e sorriram. Alberto ergueu-se, estendeu a mão para a moça e convidou-a com delicadeza:

– Vamos dormir. Amanhã tenho um dia cheio de compromissos.

A moça ergueu-se sorrindo, com o olhar fixo no chão, como se estivesse com vergonha, mas sentia-se a mulher mais feliz do mundo naquele momento, pois o Alberto jamais teve para consigo um gesto daquele.

"Meu Deus, me ajude a não cair nos braços desse homem, pois já não agüento mais viver longe dessa criatura. Até parece que já nos conhecemos há vários séculos".

– No que você está pensando? – perguntou com voz calma e educada o homem, encaminhando-se para o interior da casa.

– Nada, nada... – respondeu a moça, tropeçando no batente, como se estivesse cega, cega de felicidade, apenas com um pequeno gesto que lhe dizia que ela não era estranha aos sentimentos daquele homem difícil.

Alberto sorriu. Apenas sorriu, pois algo lhe envolvia como se o abraçasse, transmitindo algo que nunca havia sentido.

Eram os fluidos dos amigos Amanda e Domingos, enviados com amor da colônia onde estavam conversando sobre a união deles.

Capítulo XXXVII
A seara do Mestre

Alberto chegou da loja com ar de quem estava apressado. Encontrou Conceição que ainda se preparava para ir ao trabalho.

– O que aconteceu com você para chegar a essa hora? – perguntou a dona da casa, enquanto se olhava num pequeno espelho e fazia sua maquiagem básica, como qualquer mulher vaidosa.

– Tenho que me trocar, pois hoje é dia de assistir reunião no centro espírita – respondeu o homem, encaminhando-se ao banheiro com uma toalha no ombro. – No início apenas prometi ao Eduardo e ao Dr. Fernando que não faltaria a nenhuma reunião, pois queria tirar algumas dúvidas sobre certo assunto, todavia hoje já estou começando a gostar de estudar essa doutrina maravilhosa que nos ensina muita coisa bonita.

– Acho que você está ficando fanático – comentou a mulher, encaminhando-se para a porta. – Cuidado com essa gente...

– Pode ser. A própria doutrina me ensinou que devemos respeitar a opinião de nosso próximo.

– Você está ficando rico – comentou a mulher, parando no meio da pequena sala. – A Sabrina está tentando me convencer a sair desta casa e morarmos em outra que você vai alugar num bairro melhor.

– Por falar em Sabrina... Você sabe me informar se ela vai chegar mais cedo? – perguntou Alberto, fechando a porta do banheiro, demonstrando na voz que estava bastante ansioso e fingia que não havia ouvido o irônico comentário de Conceição.

Antes que Conceição respondesse, a porta se abriu, dando passagem para Sabrina, que cumprimentou e beijou a mãe e em seguida prestou atenção ao barulho de água que caía do chuveiro.

– Alberto – chamou ela, em voz alta, como se estivesse aflita.

– Sim. Estou ouvindo.

– Já estou atrasada.

– Você vai ou não ao centro espírita? – perguntou ele, saindo do pequeno banheiro e enxugando o rosto.

– Vou. Deixei mais cedo o trabalho para acompanhar você até o centro – respondeu a moça, com um sorriso estampado no belo rosto.

– Você vai também a esse tal de centro espírita? – surpresa, perguntou a mãe antes de sair.

– Vou acompanhar Alberto.

Conceição olhou para o homem, fitou-o, pensou e abriu a boca para falar algo, porém desistiu. Ela fez um gesto com a mão, despediu-se e foi embora em direção ao ponto do ônibus.

Sabrina olhou para Alberto e disse-lhe com um sorriso:

– Alberto, estarei pronta daqui a alguns minutos.

– Não demore. Estamos atrasados – disse o homem. – Acho que o Dr. Fernando e a Dra. Janine também irão ao centro espírita nesta noite.

Após mais ou menos uma hora, Fernando, Janine, Eduardo, Alberto e Sabrina estavam sentados nas cadeiras da frente, no pequeno salão de um conhecido centro espírita da cidade. Sentaram-se perto da pequena tribuna, na qual alguém já se preparava para começar a reunião da noite, iniciando por uma palestra.

Como se fosse a atitude mais natural do mundo, Sabrina segurou a mão de Alberto e começou a balbuciar algo, como se estivesse a fazer uma prece.

Fernando viu um leve sinal nos olhos da noiva e olhou para as mãos unidas do casal Alberto e Sabrina, depois olhou novamente a médica e sorriu, com ar de quem estava muito contente com o que vira.

Eduardo também observou o detalhe importante, entendendo que o sócio estava sentimentalmente envolvido com a bela morena.

A reunião começou.

Enquanto isso, a segurança da instituição espírita estava sob o controle da espiritualidade responsável por ela aqui na Terra. A segurança era muito grande. Vários espíritos se dispunham em locais estratégicos com o objetivo de rebater os ataques dos espíritos maléficos que tentavam atrapalhar a divulgação dos ensinamentos de Jesus e da Doutrina Espírita.

Pátulo já havia tomado conhecimento de que o pessoal que ele buscava estava no interior do centro espírita. Não se tem condições de explicar a transformação dele quando foi impedido de entrar na humilde casa do Senhor com o objetivo de atacar os seus desafetos.

– Tenho que arranjar um meio de entrar nesse lugar! – berrava ele, enquanto caminhava inquieto, como se fosse um leão enjaulado.

– Chefe, você não poderá entrar nessa casa.

Quem havia falado recebeu uma descarga fluídica maléfica tão grande, de Pátulo, que seu grito de dor ecoou no mundo invisível, talvez sendo ouvido no mundo material por aqueles que têm determinadas faculdades, conforme as explicações do codificador do Espiritismo.

– Não lhe pedi opinião – disse o chefe da falange das trevas. – No momento, só espero uma oportunidade de penetrar nesse lugar maldito que visa dominar com suas mentiras aqueles que nos pertencem por direito.

– Chefe, observe que a casa está envolvida por uma luz azul e que várias pessoas vigiam os nossos passos – disse um dos seguidores do chefe das trevas.

– Não acredito que estamos sendo barrados por um punhado de pessoas fracas, fanáticas e seguidoras de um simples homem que veio a este mundo e morreu crucificado. – Pátulo gritou, enquanto tentava pensar rápido para conseguir atrapalhar a reunião antes que fosse tarde demais.

– O que faremos chefe? – perguntou um dos seguidores de Pátulo, visivelmente com o medo estampado no rosto.

– Deixe-me pensar, seu imundo – respondeu o chefe, com um berro.

Neste exato momento Amanda e Domingos chegavam ao centro espírita e procuraram um lugar no lado espiritual para assistir à reunião, enquanto velhos conhecidos espirituais ajudavam os encarnados a realizarem aquela sessão.

– Será que o Pátulo conseguirá entrar no centro espírita? – perguntou Domingos, preocupado.

– Você sabe que não, meu amigo – respondeu a veneranda Governadora.

Domingos ficou em silêncio, pensando, enquanto um senhor discorria sobre o assunto em pauta na palestra realizada na instituição.

– O que está havendo, Domingos? – perguntou Amanda, desconfiada com o procedimento do amigo. – Esta casa e toda a região onde são realizadas as atividades na seara do Mestre estão protegidas.

– Concordo com você, minha querida amiga – disse o rapaz, observando os pensamentos dos encarnados.

Amanda notou que Domingos tentava sondar os pensamentos de vários encarnados que estavam assistindo à palestra e se assustou quando viu surgirem imagens plasmadas nas mentes de algumas pessoas encarnadas presentes ao recinto. Ela segurou forte o braço do amigo e perguntou:

– Será que esses irmãos encarnados vão dar condições aos irmãos sofredores para entrarem na instituição?

– Claro, Amanda, se imediatamente não tomarmos providências – respondeu o rapaz, com a mão no queixo. – Não tenho dúvida de que Pátulo já está usando a mente de uma dessas criaturas que estão presentes no recinto e ligadas ao mal.

– Qual a providência que iremos tomar? – perguntou a Governadora, preocupada com a situação.

– Vou assumir o comando da palestra e tentar convencer essas criaturas que estão sob o domínio deles. Muitos irmãos encarnados estão com os pensamentos dispersos, viajando, numa velocidade difícil de ser descrita, por lugares não condizentes com o pensamento cristão, atraindo vários espíritos sofredores e maléficos.

– Você quer dizer que são os obsessores dessa gente? – assustada, perguntou a mulher, falando sobre algo que tinha conhecimento.

– Claro, Amanda. Você sabe perfeitamente que a maioria do pessoal que freqüenta uma casa espírita está doente do espírito, ou seja, encontra-se sob a influência de entidades geralmente maléficas, com a finalidade de se vingar – respondeu o rapaz, encaminhando-se rapidamente para a tribuna.

Imediatamente Domingos postou-se atrás do senhor que discorria sobre a mensagem evangélica da noite e interligou a sua mente à mente do orador. A partir daí a mensagem da palestra foi penetrando os corações dos presentes e o clima fluídico mudou consideravelmente, dando condições às equipes de socorros conduzirem os espíritos sofredores imantados às pessoas presentes. O ambiente tornou-se mais leve, enquanto os presentes começavam a sentir o envolvimento benéfico proveniente de uma mensagem sincera, enviada pelos espíritos responsáveis por aquele posto de socorro.

Pátulo notou a manobra do espírito Domingos e tentou invadir a barreira constituída por uma luz. Imediatamente ele foi envolvido por energias fluídicas puras, que o conduziram ao seu reduto, gritando de dor e ódio, acompanhado por seu bando maléfico.

– Soltem-me, covardes! Soltem-me! – o celerado gritava desesperado, enquanto fazia esforços extraordinários para se soltar, porém não conseguia seu intento, pois a força do bem reflete o poder infinito de Deus, o Nosso Pai Amado.

Domingos prestava atenção na cena, inclusive no desespero de Pátulo, por achar que estava perdendo sua condição de chefe temido para um simples espírito trabalhador das hostes divinas. "Dói-me o coração em saber que o meu irmão Pátulo ainda sofre os horrores das zonas umbralinas, porque não aceita a possibilidade de sua autoridade não atingir os mensageiros divinos, protegidos por Jesus", pensava consigo mesmo.

Neste exato momento Navarro e sua turma de marginais – conhecido na sua encarnação atual pelo apelido de Fineza – foram presos na hora em que assaltavam a loja de carros de Alberto e Eduardo, plano do espírito Pátulo e seu bando do além.

Já em seu reduto nas trevas, Pátulo ficou sabendo do fracasso do assalto que ficara sob a responsabilidade de Navarro, seu amigo de épocas distantes.

– Não posso acreditar nesses moleques fracassados, que são incapazes de cumprir uma simples ordem! – dizia o bandido, furioso. – Vou acabar com aquele patife! Não creio que um de meus soldados seja capaz de falhar numa missão boba como a que lhe confiei!

Após a reunião, Domingos e Amanda ficaram em prece por alguns minutos e depois foram embora com destino à colônia espiritual, satisfeitos com o resultado do fracasso do plano do Pátulo, que queria desarmonizar o grupo espiritual oriundo da mesma colônia espiritual.

Ao sair da instituição espírita, Alberto estava com vergonha de Fernando e Eduardo, pois se excedera em ficar de mãos dadas com Sabrina durante a reunião. Ele notou que todos observaram o seu gesto.

Sabrina não cabia em si de tanta alegria, mas ficou triste quando Alberto fez de conta que nada aconteceu.

A Dra. Janine aproximou-se da moça, abraçou-a e cochichou algo em seu ouvido, deixando Sabrina com um sorriso de contentamento.

Eduardo estava conversando com uma bonita moça, que trabalhava há muito tempo na instituição como assistente social.

Fernando olhou de viés para Janine e piscou, sorrindo disfarçadamente, com ar de quem estava muito satisfeito com o novo rumo que o filho estava traçando para si.

– Pai!

Fernando olhou para trás e notou que era Eduardo que havia falado.

– O que houve, Eduardo?

– Vou aproveitar para dar uma carona para Cecília, minha amiga de luta no centro espírita – disse Eduardo, rindo. – Por favor, deixe o Alberto e a Sabrina em casa.

– Não se preocupe, que os levo para casa – disse o pai, fazendo um gesto para Alberto.

Antes que o pessoal que acompanhava o empresário fosse embora, Eduardo recebeu um telefonema. Aos poucos o rapaz ficou sério e correu até o pai, que se encontrava conversando com os amigos. Com ar de quem havia recebido uma péssima notícia, informou:

– Pessoal, a nossa loja foi assaltada.

Alberto ficou espantado e imediatamente se aproximou do rapaz, apreensivo com aquela péssima notícia. Ele perguntou:

– Eduardo, você pode nos contar essa história direito?

– Recebi um telefonema da polícia informando que a nossa loja foi assaltada, mas que os bandidos foram presos imediatamente.

– Graças a Deus – disse Alberto, olhando para o céu.

Fernando notou o gesto simples, mas sincero do seu antigo jardineiro, quando ele se referiu a Deus.

Sabrina aproximou-se do homem que amava e disse em voz baixa, fitando os olhos dele:

– Fiquei muito contente em saber que o Alberto de hoje já acredita na Divindade Suprema.

O homem encarou a moça, sorriu e encaminhou-se para o carro de Eduardo, que resolvera ir imediatamente à loja para saber detalhes sobre o assalto fracassado e prestar queixa à policia. O carro do rapaz arrancou em direção à empresa.

Sabrina ficou olhando o carro desaparecer na escuridão da noite e fez uma prece em silencio: “Senhor, protege o meu Alberto, pois o Senhor sabe muito bem que ele acredita em sua existência, mas o orgulho dele é muito forte para aceitar essa verdade incontestável.

Todavia, Senhor, hoje me parece que ele já O reconheceu como o seu Pai e Criador".

Quase de madrugada, após resolver o problema do assalto a sua loja, Alberto chegou em casa tomando cuidado para não fazer barulho e acordar Sabrina, que deveria acordar cedo para não chegar atrasada ao trabalho. Mas foi inútil, porque quando ele acendeu a luz da sala a moça dormia sentada próxima à mesa, com o rosto apoiado na mesma.

Sabrina assustou-se e passou a mão no rosto, tentando despertar, mas logo ficou calma, quando viu Alberto aproximar-se dela em silêncio.

– Você vai perder o horário do seu trabalho – disse o homem, afagando carinhosamente os cabelos dela.

– Não importa, porque você voltou bem – retrucou a moça, erguendo-se e ficando de frente para o homem. – Pensei tanta coisa esquisita na sua ausência, mas Graças a Deus que você voltou.

– Está tudo resolvido – informou o homem, sentando-se. – Não houve tempo dos bandidos roubarem nada.

– Vou fazer um café para você – disse a moça, caminhando em direção ao fogão.

– Vou tomar um banho e depois vou tentar dormir. Amanhã cedo temos muitas coisas a providenciar.

Dentro de poucos minutos encontravam-se sentados à mesa Alberto e Sabrina, tomando pequenos goles de café, em silêncio, como se estivessem com medo dos seus próprios pensamentos.

Alberto ergueu-se, espreguiçou-se e disse:

– Estou muito cansado, preciso dormir a fim de relaxar um pouco.

A moça aproximou-se do homem, fitou seus olhos e aproximou-se mais um pouco até tocar o corpo dele. Sem pedir licença a ninguém, abraçou-o fortemente, pois o amor é assim, não precisa de palavras para se expressar. O amor simplesmente é a sustentação do universo, pois esse sentimento puro e eterno provém de Deus e não precisa pedir licença à sua segunda parte para dizer ou fazer o que lhe vem à alma.

Alberto sentiu algo difícil de explicar numa simples narrativa literária, mas ainda teve forças para dizer:

– Sabrina...

A moça o abraçava com força e soprava baixinho em seu ouvido palavras que o homem não entendia, mas seu coração sabia traduzir perfeitamente o que estava acontecendo. Eles foram encaminhando-se para o pequeno quarto, beijando-se com sofreguidão, dando vazão às emoções contidas durante tanto tempo nesta existência. Deitaram-se.

Pessoas passavam na rua, conversando, quando Sabrina acordou de repente, deu um pulo da cama e viu Alberto ao seu lado, ainda dormindo. "Meu Deus, o que aconteceu?", perguntava-se, ainda tentando concatenar as idéias.

– Alberto, acorde – apreensiva, chamou, pois notou que o sol já havia deixado o horizonte e se dirigia ao centro do mundo. – Nós perdemos o horário.

Alberto arregalou os olhos, sentou-se na cama ainda sentindo os efeitos da noite passada e de repente ouviu o barulho de água caindo do pequeno chuveiro do único banheiro da casa.

– Quem está tomando banho, Sabrina? – perguntou o homem, assustado, como se tivesse cometido o maior crime do mundo.

– Não sei – respondeu a moça, desconfiada.

– Sou eu, que cheguei do trabalho muito cansada, com bastante sono, precisando de um bom banho para depois cair na cama e dormir algumas horas – respondeu a pessoa que tomava banho, que era Conceição. – O café está pronto.

Alberto olhou desconfiado para Sabrina e deu de ombros, como se quisesse dizer: "Agora não adianta mais esconder nosso amor do mundo".

Conceição saiu do banheiro, penteando os cabelos molhados, fitou os dois e disse com um sorriso:

– Quer dizer que ninguém trabalha mais nesta casa? – perguntou com ar irônico e com a maior naturalidade do mundo.

Alberto olhou para Sabrina e ambos baixaram a cabeça.

Capítulo XXXVIII
O livre-arbítrio

Dois anos se passaram. Durante esse tempo aconteceram várias novidades, como o casamento de Fernando com a bela médica Janine, o que não impediu que ambos continuassem trabalhando nas fundações e no centro espírita. Alberto e Eduardo haviam progredido nos negócios de automóveis, principalmente Alberto, que, apesar de sua pouca instrução, demonstrou ser possuidor de um dom excepcional para o comércio, principalmente na área de automóveis. Além de ter conseguido se manter longe das drogas, Eduardo noivou com a meiga Cecília, deixando todos os amigos contentes, principalmente o pai, que não escondia o contentamento em saber que o filho havia se recuperado e já estava de casamento marcado com uma moça que ele adorava como uma verdadeira filha.

Alberto estava bastante satisfeito com os negócios e aproveitou a situação de prosperidade que havia conseguido com muito trabalho para casar-se com Sabrina, e ambos foram morar numa bela casa num bairro nobre da cidade. Sabrina não escondia a alegria por estar casada com o homem que sempre amou. Conceição deixou o trabalho de faxineira, pois o genro a convidou para morar com eles. Alberto tinha uma consideração muito grande por aquela mulher, que também era sua conselheira quando queria resolver algum tipo de negócio, sentindo-se mais seguro com a presença dela. Talvez se explique que essa consideração e segurança demonstradas na convivência com a mãe de sua esposa fossem lembranças de sua última existência, arquivadas em sua memória perispiritual, que emergiam recordando o tempo em que era esposo da bela Dolores, quando reencarnou como Albert.

– Mamãe, estou enciumada, pois o Alberto pede sua opinião até quando vai comprar uma roupa – dizia Sabrina, brincando com a mãe. – Quando ele conversa comigo, fica sempre me dizendo que vai falar com a senhora para saber isso ou aquilo, enquanto dificilmente pede a minha opinião sobre sua vida.

Conceição que continuava com seu ar bonachão, sempre alegre e com aspecto firme, comentava:

– Minha filha, não diga isso nem por brincadeira. Você sabe muito bem que o seu marido é como um filho para mim, apesar de ser quase da minha idade.

– Eu sei, mãe, mas...

– Quando vi o Alberto pela primeira vez, ainda como avô do Alexandre, senti alguma coisa estranha, como se nos conhecêssemos de há muito tempo – disse a mãe, interrompendo a filha. – Depois que comecei a freqüentar o centro espírita, por causa de vocês, estou começando a entender determinadas situações.

– O que, por exemplo? – perguntou a filha, curiosa, aproximando-se da mãe que tanto adorava.

– Acho que já convivi com o Alberto em outras reencarnações – respondeu a mãe, com ar sonhador. – Também me parece que fui testemunha, em existências passadas, de muitas coisas que já aconteceram conosco.

Sabrina ficou pensativa. Sentiu algo triste a envolver-lhe o ser, como se fosse um sofrimento misturado a um grande arrependimento e uma lembrança que lhe invadia o coração, mergulhando numa depressão.

– Sabrina...

– Sim, mãe.

– O que aconteceu? De repente você ficou pensativa e distante? – perguntou a mãe, preocupada, principalmente com o estado da filha, que estava grávida, quase no mês de dar à luz uma menina, segundo os exames pré-natais que fizera.

– Nada, mãe. Não se preocupe, pois acho que isso é coisa de mulher grávida – respondeu a filha, passando a mão no ventre.

– Cuidado, filha, para não se impressionar com determinados pensamentos – disse a mãe, afagando-lhe os cabelos.

– Às vezes, parece-me que estou sangrando, como se estivesse abortando, então, imediatamente, verifico se vejo sangue e nada está acontecendo de anormal – disse a moça. – Outras vezes sonho estar correndo através de lugares que parecem verdadeiros infernos.

– Esqueça isso, filha, e vamos mudar de assunto – disse Conceição, sorrindo, porém preocupada, como se soubesse algo a respeito, mas não sabia explicar. – Não vejo a hora de abraçar a minha neta.

Apesar dos momentos de antipatia, Alberto e Eduardo tornaram-se grandes amigos e se engajaram com afinco no trabalho do centro espírita, principalmente na área social, fundando também várias atividades que ajudavam os necessitados assistidos por aquela instituição religiosa.

Enquanto isso, na bela colônia espiritual, Amanda conversava no simples, porém confortável gabinete do novo Governador da Colônia, o nosso Domingos, que havia sido eleito pelo Conselho de Jesus para substituir Amanda, que agora estava se dedicando a outras atividades na colônia.

– Meu caro amigo Domingos, nós sabemos perfeitamente que existem situações em que não temos autoridade para interferir, portanto me sinto com as mãos e pés atados para ajudar aqueles a quem tanto amo – disse a ex-governadora da Colônia Espiritual Caminho da Redenção, erguendo-se e começando a caminhar no pequeno gabinete, enquanto passava as mãos no rosto, num gesto nervoso.

Domingos também se ergueu e, aproximando-se de sua estimada amiga, pôs a mão no ombro dela e comentou como se já soubesse a que assunto Amanda havia se referido:

– Você sabe muito bem que, com raríssimas exceções, o Pai Amado, através de nossos superiores, pode nos conceder autorização para interferirmos na provação de alguém.

O Governador respirou profundamente e completou, fitando um ponto qualquer no gabinete:

– Essa autorização a que me refiro tem sempre o intuito de premiar um espírito pelos seus trabalhos relevantes ao próximo.

– Nós sabemos perfeitamente o que está gravado nos programas de vida de Alberto e Fernando, pois eles mesmos solicitaram o tipo de existência e morte do corpo físico, que os conduzirão de volta ao mundo espiritual.

– Eu sei disso, meu amigo – disse Amanda, procurando uma maneira mais amena para conduzir aquele assunto tão difícil. – Mas é triste saber que depois de tanta luta Fernando e Alberto deixarão o mundo corporal justamente quando começaram a realizar os projetos que tanto sonharam.

– Amanda, possivelmente, a verdadeira provação desses espíritos seja esse tipo de desencarne que escolheram – comentou o Governador, com a mão no queixo. – Quando pensamos que o sofrimento que vivenciamos durante a nossa existência é uma forma de provação, nos enganamos, porque a provação está nos esperando de uma forma mais calma, porém severa e dura, que fere os corações, principalmente daqueles que vão continuar reencarnados.

Amanda foi até uma janela, ficou olhando o bonito horizonte que se descortinava diante de seus olhos e pensava: "Alberto sofreu e lutou até que venceu alguns pontos negativos de sua existência, porém ele mesmo pediu para desencarnar de maneira trágica. Como posso compreender isso, meu Deus?", continuou a pensar.

– Ah, destino! Destino que tanta gente julga ser o culpado, seja bom ou ruim – balbuciou o Governador, em voz baixa, lendo os pensamentos da amiga. – O destino é o nosso projeto que se realiza, conforme a nossa própria vontade, pois ele é tão-somente o que gravamos em nossa memória perispiritual antes de reencarnarmos, escolhendo tudo que acontecerá durante o período que passamos reencarnados, exceto os erros cometidos por força de nossos defeitos, que não conseguiremos vencê-los ou dominá-los.

– E agora? – perguntou Amanda, fixando o olhar no amigo.

– Não sei, não sei... – respondeu o rapaz. – O certo seria respeitar a vontade de nossos amigos, aprovada por Deus.

Ambos se encaminharam para um lugar no canto do gabinete e sentaram-se em pequenas e confortáveis poltronas. Ficaram em silêncio por alguns minutos, depois se olharam e Domingos rompeu o silêncio que já estava se tornando insuportável:

– Eu não sei por que Fernando e Alberto resolveram desencarnar através de um trágico acidente de carro.

– Também não consigo entender isso, aliás, isso acontece todo o dia – comentou Amanda. – Será que desencarnando através de um acidente qualquer, isso serviria para o espírito progredir ou pagar algo de existências passadas?

Ao ouvir o comentário da amiga, Domingos correu ao aparelho, ligou-o e ficou observando-o por alguns momentos, enquanto Amanda, curiosa, ficou em pé por trás dele, também observando o estranho aparelho.

De repente eles vislumbraram na tela do equipamento uma carruagem puxada por quatro belos cavalos puro-sangue, que conduzia várias pessoas cair num abismo, enquanto dois homens saíam de detrás de uma árvore e se cumprimentavam, como se estivessem felizes por ter acontecido aquele desastre horrível, talvez provocado por eles.

– Veja, Domingos – disse a bela mulher, apontando um dos homens. – É o Alberto, vestido com roupas do século XVIII e com outro físico diferente, mas eu o conheço muito bem.

– E o outro homem, mais alto, é bastante parecido com o Fernando – disse Domingos, com os olhos fixos na tela do aparelho.

– Ele não se parece apenas com o Fernando, simplesmente é o Fernando de hoje – afirmou a mulher, surpresa, com a mão na boca.

Ambos voltaram às cadeiras em silêncio e sentaram-se. Os dois pensavam rapidamente, como se quisessem confirmar ou decifrarem o que terminaram de assistir no estranho aparelho.

– Agora entendi o motivo dos dois haverem escolhido esse tipo de desencarnação – disse o governador, rompendo o silêncio.

– Isso aconteceu há tanto tempo, que agora estou lembrando-me de tudo que aqueles dois aprontaram no final do século XVII e início do século XVIII – lembrou Amanda, com o rosto sério.

– Mesmo sabendo que não podemos interferir nas provações dos nossos irmãos, nada nos impede de lutarmos e solicitarmos aos nossos superiores se existe alguma probabilidade de sustar, por enquanto, o desencarne trágico dessas criaturas, que está previsto para breve – disse Amanda, com um brilho no olhar, como se estivesse otimista com a idéia.

– Concordo, minha querida amiga – confirmou o Governador, erguendo-se. – Vamos tentar entrar em contato com nossos superiores, porém você já sabe que se conseguirmos sustar o retorno deles ao mundo espiritual através desse acidente previsto, é bom não esquecermos de que não estarão isentos dessa provação que mais tarde terão de cumprir.

Amanda aquiesceu com a cabeça. Despediu-se do amigo e encaminhou-se em direção ao departamento onde realizava o seu trabalho.

Domingos ficou pensando em como deveria abordar esse assunto tão polêmico com seus superiores, mas em seguida começou a atender várias pessoas que desejavam falar com ele.

Era o final de uma bela tarde morna, que aos poucos dava condições da escuridão deixada pela ausência da luz do sol encobrir aquele pedaço do mundo. Um carro luxuoso vencia o asfalto da rodovia que o conduzia de volta ao seu lugar de origem. O motorista olhou o relógio e disse para si: "São quase dezenove horas. Não gosto de dirigir à noite".

O belo carro conduzia, além do motorista, dois homens que conversavam animadamente no banco traseiro do automóvel. De repente um dos homens interrompeu a conversa e disse, preocupado:

– Jorge, cuidado com a estrada, pois a noite chegou.

– Estou indo mais devagar, patrão – Jorge respondeu ao alerta do homem. – Fique tranqüilo, Dr. Fernando.

– O Jorge já está acostumado com esse trajeto, Dr. Fernando – disse Alberto, que era o outro passageiro do carro, pois ambos voltavam de uma visita que fizeram a uma das fazendas do empresário.

– Bem, continuando com o nosso assunto, sei muito bem que você não tem nenhuma paixão pela vida no campo, mas o trabalho nessa fazenda é diferente, porque se trata de transformá-la numa fonte de renda aos nossos futuros projetos, que ajudarão os irmãos carentes que estão sob a nossa responsabilidade – disse Fernando, com o olhar preocupado na estrada.

– Dr. Fernando, por motivo de não gostar da vida no campo não significa que eu não dedique esforços a essa nova fonte de renda para melhorar a situação do pessoal que nós assistimos – disse Alberto, emocionado com a credibilidade de seu amigo Fernando. – O pessoal carente que nós assistimos está feliz e isto é o suficiente para merecer qualquer sacrifício de nossa parte.

– Já conversei com o Eduardo e ele disse-me que, se for possível, mudar-se-á para a fazenda com o objetivo de administrá-la de perto – disse Fernando, com voz quase sumida. – Mas eu prefiro que ele continue na administração das fundações.

– Concordo – confirmou o Alberto, sentindo um mal-estar. – Precisamos traçar projetos para a captação de recursos, porque atualmente nós assistimos mais de trezentas pessoas carentes por dia e se faz necessário intensificar o trabalho na busca de recursos para sustentar nossas atividades assistenciais.

Alberto abriu a camisa, respirou fundo e disse, olhando para o amigo:

– Não estou passando bem.

– Será que foi algo que você comeu e não lhe fez bem? – perguntou Fernando, ajeitando-se no banco.

– Não é isso, Dr. Fernando. É algo diferente – respondeu Alberto. – Mas deve ser coisa boba, que logo passará.

No mesmo horário, na mansão de Fernando, encontravam-se conversando animadamente na ampla varanda Janine, Sabrina e Cecília.

– São quase vinte horas e esses homens não chegam – comentou a mulher do empresário, passando a mão no ventre, pois também estava grávida. – Já está escuro e até agora nada deles chegarem.

– Calma, Janine. Eles devem ter se atrasado porque pararam em algum lugar na estrada – disse Eduardo, surgindo de repente. – Terminei de fazer umas planilhas e vou apresentá-las assim que chegarem.

Não é dado ao espírito encarnado prever nenhuma tragédia prevista acontecer no mundo, em lugar, dia e hora exata. Alguns aparelhos fabricados pelo homem apenas prevêem o óbvio, com possibilidades de não se concretizar o que estão observando. Um acidente acontece no momento em que ninguém está esperando. Ninguém prevê uma catástrofe porque tudo está escondido nos arquivos da memória do tempo. Não temos a certeza de que daqui a alguns minutos possamos estar alegres e felizes, pois a história muda em frações de segundos, tornando a alegria em dor, o normal em anormal, lugares bonitos em lugares ermos. Assim caminha o destino da humanidade, isto é, a transformação de tudo, no bom ou ruim ou no nada, conforme nossa vontade e a autorização de Deus. No entanto, temos a certeza absoluta da infinita bondade do Pai Eterno, pois, às vezes, se torna necessário passarmos por determinadas provações a fim de que gozemos a felicidade eterna.

Fernando olhou para o amigo, que havia parado de falar e mantinha os olhos fixos na rodovia, como se estivesse hipnotizado. De repente ambos ouviram o barulho de pneus sendo arrastados bruscamente no asfalto, por força de um breque que travou as quatro rodas do carro, na tentativa desesperada do motorista em parar o veículo. Tudo aconteceu em átimos de segundos e os passageiros não viram e nem ouviram mais nada.

O carro brecou bruscamente para evitar o choque contra uma carreta que saía de repente de uma estrada clandestina e entrava na rodovia. O automóvel perdeu o controle e começou a rodar na pista, chocando-se bruscamente contra a traseira do caminhão que já havia entrado na rodovia, também se desgovernando. O motorista do caminhão fez o possível para evitar a tragédia, porém já era tarde demais.

Silêncio.

Na mansão do empresário, repentinamente Janine pôs a mão no peito e ergueu-se rapidamente. Sabrina sentiu um choque estranho e abriu a boca sem articular nenhuma palavra.

– O que houve, gente? Vocês estão pálidas? – perguntou Cecília, observando que o noivo também passava a mão no rosto como se estivesse tentando tirar algo invisível.

Eduardo se refez do susto e correu em busca de água para sua madrasta e sua amiga Sabrina, preocupado com o estado delas.

As mulheres tomaram água e depois respiraram fundo e continuaram em silêncio.

– Gente, o que houve? – perguntou novamente a noiva de Eduardo, já preocupada.

– Não sei, mas parece que aconteceu algo – respondeu Sabrina, tentando manter a respiração normal.

– Por algum momento vi o Fernando ali, sorrindo – também respondeu Janine, apontando o lugar onde afirmara ter visto o marido.

– Eu também senti um frio esquisito – disse Eduardo. – Mas isso passa logo. Talvez seja preocupação por meu pai e Alberto não terem chegado até agora.

O telefone tocou e uma empregada da mansão do empresário levou o aparelho até a varanda, dizendo:

– Telefone, Dr. Eduardo.

O rapaz olhou assustado para as mulheres e com ar vacilante pegou o aparelho e disse:

– Alô.

– É da residência do Dr. Fernando?

– Sim.

À medida que o rapaz ouvia a pessoa do outro lado da linha, ia ficando pálido, até que perdeu por momentos a noção do tempo e o aparelho telefônico caiu de suas mãos, sob o olhar curioso e atento das mulheres.

– O que houve, Eduardo? – perguntou a noiva, com ar sério e firme.

O rapaz abriu os olhos e ergueu-se de repente. Com a face transformada e chorando, respondeu:

– Houve um acidente terrível envolvendo o carro do papai.

Ninguém mais sabe o que se passou, ficando simplesmente impossível a descrição na íntegra daquilo que não se espera ou que aconteceu sem a nossa permissão, principalmente o efeito de um acidente na mente daqueles que estão ligados direta ou indiretamente a ele.

Capítulo XXXIX

Alberto e Fernando continuam

Na colônia espiritual Amanda encaminhava-se quase correndo em direção ao gabinete do colega Domingos, Governador atual, e pediu-lhe para observar o aparelho semelhante a um monitor de TV.

– Estou observando o carro do Fernando que se dirige para a sua residência – disse o rapaz, com voz calma.

– Só isso? – perguntou a mulher, com a mão na cintura.

– Já tenho conhecimento do que ocorreu com o carro que conduzia o motorista Jorge e os nossos irmãos Fernando e Alberto – respondeu Domingos, pensativo.

– Então você sabe o que aconteceu?

– Sim. Também sei que seu pedido foi atendido por nossos superiores – disse o Governador, com ar sério estampado no rosto.

– Então deve também saber o que devemos fazer para salvar Jorge, Fernando e Alberto – disse a mulher, mais calma.

– Já convoquei o Conselho para daqui a pouco informá-lo de sua intercessão junto aos nossos superiores em relação ao Fernando e Alberto e saber se nossos conselheiros concordam com tudo isso – disse o rapaz.

– Mas, meu querido Domingos, não temos mais nada que pensar, a não ser agirmos imediatamente antes que seja tarde demais – disse Amanda, pondo a mão no peito, gesto que era típico seu, quando estava aflita.

– Minha querida, acalme-se, pois neste momento uma equipe de médicos espirituais já está no lugar do acidente, tomando as devidas providências, a fim de que nossos protegidos não desencarnem motivados por esse acidente – disse o governador. – Mas a ordem que recebemos foi de que submetêssemos à apreciação do Conselho, o órgão máximo da colônia, que decide determinados assuntos, principalmente esse, que é tão sério e delicado.

Amanda baixou a cabeça e disse, segurando a mão do rapaz:

– Por favor, meu amigo, desculpe a minha impulsividade.

– Você nada tem que se desculpar, pois a sua preocupação é a mesma que tenho sentido desde que vi o desastre, pois, se não fosse a sua intercessão, todos estariam, agora, voltando para a pátria espiritual – disse o rapaz, com um sorriso. – Sei que vai ser aprovada a sua intercessão, pois você tem credibilidade suficiente junto aos membros do conselho, fazendo com que eles acatem seu pedido, principalmente quando esse pedido já foi homologado por nossos superiores, mas você sabe que temos de respeitar a hierarquia da colônia.

– Entendi, meu caro amigo.

Após alguns minutos o Conselho de Jesus estava reunido. Todos estavam em silêncio e sérios.

– Bem, meus irmãos, acredito que todos já sabem o motivo desta convocação extraordinária do conselho – disse o Governador, assumindo seu ar de autoridade responsável pela administração da Colônia Espiritual Caminho da Redenção.

Todos fizeram um gesto afirmativo com a cabeça.

– Antes de tudo, desculpe-nos por termos tomado a iniciativa de solicitar aos nossos superiores o que todos vocês já sabem – disse Domingos, com voz calma e respeitosa. – Mas a situação requeria de nossa parte, da minha e da nossa querida Amanda, certa urgência, pois nos lembramos da volta de Alberto e Fernando exatamente no momento que iria acontecer a tragédia.

– Os nossos superiores autorizaram o nosso pedido intercedendo pelos amigos encarnados, pois, segundo eles, como o Pai Eterno é infinitamente bom e justo, jamais negaria uma solicitação feita com a finalidade de deixar mais algum tempo os amigos no mundo corporal, pois eles estão realizando um trabalho relevante de auxílio aos irmãos necessitados e à humanidade – explicou Amanda, com o olhar de súplica, por haver tomado a decisão sem consultar o conselho. – Desculpem-me, por favor.

– Nada temos para desculpar, minha nobre amiga Amanda, haja vista o motivo de a solicitação ser relevante – disse o presidente do conselho, com um sorriso. – Vamos cuidar dos nossos irmãos, que estão precisando de toda ajuda para evitarem deixar seus corpos físicos bruscamente, através do terrível acidente.

O presidente do conselho relanceou o olhar pelos demais conselheiros e recebeu a aprovação de sua decisão, com gestos afirmativos de cabeça.

Os demais conselheiros aproximaram-se de Amanda e em silêncio abraçaram-na num gesto de solidariedade.

Antes que o conselho se dissolvesse, o Governador da colônia pediu a todos um pouco de atenção.

– Acho que todos já sabem o que vou dizer, porém é necessário informá-los pessoalmente que apesar de nossos superiores, com a permissão de Deus, haverem suspenso a desencarnação nessa existência, da maneira que estava prevista, dos nossos irmãos Alberto, Fernando e Jorge, não significa que a provação foi cumprida – disse Domingos, fitando a todos. – Quando eles voltarem ao mundo espiritual vão saber de toda a verdade e, ainda mesmo nessa existência corporal, serão informados, através das visitas que nos farão, quando estiverem livres dos corpos através do sono.

– Esse tipo de provação foi adiada, por enquanto, porque intercedemos por eles com o objetivo de terminarem as obras que estão sendo executadas em prol do nosso próximo – completou Amanda, sorrindo.

O presidente do Conselho de Jesus encaminhou-se até a sua amiga Amanda e beijou-lhe a face, enquanto com um sorriso perguntava-lhe em voz baixa:

– Será?

Após conversarem sobre mais alguns assuntos pendentes, os conselheiros despediram-se e se encaminharam em direção aos seus afazeres.

Enquanto isso, na Terra, Fernando, Alberto e Jorge encontravam-se entre a vida e a morte, principalmente Fernando e Alberto que foram internados com urgência na UTI de um luxuoso hospital. Jorge, apesar dos ferimentos graves, estava consciente e fora de perigo de morte.

De repente os familiares dos acidentados, que se encontravam desacordados e praticamente desenganados pelos médicos, entraram correndo no nosocômio, chorando desesperadamente como todo mundo que perde ou está prestes a perder alguém muito querido.

– Posso saber como vai o meu marido, doutor? – perguntou Sabrina, quase gritando e passando a mão nos cabelos, com ar de quem não sabia o que estava fazendo, pois a dor era tão grande que perdera temporariamente o domínio de suas ações.

– Sou a Dra. Janine, esposa do Dr. Fernando, um dos homens acidentados nesta noite – identificou-se a médica, chorando, enquanto tentava saber informações sobre o marido. – Ele ainda está vivo?

O médico de plantão, que fora chamado pela recepcionista do hospital para atender a família dos homens que foram acidentados, fitou aquelas duas desesperadas mulheres e depois seu olhar arguto desviou-se para um rapaz acompanhado de uma bonita mulher, que não parava de enxugar os olhos com um lenço. Notava-se que o homem praticamente estava à beira de um colapso nervoso, pois não conseguia dominar o tremor que tomava conta de si.

– Pessoal, não temos boas notícias – disse o médico, pensativo, tentando ser educado e calmo. – Somente o Sr. Jorge está fora de perigo. Quanto ao Dr. Fernando e ao Sr. Alberto, estamos fazendo o possível para salvá-los.

O médico fez uma pequena pausa, talvez para observar o efeito de suas palavras naquelas criaturas, que tudo indicava amarem os homens que aos poucos se despediam deste mundo.

– Neste momento ambos estão sendo submetidos a várias intervenções cirúrgicas, pelos nossos melhores especialistas, na tentativa de salvá-los, portanto aguardemos notícias mais concretas a respeito do quadro clínico deles – disse o médico, com ar de quem estava pessimista a respeito de tudo que informara no momento.

Sabrina e Janine sentaram-se automaticamente num banco e, chorando, ambas abraçaram-se, uma tentando consolar a outra.

Eduardo chegou ao seu limite máximo de controle e gritou completamente descontrolado, talvez pela dor que estava sentindo ou seu estado de ex-viciado não agüentar aquela pressão, que era a possível perda do pai e do amigo.

Sem saber o que fazer, Cecília simplesmente apertou com carinho a cabeça do rapaz em seu colo e tentou atenuar aquela situação atípica valendo-se de uma oração, solicitando ao Pai Eterno ajuda para o noivo, que sabia haver perdido a lucidez por alguns momentos, pois não suportara a dor que estava sentindo.

– Tenha calma, Eduardo. Tenho certeza de que o Dr. Fernando e o Sr. Alberto não vão morrer agora, porque não chegou a hora deles partirem para o mundo espiritual – dizia a moça, recebendo intuitivamente informações de um espírito que trabalhava na equipe de socorro espiritual, que já os estava atendendo.

De repente Sabrina gritou desesperada, com a mão no ventre:

– Acho que a minha filha vai nascer.

O médico aproximou-se rapidamente da mulher e ordenou a uma enfermeira que estava distante:

– Conduza esta senhora, imediatamente, para a sala de partos, pois tudo indica que a criança que está esperando vai nascer.

A Dra. Janine, que por um momento ficou sem forças para resistir a dor que estava sentindo, olhou para o médico e perguntou, como se tivesse recebido uma injeção de ânimo:

– Posso ajudar a minha amiga? – perguntou a médica, segurando Sabrina, que gritava não se sabia se de dor pelo que aconteceu com o marido ou se por causa da filha que estava nascendo.

– Pode, doutora – respondeu o médico. – A sua ajuda é providencial neste momento.

– Por aqui, doutora – disse a enfermeira, informando a médica para onde deveriam conduzir Sabrina.

Após alguns minutos um médico que atendia Sabrina olhou para a Dra. Janine que o ajudava e disse:

– Nasceu uma linda menina.

Neste exato momento ouviu-se no hospital o choro forte de um bebê, que pedia licença a este mundo para iniciar sua existência, acompanhada de suas provações. Era Angélica que, após vários contatos com o casal, recebeu permissão para reencarnar como filha deles, tendo mais uma oportunidade de tentar vencer suas provações no mundo corporal.

Janine ergueu-se com o coração dolorido, porém sentiu um bem-estar muito grande como se alguém estivesse a informá-la: "Não é desta vez que o Fernando voltará à pátria espiritual". Ela passou a mão nos cabelos de Sabrina, que não parava de chorar, e disse:

– Você é mãe da menina mais bonita que já vi.

Sabrina enxugou os olhos, fitou o rosto da amiga e perguntou-lhe:

– O Alberto vai morrer?

– Sabrina, você sabe muito bem que a morte não existe – respondeu Janine, sentindo-se forte para amparar a amiga.

– Estou perguntando sobre o acidente.

– Os médicos estão fazendo tudo para salvá-los, mas tenho certeza que não é desta vez que aqueles dois voltarão ao mundo espiritual – disse Janine, com um sorriso.

Neste momento o hospital estava cercado de espíritos bons e maus. Os maus ou ignorantes eram comandados por Pátulo, que ainda não havia desistido de sua vingança e agora encontrara uma situação viável para se vingar de seus desafetos. Mesmo com todos os seus esforços, ele fora imediatamente preso e conduzido às zonas infernais onde vivia.

Os espíritos bons que participavam da equipe de socorro lutavam para evitar que os irmãos Fernando e Alberto voltassem ao mundo espiritual, com a ajuda dos médicos encarnados, que era fundamental.

Eduardo fora conduzido a um apartamento e atendido por um médico que o deixou mais calmo, com a aplicação de um tranqüilizante.

Após certificar-se de que a amiga estava mais calma, à custa de medicamentos, a Dra. Janine deixou o quarto e encaminhou-se para a UTI, convidada pelo bondoso médico plantonista. Antes de chegar à Unidade de Terapia Intensiva, um dos médicos que participava da equipe cirúrgica caminhava em sua direção com um sorriso.

– Como posso interpretar seu sorriso, meu amigo? – perguntou o médico de plantão.

– Os homens estão passando muito bem – respondeu o cirurgião. – Eles não vão morrer desta vez.

Num gesto impulsivo, a Dra. Janine atirou-se nos braços do médico e o beijou, agradecendo:

– Muito obrigada, doutor.

– Não me agradeça, minha senhora, pois simplesmente aconteceu um verdadeiro milagre – disse ele, vacilante. – Isto é, se realmente existem milagres.

– Essa senhora é a Dra. Janine, médica e esposa de um dos pacientes, o Dr. Fernando, o maior empresário deste país – disse o médico de plantão.

– Muito prazer, doutora. Fique tranqüila com seus familiares, pois os dois estão fora de perigo – disse o médico, com uma leve inclinação de cabeça, em seguida se despediu e caminhou em direção à portaria do hospital.

Janine não esperou mais um segundo e, em vez de visitar o marido, correu ao apartamento de Eduardo e entrou sorrindo, enquanto dizia:

– Eduardo e Cecília, Fernando e Alberto estão fora de perigo.

Eduardo segurou forte a mão da noiva e balbuciou algo que ninguém entendeu até hoje.

Janine correu ao quarto onde estava Sabrina e a encontrou com o olhar mergulhado no vazio. Ficou com medo da esposa de Alberto não haver suportado a dor e perdido a razão, porém acalmou-se quando a moça virou a cabeça e perguntou:

– Qual é a notícia, Janine?

– Minha amiga, encontrei-me com um dos médicos que cuidou de Fernando e Alberto e fui informada de que eles estão fora de perigo – respondeu Janine, sorrindo, enquanto abraçava chorando a amiga Sabrina.

Sabrina olhou algo que apareceu em frações de segundos perto da entrada da porta do apartamento e disse, como se estivesse falando com o invisível:

– Obrigada. Obrigada meu Deus e desculpe-me pela minha fraqueza por perder a fé por instantes.

– Vamos esperar que o pessoal do hospital libere a visita aos benditos homens de nossas vidas – disse Janine, chorando de alegria, passando a mão no ventre, como se quisesse informar ao filho que estava esperando do que havia acontecido.

Após um mês, Fernando e Alberto encontravam-se deitados em confortáveis poltronas na varanda da mansão do empresário, ambos enfaixados até o pescoço.

Janine, acompanhada de Sabrina, passeava pelo belo jardim da mansão, embalando o pequeno bebê recém-nascido no colo, que a mãe teimou em chamar de "Angélica", pois ainda quando estava no hospital ouviu alguém dizer em seu ouvido:

– Cuide da Angélica.

Era Amanda que, junto com o Governador espiritual da colônia, visitava seus amigos e aproveitava para visitar também a bela criança que era Angélica, que pediu para reencarnar novamente de qualquer maneira. Os benfeitores intercederam por ela, que teve uma nova oportunidade de tentar vencer as suas provações.

– Há muito tempo que eu queria lhe contar um sonho que tive quando estava em coma no hospital – disse Fernando, falando com certa dificuldade, pois sua cabeça fora atingida bruscamente no acidente.

Alberto, que fora convidado para convalescer na mansão do amigo, ajeitou-se com dificuldade na poltrona e disse, olhando o empresário:

– Estou pronto para ouvir esse sonho, Dr. Fernando.

– Alberto, a partir de hoje me chame simplesmente de Fernando, afinal de contas somos sócios na vida e na morte.

Eduardo, que estava sentado um pouco distante, namorando a bela Cecília, ergueu-se e convidou a noiva para aproximar-se daqueles dois, pois tudo indicava que ambos estavam conversando sobre algo que os interessava. Aproximaram-se silenciosamente e sentaram-se no batente da varanda.

– Certo, Fernando – confirmou Alberto. – Agora, narre o sonho, por favor.

– Fui num lugar muito bonito e lá me informaram de que deveríamos morrer naquele acidente e voltar à pátria espiritual naquele dia, mas tivemos essa provação suspensa nesta existência – disse o empresário, com voz cansada. – Mas, ainda assim, vamos pagar essa dívida em outra existência.

Alberto ficou em silêncio e depois disse:

– O que será que nós dois fizemos de tão ruim para merecermos uma morte tão drástica, como morrer bruscamente através de um acidente horrível como aquele?

– Não sei. Mas sei dizer o que o meu pai sempre me dizia: "Meu filho, aqui se faz, aqui se paga" – respondeu o empresário, olhando o filho, que estava em silêncio ao lado de sua noiva. – Será que dá para entender o que esse adágio popular quer dizer?

– Então nós fomos responsáveis por um acidente, envolvendo alguém, em algum tempo de nossas existências? – perguntou Alberto, com ar de quem estava com medo.

Sabrina e Janine ouviram a conversa dos dois homens e ficaram impressionadas com o relato de Fernando.

– Agora vamos viver o presente a fim de que o nosso futuro seja repleto de paz, pelo nosso dever cumprido para com Deus e o próximo – disse Janine, com voz enérgica.

– E vamos parar com essa conversa, pois tudo já passou – completou Sabrina, demonstrando que estava ficando nervosa com aquele tipo de assunto.

Os dois homens se entreolharam e silenciaram, cada um pensando sabe lá em que.

No canto da varanda, Amanda e Domingos estavam abraçados, ouvindo a conversa daqueles espíritos conhecidos de várias existências.

– Esse adágio popular é muito antigo – disse Domingos, sorrindo, enquanto fazia um gesto com a cabeça.

– Aqui se faz, aqui se paga – é um adágio materialista, meu caro amigo – disse Amanda, caminhando em direção à bela fonte.

– Mas se o adaptarmos à Doutrina Espírita, codificada por Allan Kardec, vamos encaixá-lo exatamente na Lei de Causa e Efeito – retrucou com educação e bondade o Governador. – Ouvi muito esse adágio quando reencarnei como sacerdote.

Amanda abraçou o amigo com ar de quem estava satisfeita com o resultado alcançado pelos amigos e convidou:

– Vamos?

Domingos estava pensativo, com o olhar fixo em alguma coisa.

Amanda acompanhou a direção do olhar do amigo e notou que ele observava a pequena Angélica, com ar preocupado.

– Parece-me que você está preocupado? – perguntou a colega de trabalho.

– Será que a Angélica agora melhora um pouco a sua situação espiritual, como filha de Alberto e Sabrina?

Amanda pensou, depois voltou o rosto para o Governador e respondeu com ar sério:

– Não sei responder essa pergunta, meu caro Domingos, mas vamos orar por ela a fim de que possa vencer suas provações.

Amanda aproximou-se da criança e fez-lhe um carinho, depois falou em seu ouvido:

– Cuidado, minha filha!

De repente a menina começou a rir, como se estivesse sendo alvo da brincadeira de alguém.

Sabrina olhou para Janine em silêncio.

Alberto ajeitou-se na cadeira e, olhando para a esposa, pediu:

– Acho que já posso segurar a minha filha.

Amanda olhou para o amigo Domingos e sorriu, enquanto tomava o seu braço e dizia:

– Vamos.

Caro leitor

Maneira simples de você ficar bem informado sobre as conquistas do Espiritismo no Brasil e fora dele. Assine o jornal **O Clarim** e a **Revista Internacional de Espiritismo**. O que mais você tira destas duas publicações é o conteúdo doutrinário.

* * * * *

Se não encontrar nas livrarias o livro espírita de sua preferência, peça-o diretamente através dos fones (16) 3382-1066, 3382-1471, fax (16) 3382-1647, site: http://www.oclarim.com.br ou através do e-mail: oclarim@oclarim.com.br

* * * * *

Também fornecemos gratuitamente, desde que solicitado, o catálogo dos livros por nós editados.

* * * * *

Outros livros de Assis Azevedo e Espírito João Maria

A morte não é o fim

Um acidente automobilístico provoca a morte de um grupo de jovens. Conversando entre si, não percebem que estão "mortos", isto é, estavam vivos, mas em uma outra dimensão. Após dias de sofrimento, seus pais passam a se reunir, buscando compreender a razão da desencarnação daqueles jovens e assim encontrar forças para continuarem a viver.

– 360 PÁGINAS –

Sublime Missão

É possível recuperar-se do submundo do tráfico de entorpecentes? Este romance aborda a difícil questão da miséria social e seus desdobramentos através da violência e das drogas, em impressionante e atraente relato de exemplos de vida que permitem a recuperação para uma existência digna e honesta.

– 336 PÁGINAS –

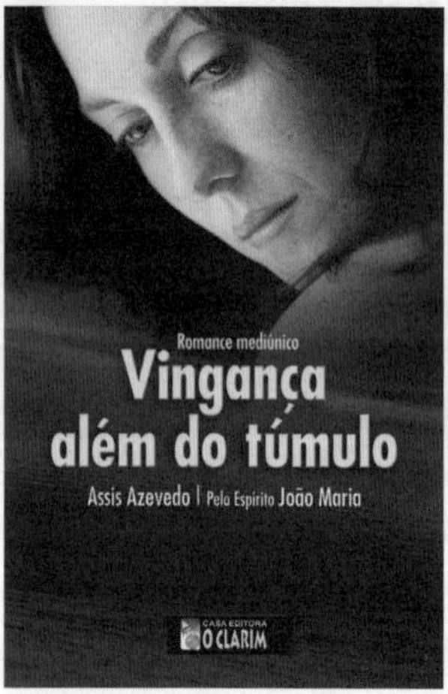

Vingança além do túmulo

A bela médica estava grávida e breve casaria com o seu amado. O pai do rapaz não permitiu que o filho se casasse com a moça. Às vésperas do casamento ela suicidou-se, pensando que acabava com o problema.
Em espírito, ela buscou todos os meios para vingar-se do pai do namorado, caracterizando uma vingança implacável além do túmulo.

– 264 PÁGINAS –

Traição e Mistério

No final do século XIX, enquanto o império agoniza, os nobres, autoridades militares e civis e intelectuais discutem os movimentos revolucionários, principalmente a Libertação dos Escravos.
Nobres, escravos, sangue, suor, café, traição, mistério, dor, sofrimento, conduzem este dramático romance a refletir sobre a Suprema Inteligência do Universo – Deus –, conforme informações da Doutrina Espírita.

– 304 PÁGINAS –

PEDIDOS:

Casa Editora O Clarim – Caixa Postal 9 – CEP 15990-903 – Matão, SP
Fones: (16) 3382-1066/3382-1471 – Fax (16) 3382-1647
oclarim@oclarim.com.br – http://www.oclarim.com.br

CTP • Impressão • Acabamento
Com arquivos fornecidos pelo Editor

EDITORA e GRÁFICA
VIDA & CONSCIÊNCIA

R. Agostinho Gomes, 2312 • Ipiranga • SP
Fone/fax: (11) 3577-3200 / 3577-3201
e-mail:grafica@vidaeconsciencia.com.br
site: www.vidaeconsciencia.com.br